本教材获深圳技术大学教材出版资助

全国普通高等院校"十三五"精品教材——城市轨道交通运营管理类

城市轨道交通需求分析与线网规划

主　编　张雄飞
副主编　宫　磊

西南交通大学出版社
·成都·

图书在版编目（CIP）数据

城市轨道交通需求分析与线网规划/张雄飞主编
.—成都：西南交通大学出版社，2020.6
全国普通高等院校"十三五"精品教材.城市轨道交通运营管理类
ISBN 978-7-5643-7460-0

Ⅰ.①城… Ⅱ.①张… Ⅲ.①城市铁路–轨交交通–客流–运输需求–高等学校–教材②城市铁路–轨道交通–交通规划–中国–高等学校–教材 Ⅳ.①U293.13 ②U239.5

中国版本图书馆 CIP 数据核字（2020）第 101631 号

全国普通高等院校"十三五"精品教材——城市轨道交通运营管理类
Chengshi Guidao Jiaotong Xuqiu Fenxi yu Xianwang Guihua

城市轨道交通需求分析与线网规划

主编/张雄飞	责任编辑/李　伟
	助理编辑/宋浩田
	封面设计/何东琳设计工作室

西南交通大学出版社出版发行
（四川省成都市金牛区二环路北一段 111 号西南交通大学创新大厦 21 楼　610031）
发行部电话：028-87600564　028-87600533
网址：http://www.xnjdcbs.com
印刷：成都蓉军广告印务有限责任公司

成品尺寸　185 mm×260 mm
印张　17　　字数　400 千
版次　2020 年 6 月第 1 版　　印次　2020 年 6 月第 1 次
书号　ISBN 978-7-5643-7460-0
定价　67.00 元

课件咨询电话：028-81435775
图书如有印装质量问题　本社负责退换
版权所有　盗版必究　举报电话：028-87600562

编委会

主　任：徐　刚

副主任：增翠峰　罗　钦

委　员：王志强　朱　炜　张雄飞　徐纪康

　　　　李　伟　马　羽　曹文忠　郭朝荣

　　　　温少表　潘伟健　姚国如

前言

随着社会经济的发展以及我国城市化进程的加快，机动车保有量急剧增加，城市交通问题日益严峻。城市轨道交通作为城市公共交通的骨干，具有速度快、运量大、污染小、效率高等特点，在缓解交通堵塞、节能减排等方面发挥了重要作用。同时城市轨道交通系统是一个复杂而庞大的系统，具有不可逆性，其规划的合理与否，将直接影响城市的综合交通结构、城市轨道交通系统的经济效益和社会效益，因此掌握城市轨道交通规划方法对于相关专业人士显得尤为关键。

本书主要介绍了城市轨道交通系统规划的基本概念及相关理论，包括城市轨道交通需求分析基础、交通调查方法、交通需求预测方法、城市轨道交通客流预测方法、城市轨道交通线网规划方案设计及其评价方法，并在此基础上介绍了交通规划软件在城市轨道交通规划中的应用以及相关案例。教材编写内容上注重实用性，着重介绍方法性的内容，避免空洞；在介绍主流基础理论方法的同时，注重对前沿知识的介绍和引导；注重教材的实操性，将基本原理与案例相结合。结合工程实践中常用的交通规划软件，将软件的使用和全书的知识点串联起来，提高学生的实践技能。

本书可作为交通运输专业本科生的必修专业课教材，也可作为其他相近专业的城市轨道交通规划课程教材，亦可供从事城市轨道交通规划研究及交通规划编制人员参考。

本书是"城市轨道交通运营管理类"系列教材之一，在本书编写的过程中，编者得到了深圳技术大学城市交通与物流学院众多老师的大力支持，同时，项奕凡、钟琦、沈姗、夏正东、王照、冯俊等深圳大学研究生全程参与并做了大量工作，在此一并表示感谢。另外本书在编写的过程中参考了国内外大量相关书籍、文献，在此谨向文献作者表示崇高的敬意和由衷的感谢！

此外，感谢深圳技术大学教材出版基金的资助，感谢深圳技术大学教学研究和改革项目《基于超星学习通的线上线下混合教学模式探究》（交通规划）、粤港澳大湾区国际教育示范区建设专项项目《粤港澳大湾区面向职本衔接及学生异质性导向的应用型人才教育课程体系建设研究》（项目编号：2020WQYB067）的支持。

由于学识水平有限，书中难免有不足之处，殷切希望广大读者给予批评指正，作者将不胜感激。

编 者
2020 年 3 月 1 日
于深圳技术大学

目 录

第一章 绪 论 1
　第一节 城市交通问题与城市轨道交通 1
　第二节 城市轨道交通的发展 4
　第三节 城市轨道交通的功能 8
　第四节 我国城市轨道交通系统建设程序 12

第二章 城市轨道交通需求分析基础 16
　第一节 概 述 16
　第二节 城市轨道交通规划方法 16
　第三节 土地利用与城市轨道交通需求 19
　第四节 城市轨道交通需求分析方法 24

第三章 交通调查 29
　第一节 概 述 29
　第二节 OD调查 32
　第三节 道路交通流特性调查 42
　第四节 公交客流调查 45
　第五节 轨道交通客流调查 46
　第六节 停车调查 49

第四章 交通生成 51
　第一节 概 述 51
　第二节 交通生成预测的影响因素 51
　第三节 交通生成预测方法 57

第五章 交通分布 71
　第一节 概 述 71
　第二节 增长系数法 72
　第三节 重力模型法 89
　第四节 其他预测模型 108

第六章 交通方式划分 ... 114
第一节 概述 ... 114
第二节 影响交通方式选择的因素 ... 115
第三节 交通方式划分预测方法分类 ... 118
第四节 实用模型介绍 ... 122

第七章 交通分配 ... 135
第一节 概述 ... 135
第二节 交通分配基础 ... 136
第三节 非平衡分配方法 ... 143
第四节 平衡分配方法 ... 151
第五节 扩展分配模型 ... 159

第八章 城市轨道交通客流预测 ... 167
第一节 概述 ... 167
第二节 轨道交通客流预测的工作特点 ... 168
第三节 轨道交通客流预测方法 ... 172
第四节 轨道交通的客流分配 ... 175
第五节 轨道交通客流预测指标及其分析 ... 176
第六节 轨道交通客流预测的精度分析 ... 181

第九章 城市轨道交通线网规划方案设计 ... 185
第一节 概述 ... 185
第二节 城市轨道交通线网规划的方法 ... 187
第三节 线网合理规模研究 ... 193
第四节 线网构架研究 ... 201

第十章 城市轨道交通线网方案评价 ... 212
第一节 概述 ... 212
第二节 方案评价的工作流程 ... 213
第三节 方案评价分析的内容 ... 216
第四节 经济评价方法 ... 222
第五节 综合评价方法 ... 222
第六节 候选方案的综合评述 ... 232

第十一章 交通规划软件 ... 235
第一节 交通规划软件简介 ... 235
第二节 TransCAD 基础介绍 ... 238

第三节　交通数据处理与分析 ·· 238
　　第四节　TransCAD 在交通规划中的应用 ······································ 238
第十二章　案例介绍 ··· 248
　　第一节　城市轨道交通需求预测案例 ·· 248
　　第二节　城市轨道交通线网规划案例 ·· 252
　　第三节　城市轨道交通线网方案评价案例 ······································ 254
参考文献 ··· 261

第一章 绪 论

第一节 城市交通问题与城市轨道交通

改革开放以来,我国经济持续快速发展,国家经济实力显著增强,城市化进程逐步加快,机动车保有量迅猛增长。然而,社会经济繁荣发展的同时,我国各大城市的交通问题也日渐突出。人口密集、交通拥堵、环境污染、能源匮乏,居民出行时间长、出行难等所谓的"城市病",成为困扰城市发展的主要问题。之所以如此,其根本原因在于传统城市交通的发展方式存在严重的弊端,具有不可持续性。尤其是第二次世界大战以后,发达国家很多城市的交通发展进程几乎是一个不断满足机动化,尤其是小汽车发展要求的过程,机动化拥有水平几乎成了所有战略性和实施性决策的前提。机动化也成为我国城市追求的目标,成为城市现代化的衡量标准。为了提高机动性,必须不断增加道路设施的供给。但"亚当斯定律"告诉我们:新的道路建设降低了出行时耗,但同时会引发新的出行需求,一段时间后道路将最终恢复原来的拥挤水平。而且从普遍意义上说,道路建设的速度始终跟不上汽车增长的速度,而城市土地资源是有限且宝贵的,不可能完全用以修建道路。因此,这种立足于供给的思维形成了一个供给与需求之间的恶性循环,导致城市交通失衡,交通拥挤进一步加剧,给城市经济、社会、环境和文化发展造成巨大的副作用。

城市轨道交通很早就作为城市公共交通的一部分出现,随着科学技术和城市化的发展,大运量的城市轨道交通在现代大城市的交通发展中起着越来越重要的作用。发达国家城市交通发展的历史告诉我们,只有采用大运量的城市轨道交通系统,才是从根本上改善城市交通问题的有效途径。

下面主要介绍我国城市交通的发展现状与问题,分析我国城市交通发展的目标以及城市轨道交通发展的必要性。

一、城市交通的发展现状与问题

(一)机动车增长速度过快

我国经济高速增长,带来了各城市汽车拥有量与出行量的增长,其增长速度远远超过了基础设施建设的增长。据统计,截至2018年年底,全国汽车保有量达2.4亿辆,和2017年相比增加了2 285万辆,增长10.51%。从车辆类型看,小型载客汽车保有量达2.01亿辆,首次突破2亿辆,和2017年相比增加了2 085万辆,增长11.56%,是汽车保有量增长的主要组成部分;私家车(私人小微型载客汽车)持续快速增长,2018年保有量达1.89亿辆,近五年年均增长1 952万辆；载货汽车保有量达2 570万辆，新注册登记326万辆，再创历史新高。从分布情况看，全国有61个城市的汽车保有量超过百万辆，27个城市超200万辆，其中，北京、成都、重庆、上海、苏州、郑州、深圳、西安等8个城市超300万辆，天津、武汉、东莞3个城市接近300万辆，这远远超过了我国城市道路建设速度，必然造成拥堵加剧。

（二）交通基础设施建设滞后

长期以来，我国城市人均道路面积相对较低，2014年我国城市人均道路面积从2009年的12.79 m^2 提高到15.34 m^2，截至2017年，我国城市人均道路面积达到16.05 m^2，虽然在一定程度上缓解了城市交通运输的压力，但是与发达国家城市人均道路交通占地25 m^2 相比，还有很大的差距。一些城市约50%的路段高峰期饱和度达到95%，全天饱和度超过70%，严重影响了交通运输效率。

尽管近些年来我国各城市加大了对交通运输道路的建设，但主要集中于新兴开发区和郊区，这与我国城市由中心区域向郊区化扩展是密不可分的。但是中心城区由于道路规划较早，街道两侧建筑相对稠密，道路拓宽的空间余地不大，道路面积增长幅度较小。与此同时，房地产市场的快速发展也造成中心城区开发相对集中，增加了城区道路扩容的难度。

（三）行车速度缓慢，交通堵塞严重

随着城市的进一步发展，城市人口的不断增加，机动车保有量的迅速增长，城市交通需求也在不断增加。由于城市基础设施建设的滞后，大部分城市交通堵塞严重，车速缓慢。由于我国绝大多数城市的公共交通方式还是以公共汽车为主，同时各种车辆混行在同一道路上，最终使得公交车辆的运行速度大大降低，公共交通服务质量下降。尤其是早晚上下班高峰时间，车站站台拥挤，候车时间长，车内秩序差，拥挤混乱。由于这种情况难以很快改善，大部分居民纷纷购置自行车、私家车等私人交通工具，造成上下班高峰期间满街都是自行车、私家车的情况出现，使城市公共交通处于恶性循环之中。这种状况严重影响着城市居民的生活质量和城市经济发展的活力。

（四）交通结构不合理

从我国目前各大城市的交通结构看，千万人口的大城市仍然依赖公共汽车、电车、自行车和私家车来满足人们的出行需要。这些城市交通结构不尽合理，普遍存在常规公共交通系统发展不足、快速轨道交通系统发展滞后、小汽车发展势头强劲的不协调现象。西方国家曾有私家汽车发展到泛滥成灾的沉痛教训，不能不引起我们的特别关注。为了挽救城市交通的危局，各国城市纷纷转向采用大、中运量轨道交通方式的发展政策，并取得了公认的成效。

我国城市交通运输用地紧张，人口密度高，城市交通运输供需矛盾突出，只有建立方便快捷的城市公共交通网络才可以大大缓解城市交通运输压力。而对于一个大城市来讲，合理的公共交通结构原则上应该以轨道交通为骨干，并协调组合高、中、低三种运能条件

的公交系统，以充分发挥公共交通的最佳作用。

二、城市交通的发展目标

（一）解决城市交通供需问题，提升城市交通运行效率和服务水平

随着城市经济和社会的发展，人们出行机动化水平越来越高，城市交通拥堵问题日益突出，对城市的交通出行水平提出了越来越高的要求，城市交通成为广大群众关注的焦点。如何缓解交通的供需矛盾，使人与货物到商业区、学校、工作地等地点的可达性最大化，即实现客、货的位移需要，是交通运输最基本的目标。同时，建立快捷高效的交通服务体系，可以最大化满足交通需求，缓解交通拥堵。

（二）降低道路交通事故，提高道路交通安全性

每年交通事故的造成的伤亡率占比相当高。事故不仅造成交通设施设备的损害，而且还存在许多难以估计的外部费用。因此，降低交通事故成为所有发达国家与发展中国家共同关心的重要问题。交通部门除了加强道路安全宣传教育外，还应对事故高发路段加强预防措施，进一步降低道路事故率。

（三）优化交通结构，减少交通对环境的影响

随着人口密度的增加，交通引起的环境问题也越来越尖锐，各国正在研究新型燃料汽车和合理的公共交通系统来使这种危害降到最低。目前，世界上许多国家都在大力发展城市轨道交通，城市轨道交通具有载客量大、运送效率高、能源消耗低、相对污染小、运输成本低、人均占用道路面积小等优点，是解决大城市交通拥挤问题的最佳方式。

（四）协调城市发展规划目标，使城市交通具有可持续性

城市交通发展规划一定要在城市发展规划的前提下制定，不仅有利于城市交通发展，而且有助于城市发展规划目标的实现。同时，城市交通规划一般要考虑城市或地区的长期效益，并且具有较好的可持续性。遵循科学的发展规划可以避免随意发展、无序管理造成的不良后果。

三、城市轨道交通发展的必要性

为了缓解日益严重的城市交通问题，实现城市交通发展的目标，单一的道路交通系统与现实的交通需求之间显得越来越不相适应，传统的公共交通客运方式已不能满足现代化城市居民快速、频繁出行的要求。现代城市需要有一个与其现代化生活相适应的现代化交通体系，形成一个与城市发展布局高度协调的综合交通格局。只有把长远规划目标同近期调整改善结合起来，做好与城市交通量基本相适应的道路网络系统，逐步改善公共交通系统的服务质量，才能满足不断增长的交通需求。

城市轨道交通作为一种准点、速度快、高效、客运量大、污染小和能耗低的客运交通

方式，符合城市交通可持续发展的战略需求，可以从根本上解决城市交通问题。因此建立一个以轨道交通为骨干，以常规公共交通为主体、多种交通方式相互协调的综合交通系统是我国大城市交通发展的必然趋势。

国内外轨道交通发展的实践表明，轨道交通作为公共交通运输的骨干力量，在解决交通问题、促进发展方面发挥了巨大作用：一是大大提高了交通供给水平，缓解日益拥挤的道路交通；二是引导城市格局按规划意图发展，支持大型新区建设；三是通过城市轨道交通的巨大投入，从源头为城市经济链注入活力，并通过巨大的社会效益提高整个城市的综合价值。

第二节 城市轨道交通的发展

一、城市轨道交通的发展历程

从 1863 年 1 月 10 日伦敦采用明挖法施工建设第一条地铁通车开始，城市交通就进入了轨道交通的新时代。总体说来，地下铁道的建设和发展经历了以下几个阶段。

第一阶段：1863—1899 年，世界上有 7 个城市修建了地铁。

第二阶段：1900—1949 年，世界上又有 13 个城市修建了地铁。

第三阶段：第二次世界大战后，随着各国城市大运量公共客运需求的快速增长，地铁发展非常迅速。截至 1999 年，世界上已有 44 个国家、115 座城市开通了地铁。线路总数为 336 条，总长为 7 000 多千米，车站总数为 5 400 余座。其中，英、法、美等发达国家在第二次世界大战之前就开始了地铁建设，到 1999 年年底，总里程就已达到了 2 840 km。

本节主要介绍国外比较有代表性的城市轨道交通系统，包括伦敦、巴黎、东京和纽约。

（一）伦　敦

伦敦城市轨道交通系统规模庞大，历史悠久。其地铁系统（Underground 或 The tube）为欧洲最大、世界最早，首条线路于 1863 年 1 月 10 日建成通车。除久负盛名的地铁外，伦敦的城市轨道交通系统还包括坞地轻轨（Docklands Light Railway，DLR）、横贯铁路（Crossrail）及 Overground、有轨电车 Tramlink，以及国家铁路运营的市郊铁路（见图 1-1）。截至 2016 年年底，总共有 11 条地铁线路投入运营，坞地轻轨（DLR）有 7 条路线，Overground 共有 9 条线路，横贯铁路目前只开通 1 条线路，连接大伦敦地区及邻近的埃塞克斯（Essex）。有轨电车 Tramlink 共有 4 条线路。

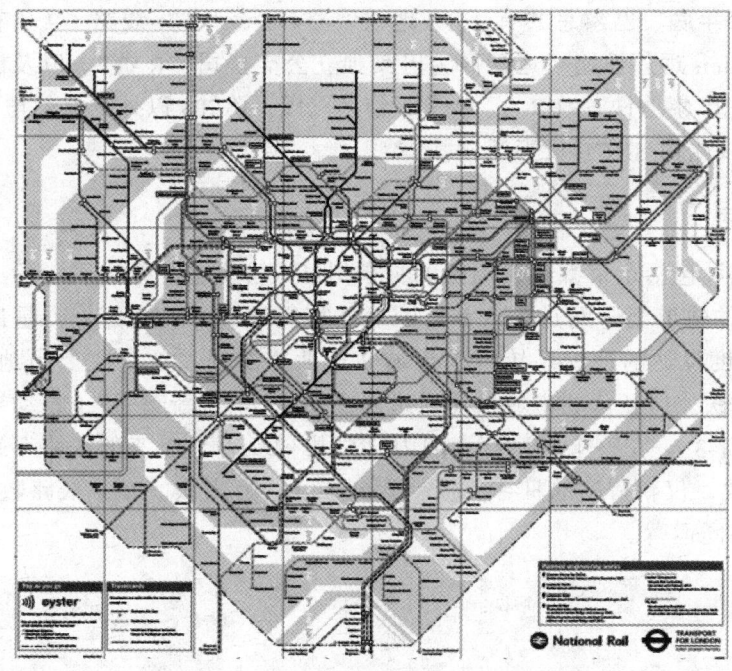

图 1-1　大伦敦地区轨道交通线网图

（二）巴　黎

巴黎城市轨道交通系统，指的是巴黎市区及其所属的法兰西岛大区的城市轨道交通系统，包括在巴黎市区及近郊运行的地铁（Métro）、近郊省份的有轨电车以及连接巴黎市中心和法兰西岛大区的区域快线（Réseau Express Régional，RER）和远郊铁路 Transilien（部分线路运行范围延伸至周边大区的临近市镇），如图 1-2 所示。

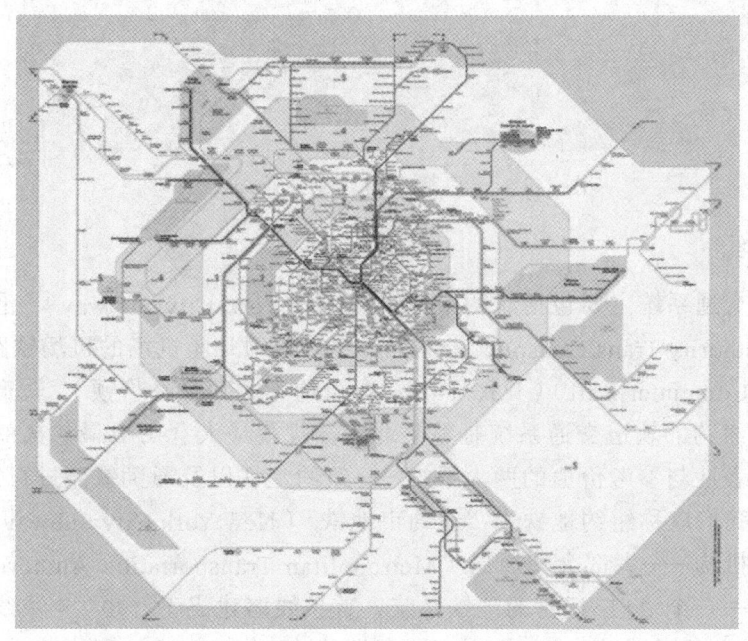

图 1-2　法兰西岛大区轨道交通线路图

截至2016年年底，巴黎总共有16条地铁线路、5条RER线路、9条有轨电车线路，以及8条Transilien远郊铁路，运营商为巴黎独立公交公司（RATP）以及法国国家铁路公司（SNCF），其中巴黎地铁，RER A、B线部分区段以及除T4以外的有轨电车线均由RATP负责运营，其余线路由SNCF负责运营。

（三）东　京

"东京都市圈"包括东京都以及周围的神奈川县、群马县、栃木县、埼玉县、茨城县以及千叶县。东京的轨道交通网是东京都市圈公共交通的重要组成部分，是最主要的交通出行方式。它有高度发达的地铁系统以及市域快速轨道交通系统，主要由地铁、JR（Japan Railway）及各私铁公司经营的市域快速轨道、有轨电车、"新交通"（自动导轨系统）以及单轨组成（见图1-3）。在整个东京都市圈内，总共有多达882座的铁路车站，每日客流量可达4 000万人次，仅新宿站的日客流量就达到了342万人次。东京线路数量多达121条，由30家运营商共同运营。

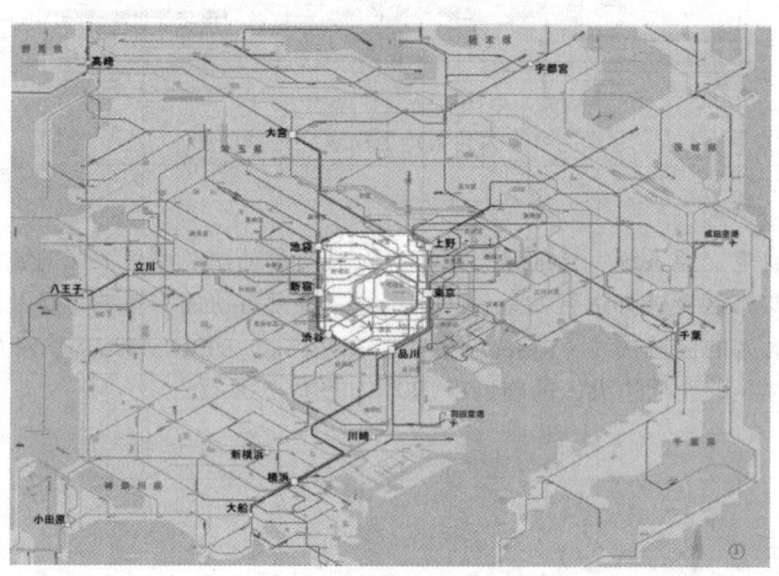

图1-3　东京都市圈轨道交通线网图

（四）纽　约

纽约的轨道交通系统主要包括纽约市地铁（New York City Subway）、港务局跨哈得孙河快线（Port Authority Trans.Hudson，PATH）、连接纽约几座机场的机场铁路（Air Train）以及通勤铁路（Commuter Rail）（见图1-4）。在纽约（尤其是曼哈顿），轨道交通是最主要的出行方式，而纽约的轨道交通系统是整个北美洲规模最大、历史最悠久的系统。以下将选取纽约最具代表性与参考价值的两大系统——纽约地铁以及通勤铁路进行简要介绍。

准确来讲，我们应称纽约地铁为"纽约市地铁"（New York City Subway）。它属于纽约市交通局下辖的机构——大都会交通局（Metropolitan Transportation Authority，MTA）。纽约地铁是全球唯一一个24 h运营的地铁系统，首条线路建成于1904年。线路总长度接近400 km，有多达36条固定线路（Lines）、25条路线（Services）（注意中英文表述上的区别，这一点将在下文进行详细叙述）。纽约地铁同时还是全球车站数最多的地铁系统，数量超过400座。从年客流量来看，该系统是全美国乃至所有西方国家中最大的地铁系统。

图 1-4　纽约市地铁图（含其他轨道交通线路，由大都会交通局制作）

相比欧美发达国家以及邻国日本，我国的城市轨道交通发展起步较晚，但发展迅速。北京于 1969 年开始试运营第一条地铁，其后天津于 1980 年建成长 7.4 km 的地铁。20 世纪 80 年代以前，地铁的规划与建设，除了实现城市客运的功能之外，更重要的是考虑战备的需求。20 世纪 80 年代以后，以上海地铁 1 号线、北京地铁复八线、北京地铁 1 号线改造，广州地铁 1 号线建设为标志，我国真正以交通为目的的地铁项目开始建设。由于修建成本高昂、关键设备全靠进口、国产化率低等问题，1995 年国务院办公厅发布第 60 号文《暂停审批快速轨道交通项目的通知》宣布除上海地铁 2 号线项目外，不再批准地铁项目立项，并要求做好发展规划和国产化工作。这期间，国家近 3 年没有审批城市轨道交通项目。从 1997 年年底开始，国家计委研究城市轨道设备国产化实施方案，提出将深圳地铁 1 号线、上海地铁 3 号线、广州地铁 2 号线作为国产化依托项目，并于 1998 年批复 3 个项目立项。2002 年 10 月中旬，国务院办公会议又决定，冻结各城市地铁立项。2005 年至今，随着国家积极的实施财政政策，国家从建设资金上给予大力支持，并通过技术引进，国际先进制造企业同国内企业合作，实现了城市轨道交通车辆、设备的本地化，使城市轨道交通建设造价大大降低。国家先后批准了深圳、上海、广州、重庆、武汉、南京、杭州、成都、哈尔滨等 10 多个城市轨道交通项目开工建设，并投入 40 亿元国债资金予以支持，我国轨道交通建设进入高速发展期。特别是 2009 年以来，我国的轨道交通事业发展迅猛。截至 2017 年年末，我国内地共计 34 个城市开通城市轨道交通并投入运营，开通城轨交通线路 165 条，运营线路长度达 5 033 km。其中，地铁 3 884 km，占比为 77.2%；其他制式城轨交通运营线路长度约 1 149 km，占比 22.8%。尽管取得了骄人的成绩，我国的轨道交通事业仍存在诸多问题亟待完善，如我国的城市轨道交通以地铁为主，少部分地区有轻轨、单轨以及磁悬浮等其他制式，制式与运营模式较单一，较难满足广大人民群众日益增长的出行需求，尤其与城市的发展不相匹配。

二、城市轨道交通的发展前景

随着国民经济的持续稳定快速发展，我国城市化进程的步伐逐步加快，据统计我国目前城镇人口已达 8.3 亿，预测至 2030 年，我国城镇化率将达到 70.6%，使得城市的规模（特别是大、中城市）越来越大。近几年城市居民汽车拥有量呈现加速增长势头，使得城市道路承载能力出现严重不足，城市交通拥堵现象日益严重，城市交通的发展面临极大困难。为解决城市居民出行问题，缓解城市道路交通矛盾，国内各大中城市逐步规划或建设大运量的轨道交通系统，提出构建以公共交通为主体，轨道交通为骨干的公共交通体系的交通发展模式，这与我国城市人口众多，人均道路拥有密度低的国情相适应，是解决城市交通拥堵和支持城市持续发展的有效途径。近年来，我国城市轨道交通一改以往规划一条线、建设一条线的思路，通过编制轨道交通网络规划，使轨道交通的建设层次、结构和规模与城市发展规划更紧密地结合，使轨道交通的发展走向更科学的道路。

第三节 城市轨道交通的功能

城市化正成为当今世界发展的重要趋势，在城市化的历程中，不同规模与发展阶段的城市产生不同的交通需求，需要通过相应的运输工具及技术装备来满足。从我国城市化发展的实践来看，轨道交通以其运量大、速度快、安全准时的技术优势成为城市交通结构中不可缺少的组成部分，同时，轨道交通也以其承担城市公共交通骨干作用，引导城市发展、带动新城区建设、减少地区差别和城乡差别，较好地解决了大、中城市日益增长的交通供需矛盾问题，并满足了城市化的要求。

一、城市轨道交通的分类和特点

城市轨道交通，一般指在城市地域内利用客运列车（车辆）在钢轨上或沿导向轨运行的城市公共交通系统。城市轨道交通类型的划分迄今仍未有统一标准，世界各国分别按照线路特征、运营范围、系统容量、路权等不同条件进行分类。根据城市轨道交通的技术经济特征和我国城市轨道交通发展的实际情况，可将城市轨道交通划分为市域快轨、地铁、轻轨、有轨电车、单轨、自动导向交通和磁浮交通系统等类型。

（一）市域快轨

市域快轨是运营速度 120～160 km/h，服务于市域范围内中长距离客运（具有通勤服务功能）的一种城市轨道交通系统制式。在国外，市域快轨还有其他名称，如在美国被称为通勤铁路（Commuter Rail），在德国及奥地利被称为 S-bahn，在法国、比利时一般被称作区域快线 RER（Réseau Express Régional），法国法兰西岛大区（Région d'Île-de-France，即巴黎大区）其中由法国国家铁路公司（SNCF）运营的线路还被称作 Banlieue（旧称）或 Transilien。从国内外发展状况来看，市域快轨往往是干线铁路的一部分，或是由既有干线铁路改造而来，因此往往具有干线铁路的技术特征，其站间距一般较长，并采用重轨。市域快轨主要提供通勤服务，客流具有方向性和高峰性。但随着都市圈的扩大，欧美国家的市域快轨在市区段的车站设置与运营服务也逐渐与地铁接近。

（二）地铁与轻轨

地铁最初指修建在城市地下隧道中的铁路，但目前地铁早已突破原有的只在地下运行的限制，从早期单一地下隧道线路发展成地下隧道、地面与高架线路相结合的线路系统，在市区段采取地下线路，在郊区则出于对建设成本控制的考虑更多采用地面或高架线路。因此，有必要对原有的定义进行修正。国际隧道协会将地铁定义为轴重相对较重，单方向输送能力在每小时 3 万人次以上的城市轨道交通系统。

所谓轻轨，最初指"轻型轨道交通系统"，国外将有轨电车也纳入"轻型轨道交通系统"的范畴。在我国，所谓"轻型轨道交通系统"的道床、轨道结构、运行车辆和运行管理系统与地铁相似，享有独立路权。与地铁相比，轻轨运量较小，因而编组车辆少、运营线路短、行驶速度慢、行车间隔略长，其运行管理模式有所不同。因此，其与地铁的最主要区别就是运量上的差别。根据我国规范，将轴重较轻、每小时客运量在 1 万～3 万人次的轨道交通系统称为轻轨。

（三）有轨电车

与地铁和轻轨不同，有轨电车的线路敷设往往因地制宜，既可修在市区街道上，又可修建在地下隧道或高架轨道上。有轨电车主要有以下三种情形：无平面交叉的路权专用线路、有平面交叉的路权专用线路、有平面交叉的路权共用线路。有平面交叉的路权专用线路通常是采用缘石、栅栏或通过设置高差的形式将线路与其他交通分离。

（四）单轨

单轨是指车辆在一根轨道上运行的轨道交通系统，其线路通常为高架结构，路轨可以是钢梁、钢筋混凝土梁等形式。橡胶轮胎车辆在单根轨道梁上部或下部运行，在轨道梁上部运行的称为跨座式单轨，在轨道梁下部运行的称为悬挂式单轨。

单轨系统占地少，对城市景观及采光影响较小，噪声及振动较低，转弯及爬坡能力强，小时运能、运行速度与轻轨相仿。对于目前普遍采用的跨座式单轨，一般采用橡胶轮胎及混凝土轨道梁，但由于橡胶轮会与轨道梁产生摩擦，因此将产生一定的粉尘污染。转向架与道岔的结构比较复杂，且转辙时间比普通道岔长，因此将加大行车间隔。此外，一旦列车在运行区间发生事故，面积狭小的轨道梁难以安放救援设施，疏散与救援都比较困难。

（五）自动导向系统

自动导向交通是指新交通系统中利用导轨导向且自动控制运行的新型轨道交通系统。此类系统早期在美国被称为水平电梯、空中巴士等。法国与日本将其进一步发展，并用于城市内的运输系统。在法国，此类交通系统被称为 VAL（Véhicule Automatique Léger），意为自动轻型交通。VAL 除了用于机场的内部交通外，还被用于里尔、图卢兹等多个城市的地铁系统，我国台北市的捷运（地铁）文湖线同样也使用了法国的 VAL 系统。自动导向交通线路路权专用，采用计算机进行全自动控制，可以实现无人驾驶的高密度运营。车辆既可单车运营，又可编成列车运行，导向运行方式有中央导向和侧面导向两种。自动导向交通有 PRT（Personal Rapid Transit，个人快速交通）与 PM（People Mover，旅客运输系统）两种。

（六）磁悬浮

传统铁路列车推进的主要原因是钢轨与列车之间具有黏着力或摩擦力，借助机车或动车组内动车加速产生的牵引力克服阻力从而实现前进。随着列车速度的提高，黏着力减小，列车所能产生的牵引力也变小。同时，列车所受的空气阻力增大。当列车速度达到一定值时，继续加速，车轮将空转，速度无法再提高。因此，欲使列车速度继续提高，不外乎减小列车阻力，或不采用黏着力推进列车前进，即列车不与轨道或地面接触而放弃使用车轮。根据速度划分，磁浮技术可分为高速磁浮和中低速磁浮，其中高速磁浮的速度可达到 500 km/h 及以上，中低速磁浮速度约为 100 km/h。按是否采用超导电磁铁，磁浮技术又可分为超导和常导两类。由于超导磁浮列车只有当速度超过 150 km/h 时列车才可浮起，因此超导磁浮均为高速磁浮。磁浮列车的基本原理是磁铁的同性相斥、异性相吸特性，列车磁浮方式主要分为排斥力悬浮与吸引力悬浮两种。

二、城市轨道交通在公共交通体系中的作用

城市轨道交通网络是在城市公共交通路网的基础上，伴随着道路公共交通运输能力的不足而发展起来的一种新型交通模式。城市轨道交通的规划应在对城市公共交通体系进行综合研究的基础上完成，应以城市轨道交通路网为骨干，调整公共交通运输网络，发挥轨道交通在城市公共交通系统中的骨干作用。

城市公共交通是城市社会、经济活动的纽带和动脉，而城市轨道交通将构成城市公共交通体系中的主动脉。随着出行量和出行距离的不断增加，人们的交通方式也在由步行、个体交通工具向城市公共交通发展。时至今日，当城市公共交通运输能力不能满足城市公共交通需求时，具有大容量、快捷的城市轨道交通方式也就应运而生了。事实证明，解决现阶段我国城市、特别是大城市公共交通问题的主要途径是发展城市轨道交通。但是，仅仅在城市干道上、在城市公共交通运输需求较大的区段修建城市轨道交通，而不采取其他辅助措施加以引导，虽然可一时解决该路段的交通紧张，但从经济效益上看，不一定能使

轨道交通发挥最大的效益，同时也不一定能对整个城市的建设和发展起到良好的促进作用。因此，要发挥城市轨道交通的骨干作用，离不开城市其他形式的公共交通与轨道交通的协调配合。

城市轨道交通是从根本上解决我国城市公共交通问题的途径，为了发挥城市轨道交通的骨干作用，其他公共交通必须与其相衔接，并依据城市轨道交通路网的线路走向、建设计划和运营发展，随时进行调整。根据数据显示，国外的每条轨道交通线路在建成后，都将吸引沿线60%~70%的公共交通客流量。北京地铁在规划新线时曾经做过乘客意愿调查，其结果是将有73.4%的公交乘客转入轨道交通。设想如果有70%的公交乘客被地铁吸引，而原有的公交路网不进行调整，则该区段的公交线路将处于"吃不饱"的状态，而轨道交通由于原公交路网未进行相应调整，其能力也将不能得到充分发挥。因此，随着轨道交通的投入运营，应有计划地适当调整原有公交路网格局，从系统的角度重新进行运输能力的分配工作，使之符合客运需求。

三、城市轨道交通在城市规划与发展中的作用

城市总体规划属于城市系列规划中的宏观战略部分，是对一定时期内城市性质、发展目标、发展规模、土地利用、空间布局以及各项建设的综合部署和实施措施。在总体规划中，城市轨道交通规划隶属于城市综合交通规划，其对城市发展方向的影响、对中心区集聚的促进、对城市定位的提升等都必须结合在总体规划的各分项中予以统筹考虑，而不是单独列出。也就是说，城市轨道交通规划与各分项的规划目标互为因果，共同作为终期蓝图体现在规划成果中。而作为与分项互动结果的城市轨道交通规划，则需要在综合交通规划章节中单独表述。这种互动关系，也体现在其他城市基础设施与城市发展的综合统筹中。这就是城市规划系统方法论的体现。

当前城市规划的一个重要课题，是在城市化水平不断提高及城市人口大量增加的背景下，我们如何解决城市居民的住房需求。随着城市面积的扩大，是选择小汽车发展模式，还是选择轨道交通发展模式，是很多城市迫切需要解决的问题。轨道交通所引导的站点的周边高密度建设和以公共交通为主的出行理念，与城市规划倡导的住房集约化发展和住房时间距离接近工作地点的思想一致，具有良好的结合前景。

从发展趋势来看，城市历史文化保护与环境保护将是我国未来城市规划高度关注的两个研究方向。这两者都与城市轨道交通的建设密不可分。首先，我国的大城市往往都具有比较悠久的历史，此外很多近代诞生的城市尽管历史不长，但也有相当多值得保护的优秀历史街区与建筑。这些历史街区往往位于城市中心地带。面对日益繁重的交通压力，拆除建筑、拓宽街道的做法将给城市肌理与传统格局带来了不可恢复的破坏，因此，只有建设城市轨道交通才是解决问题的唯一出路。另外，城市轨道交通的单位耗能最小、污染最小，是保护城市环境首选的交通方式。理论层面，什么样的规模最适合我国城市的发展一直是规划界争论未定的。在城市达到一定规模时，集聚效应开始减小，交通成本等显著增大。以往理想状态下相同时间行程为基础的城市规模研究，认为小汽车交通方式的建成区规模最大。而在现实中，由于小汽车在中心区的集中和中心区路网交叉口繁多的特点，轨道交

通引导的城市规模可能会大于小汽车。而且，轨道交通带来的城市紧凑布局和城市结构的优化，远不是传统"摊大饼式"一味扩大规模的发展模式所能相比的。在我国土地资源有限的条件下，以轨道交通为主的城市发展类型将最具有效率和竞争力。

第四节 我国城市轨道交通系统建设程序

一、城市轨道交通建设项目的特点

城市轨道交通建设项目是大型的综合性系统工程，与一般建设项目相比，城市轨道交通建设工程项目具有建设规模大、技术要求高、项目投资大、建设周期长、专业种类多、系统较复杂等特点。具体来说，主要表现在以下几个方面。

（一）投资大

一项城市轨道交通建设项目投资动辄几十亿元、几百亿元，京、沪、穗近年来修建地铁的综合平均造价已高达6亿~8亿元/km。巨大的投资增大了工程的资金风险。

（二）工期长

一个城市轨道交通建设项目从筹划运作开始到运营使用，一般需要3~5年的时间。如受政府审批和资金筹措等方面的因素影响，时间会更长。

（三）涉及面广

城市轨道交通项目是城市的生命线工程之一，直接关系到居民的生产生活，关系到城市的国民经济发展，它除了能解决沿线及周边地区的交通外，还能促进房地产市场、旅游市场的开发，带动整个地区乃至城市的繁荣和发展。城市轨道交通在建设过程中，会涉及城市交通、建筑、市政、环保等诸多方面，甚至带动相关产业的发展，其涉及面之广是一般建设项目远不能比拟的。

（四）系统、专业多，接口繁杂

城市轨道交通项目包括土建、机电、运营管理和投资经济4大系统，下有20多个子系统共30多个专业，有多个单独的分项分部工程，各系统、专业接口复杂。

由于城市轨道交通的上述特点，有必要对城市轨道交建设项目进行科学管理，以确保工程质量和投资效益。

一个项目从提出项目设想、开发、建设、施工到开始生产活动的这个过程，一般被称作项目建设周期。该周期主要可以分为三个阶段：投资前阶段、投资阶段和运营阶段（见图1-5）。

根据我国现行的投资建设程序，投资前期工作主要包括轨道线网规划、需求预测、机会研究、预可行性研究及可行性研究。这是提出项目建议书、开展可行性研究以及进行项目决策的基本依据。

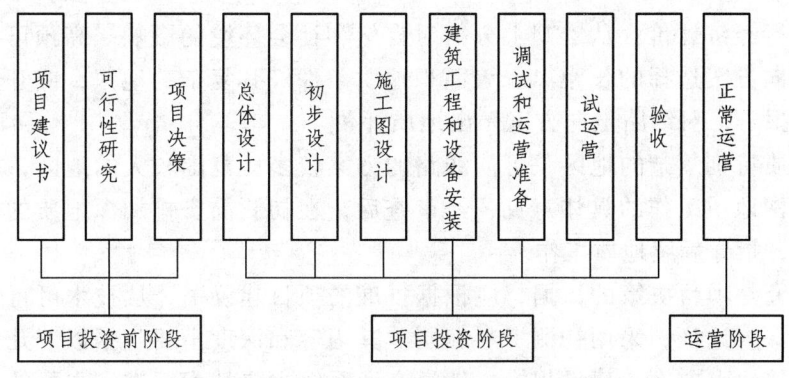

图 1-5 一个城市轨道交通项目周期的各个阶段及其主要的活动

城市轨道交通项目是重大的基础设施项目，按我国目前基本的建设程序规定，需要国家有关部门（发改委和建设部）进行审批。主要的审批程序有：轨道线网的审批、项目建议书（预可行性研究报告）的审批、可行性报告的审批和初步设计的审批。

分析近几年国内各个城市的城市轨道交通建设的实践，并参考国外的建设模式，可以将轨道交通建设模式总结归纳为以下几种。

第一种方式：政府作为投资的主体，委托项目法人代行政府控制的职能。这种模式在我国部分已建成的地铁线路中得到成功应用，如北京地铁复八线、城市铁路，上海地铁 1 号线、2 号线，广州地铁 1 号线等。

第二种方式：采用多元投资体制，促进城市轨道交通商业化运作。这种模式在北京地铁 5 号线和上海的几条线路中得到采用。

第三种方式：交钥匙工程，即由工程总承包商负责整个项目的融资、设计咨询、施工及运营。由于目前国内轨道交通建设部门资金实力方面的原因，这种方式应用得较少。

二、城市轨道交通系统建设程序

城市轨道交通项目必须严格执行国家基本建设程序。现行基本建设程序包括线网规划、线网近期建设规划、项目可行性研究、工程勘察设计、工程施工、试运行、试运营、竣工验收和项目后评价。

线网规划和线网近期建设规划的主要内容如前所述。可行性研究、工程勘测设计、试运营应依据国家有关法规取得相关政府授权部门的审批或许可。

（一）可行性研究

城市轨道交通建设项目可行性研究通常包括预可行研究和可行性研究两个阶段。

预可行性研究文件是项目立项的依据，应按轨道交通项目建设的长远规划，充分利用国家和行业资料，经调查踏勘后编制。在预可行性研究中，要从宏观上论证项目的必要性，为项目建议书提供必要的基础资料。其内容和深度主要包括系统研究建设项目在路网及交通运输中的意义和作用，论证项目的必要性；解决拟建规模、线路起讫点和线路走向方案；提出主要技术标准、各项主要技术设备设计原则的初步意见和主要工作内容；对相关工程和外部协作条件作初步分析并提出建设时机及工期、主要工程数量、投资估算、资金筹措设想；初步进行经济评价；从宏观上分析对自然和社会环境的影响。高预可行性研究中，对影响线路走向方案选择的长距离、大面积地质条件极其复杂的地区，应开展遥感工作，编制遥感地质报告，对线路走向方案做出地质评价。

地形、地质特别复杂的地区，可能线路的方案较多；范围较大的地区，应在预可行性研究中提出加深地质工作的具体意见，经审查后，在初测前安排加深地质的工作，并在确定初测方案后，指导后续地质工作。

可行性研究是项目决策的依据，应根据批准的项目建议书，从技术可行性、经济合理性上进行全面深入论证，采用初测资料编制。其内容和深度主要包括以下几方面的内容解决线路方案、接轨点方案、建设规模、轨道交通系统主要技术标准和主要技术设备的设计原则；进一步落实各设计年度的客货运量，提出主要工程数量、主要设备概数、主要材料概数、用地及拆迁概数、建设工期、投资估算、资金筹措方案、外资使用方案、建设及经营管理体制的建议；深入进行财务评价和国民经济评价；阐明对环境与水土保持的影响和防治的初步方案，以及节约能源的措施。可行性研究的工程数量和投资估算要有较高的精度。

（二）初步设计

初步设计文件是项目建设的主要依据，应根据批准的可行性研究，采用定测资料编制。其内容和深度主要包括：解决各项工程设计原则、设计方案和技术问题；提出工程数量、主要设备数量、主要材料数量、用地及拆迁数量、施工组织设计及总概算；确定环境保护和水土保持措施。初步设计文件经审查、修改、批准后，作为控制建设总规模和总概算的依据，应满足工程招标承包、设备采购、征用土地和进行施工准备的需要。初步设计概算（静态）与国家批复的投资估算静态）差额不应大于 10%。

（三）施工图

施工图文件是工程实施和验收的依据，应根据已审批的初步设计和补充定测资料编制。施工图为施工提供需要的图表和必要的设计说明，详细说明施工时应注意的具体事项和要求，并编制投资检算。

（四）工程施工和设备安装

建设单位根据设计文件，进行工程施工和设备安装。

（五）验交试运营

由建设单位会同设计、施工和国铁集团有关单位组织验收，验收合格，轨道交通线路交城市轨道交通运营公司投入运营，基本建设阶段结束。

（六）后评估

在城市轨道交通运营若干年后，由建设单位会同有关部门对立项决策、设计决策、设计质量、施工质量、技术经济指标、投资和经济效益等进行后评估，以总结经验，提高决策水平。

复习思考题

1. 列举你当前所在城市存在的交通问题。
2. 城市轨道交通主要包含哪几类？各自有什么特点？
3. 简述北京、上海、广州和深圳当前城市轨道交通的发展概况。
4. 简述城市轨道交通在城市公共交通系统中的重要性。
5. 在城市轨道交通规划初期应注意哪些问题？

第二章 城市轨道交通需求分析基础

第一节 概 述

城市轨道交通需求分析是城市轨道交通规划的重要工作。城市轨道交通规划的目的之一，是使城市轨道交通系统的交通供给满足交通需求。因此，在进行城市轨道交通规划工作时，有必要进行交通需求分析。

城市轨道交通需求分析是通过对城市轨道交通资料的分析，找出轨道交通乘客的出行规律，并利用这些规律分析轨道交通规划及运营中可能出现的问题及其原因，以及未来交通设施变化后的轨道交通运行特征，并对轨道交通系统进行评价的过程。

城市轨道交通需求分析的目标是利用建立的交通分析模型，分析城市交通的空间分布，利用收集的资料，在一定假设的基础上，将城市交通的出行与交通地理、社会经济发展之间的关系用抽象的数字模型表达出来。利用模拟的虚拟分析方式研究交通的空间变化与交通对策的可行性，供决策之用。

城市轨道交通需求分析是研究轨道交通的基础，为较长时期内城市的各项交通用地、交通设施和项目的建设与发展提供综合布局与统筹规划方面的参考依据。本章主要介绍城市轨道交通需求分析的基础知识，包括城市轨道交通规划方法、土地利用与城市轨道交通需求关系分析以及城市轨道交通需求分析方法。

第二节 城市轨道交通规划方法

城市轨道交通是城市交通系统的重要组成部分，在规划中应遵循交通系统规划的一般方法。交通系统是一个复杂的大系统，作为对象的因素数目很多，因素之间的相互关系复杂，各自的利害并不一致，仅从某一方面考虑规划很困难，因此从综合的角度考虑，应用系统工程理论进行系统分析越来越有其必要性。系统分析就是对特定问题进行系统性、综合性研究，提出有关思考过程的技术框架，以便得到尽可能协调的、可以接受的合理答案。对交通规划而言，是对规划目的进行系统考察，为达到此目的，对方案的费用、效益、风险进行定量比较，并补充其他可行的方案。决策者可以根据上述分析作出最佳决策，实现研究目标。

在讨论交通规划过程问题时，可以从两个侧面进行考虑，即它既是决策过程的一部分，又是确定决策过程中提出的规划草案的执行过程。

决策过程的相关主体包括中央政府、地方政府及其他相关的公共、民间团体、专家学者、一般市民等，其组织形式可能为论证会、征询意见会、专业委员会等。各步骤的参与者也不尽相同。进行规划操作的技术集团也不仅仅包括负责单位的交通规划工程师，一般来说，在不同阶段还要请有关专家、学会、协会等协助完成。

在规划执行过程中，对于交通系统、社会经济活动系统及其他相关要素的研究是以长期进行信息收集整理的信息管理体制为前提的。在这些系统的长期观测结果基础上，再加上从监测系统获得的关于现行政策、规划进展情况、规划产生的影响等最新信息，就能够把握交通系统的状态，检查是否存在问题及确保问题出现后能及时摸清状况，并通知决策者以引起其注意。另外，还可以依据决策者的要求对照检查交通系统的状态，汇报问题状况。

图 2-1 为交通规划过程流程图。

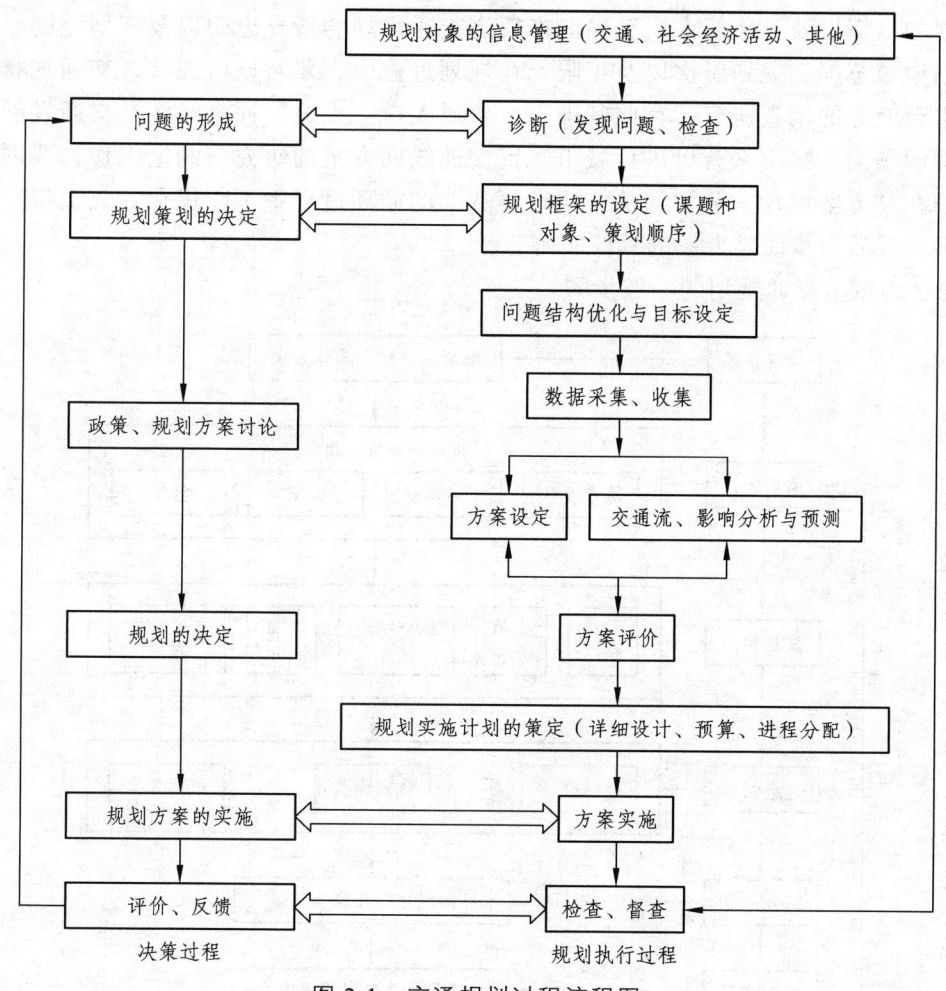

图 2-1 交通规划过程流程图

一、城市轨道交通规划的范围

城市轨道交通发展历史表明，城市发展不同阶段对应着不同的轨道交通类型，不同类型的轨道交通适合于不同城市的不同区域的发展。

城市轨道交通线网规划的规划范围应与城市总体规划范围一致，城市规划区应该是规划编制的重点。在轨道交通线网规划中，要以城市发展的具体阶段和发展需求为依据，合理选择满足城市发展要求的轨道交通系统，根据城市不同的发展区域，如中心区、建成区、郊区等，结合范围对象的多样化需求，确定轨道交通的作用范围，选择相应的轨道交通类型。

二、城市轨道交通规划的基本方法

城市轨道交通规划一般采用系统工程的理论和方法进行分析，其基本思路为确定目标、调查分析、发展预测、方案制定、综合评价、推荐方案和方案实施。

城市轨道交通规划必须以城市总体规划和城市综合交通规划为基础，确定该城市轨道交通规划的目标以及具体要求，明确城市轨道交通规划的指导思想以及规划原则。进一步确定规划地域范围、规划层次以及年限。在规划过程中，要对城市现状、交通现状及政策环境等进行充分的调查研究，在此基础上，要对人口、土地、社会经济、交通发展等进行科学合理的预测，接下来就可进行城市轨道交通线网方案的研究与制定工作，线网方案的研究必须在"方案设计—分析评价—比较筛选"的循环过程中不断优化，直至得出最优的线网方案，最后一步便是方案的具体实施。

图 2-2 为城市交通规划的一般步骤。

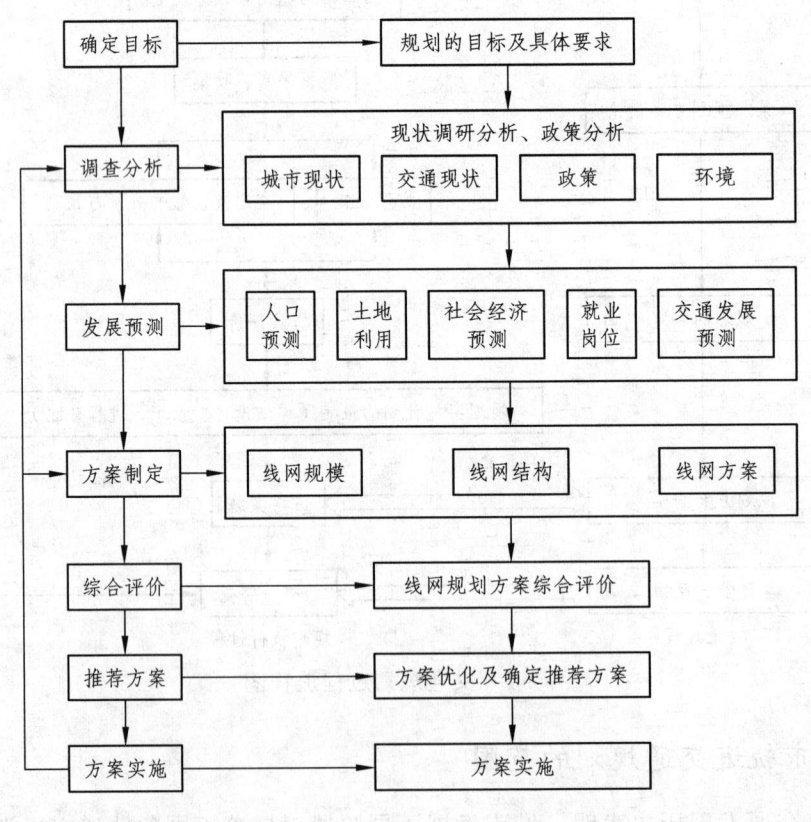

图 2-2 城市交通规划的一般步骤

三、城市轨道交通规划的一般原则

作为在城市公共交通中占有骨干地位的轨道交通系统是一个庞大而复杂的系统,城市轨道交通规划得合理与否,将直接影响城市的综合交通结构、城市轨道交通的经济效益和社会效益,因此,城市轨道交通的规划要遵守一定的原则。

(1)轨道交通的规划工作要体现稳定性、灵活性、持续性的统一,城市轨道交通的规划建设要支持城市建设与发展,提高项目的生命力。

(2)轨道交通的线网布局必须与城市用地相结合,在此基础上,城市轨道交通的规划要有超前意识,要与城市发展形态相结合,充分考虑轨道交通与土地利用的相互影响,处理好满足需求与引导发展的关系。

(3)轨道交通应加强与其他公共交通的规划与整合。轨道交通作为城市交通的骨干,应与现有交通工具相配合,协调发展,最大限度地提高其使用效率。

(4)线路走向应与城市主客流方向一致,应连接城市主要客流发生吸引源,使吸引交通流量最大化。

(5)组建大型换乘中心,使之成为城市发展的副中心或新区开发的先导和依托点。

(6)与城市建设计划和旧城改造计划相结合,以保证轨道交通建设计划实施的可能性与连续性,工程技术上的经济性和合理性。

(7)轨道交通的规划中要以"绿色交通"为指导原则。

第三节 土地利用与城市轨道交通需求

一、土地利用的概念

土地使用性质是指具体的土地用途分类。我国2011年颁布的国家标准—《城市用地分类与规划建设用地标准》(GB50137—2011)中,将城市用地分为城乡用地和城市建设用地,其中,城乡用地又分为两类,城市建设用地又分为八类,如表2-1所示。

表2-1 我国城市用地分类表

城市用地分类	大 类	中 类
城乡用地	建设用地 H	城乡居民点建设用地 H1
		区域交通设施用地 H2
		区域公共设施用地 H3
		特殊用地 H4
		采矿用地 H5
	非建设用地	水域 E1
		农林用地 E2
		其他非建设用地 E3

续表

城市用地分类	大 类	中 类
城市建设用地	居住用地 R	一类居住用地 R1
		二类居住用地 R2
		三类居住用地 R3
	公共管理与公共服务用地 A	行政办公用地 A1
		文化设施用地 A2
		教育科研用地 A3
		体育用地 A4
		医疗卫生用地 A5
		社会福利设施用地 A6
		文物古迹用地 A7
		外事用地 A8
		宗教设施用地 A9
	商业服务业设施用地 B	商业设施用地 B1
		商务设施用地 B2
		娱乐康体用地 B3
		公共设施营业网点用地 B4
		其他服务设施用地 B9
	工业用地 M	一类工业用地 M1
		二类工业用地 M2
		三类工业用地 M3
	物流仓库用地 W	一类物流仓库用地 W1
		二类物流仓库用地 W2
		三类物流仓库用地 W3
	交通设施用地 S	城市道路用地 S1
		轨道交通线路用地 S2
		综合交通枢纽用地 S3
		公交场站用地 S4
		其他交通设施用地 S9
	公共设施用地 U	供应设施用地 U1
		环境设施用地 U2
		安全设施用地 U3
		其他公共设施用地 U9
	绿地 G	公园绿地 G1
		防护绿地 G2
		广场用地 G3

二、交通需求的概念

交通需求是指人和物出于各种目的以各种方式进行空间移动的要求。交通需求按不同的性质及要求有不同的分类。

（一）经济学领域的交通分类

本源性交通需求：其移动的目的是为了移动者自己，他人难以代替。例如，上学、访友、观光、度假、看病等均是为了满足自己的交通需求，并且是不能由他人代替的行为。

派生性交通需求：由其他活动引起，并且可以由他人代替。例如，业务、工作等产生的交通需求。

（二）交通需求的轻重缓急分类

刚性需求：出行时间段受到严格约束的需求。例如，因工作、上学、业务等产生的出行需求。

弹性需求：出行时间段不受严格约束的需求。例如，因访友、观光、度假、看病等产生的出行需求。

传统的交通规划研究的内容为业务、工作、上学等交通需求，因此属于满足派生性交通需求或刚性交通需求的范围。但是，随着人民生活水平的提高和节假日活动的增加，近年来本源性交通需求或弹性需求也被作为研究对象广泛地被研究。例如，对旅游交通和节假日交通的研究等。

三、土地利用与交通的互动关系

城市形态的演变是交通与用地的一体演变，城市交通与土地利用之间存在着复杂的关系，城市结构可以理解为是交通和土地利用相互作用的结果。一方面，土地利用形态是产生城市交通的原因，决定了城市交通的发生和方式；另一方面，城市交通系统的发展又对城市空间结构和土地利用的形态产生作用，改变城市的可达性，而可达性是土地利用和交通之间的关键连接环节，对城市用地规模、强度及空间分布有决定作用。二者宏观上存在着循环反馈机制，如图2-3所示。这种反馈机制受土地政策、社会经济、运输条件的多因素制约，两者是一个复杂的互动循环体系。

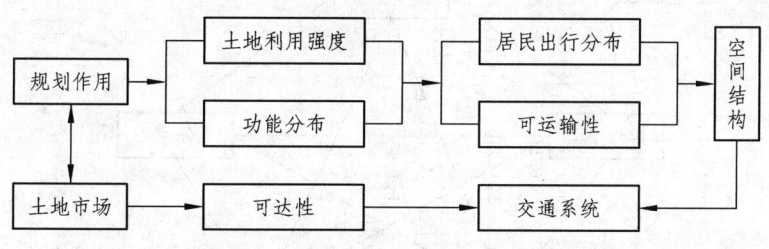

图 2-3　交通与土地利用的关系图

可达性是反映活动区位和交通需求变化的基本指标，Hansen、Martinez、Williams 和 Senior、Guers 和 Weetll 等人先后从不同角度定义了可达性。一般来说，可达性是指在特定的交通系统中，完成某个区位活动的便利程度，与交通成本、风险、区位吸引力、端点选择等有关。可达性通过各人或企业的区位活动反映了土地利用子系统与交通子系统之间相互作用力的强弱。通常假设家庭会倾向于选择具有更好的就业、购物可达性的居住区位，而企业倾向于选择具有良好劳动力市场可达性的区位，区位的可达性指标是区位选择的重要决定因素。一旦区位选择完成，居住区位与就业区位之间产生交通出行，可达性较高的区位会吸引或产生较多的出行。当出行接近或达到交通基础设施的容量时，可达性下降，区位吸引力下降，最终形成区位选择与交通选择的平衡。可达性完成土地与交通之间相互作用的传递。

交通对土地利用的影响主要表现在对家庭、企业的区位选择影响及土地利用性质、强度和价格的影响。当只考虑交通成本和土地价格时，各类土地利用者选取不同的区位行为，导致商业一般选择在城市中心区，农业处于城市最外层，中间则分布工业与居住区，调查发现家庭也倾向于选择交通方便的区位；轨道交通或大容量道路网对沿线的土地利用具有强烈的空间吸引力和分异效应，对居住用地、公共用地产生吸引，而对工业用地产生排斥；交通线路及可达性对商业用地、居民用地和工业用地的价格也有不同程度的影响。上海的研究表明：土地价格变化的72%是由交通通达指数变化引起的，土地价格随着交通可达性的提高而增高；可达性的提高扩大了居民和企业的活动空间，刺激交通沿线土地多方位的开发与再开发，增加土地利用总量，交通的发展也促进了旧城人口的外迁。加速商业中心迁移，最终导致城市的向外扩张与多中心化发展。

交通与土地利用互为因果关系，交通设施的建设拉动沿线的土地利用；相反，土地利用的变化带来人们出行活动的变化，从而诱发交通的生成，促进交通设施的建设。交通设施与土地利用之间的关系可以用系统中不同组成部分之间的关系来描述。两者都是所研究的该特定系统的组成部分，而连接它们的媒介就是交通。

从土地利用与城市交通的结合方式来看，二者之间的关系又可称作"源流关系"。土地是城市经济活动的载体，其空间分布相对来说是静态的，各相对独立功能小区间在人员、货物等方面的交流主要是通过交通得以实现的。城市用地与内部交通的"源流关系"构成了城市复杂的交通网络，见图2-4。城市土地利用和交通运输系统之间的关系是一种循环作用与反馈的关系。土地利用结构决定市内交通运输需求，道路（即交通设施的改善）又反过来改变土地利用的强度和模式，其主要矛盾随城市发展阶段的不同而改变。

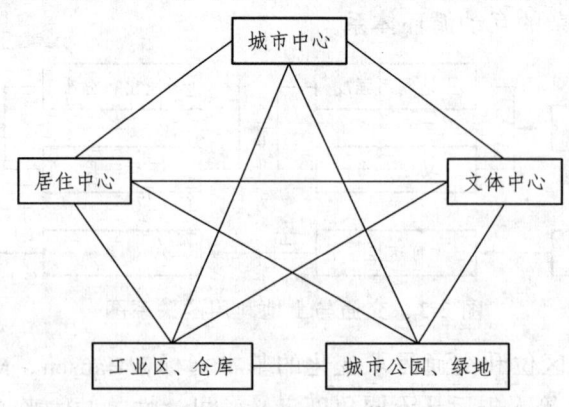

图 2-4 城市用地与交通"源流关系"示意图

城市土地利用和其交通系统是有着紧密的内部联系的。人类的各种活动在空间上的分离产生了对人和货物运输的需求，这是对交通分析和预测的基本出发点。通过这个出发点，我们很容易理解城市的郊区化是与劳动力空间布局分化的增长相联系的，因而也就产生了越来越多的人和货物的移动。

中世纪的欧洲城市都是高密度的，在那个年代，城市居民日常出行绝大多数都是依靠步行完成的，这是受当时交通工具限制的结果。在当代全世界范围内的大都市区中，居民的日常出行如果没有铁路和公共（私人）机动交通工具可选，是不可想象的，这是因为大量的出行是发生区域间的。这就使得大都市区范围内几乎每一个角落都可能成为人们居住或工作的地点。人类对空间利用的随心所欲程度大大增加了。可是，即使对城市规划师来说，关于城市交通系统的发展对于城市居民居住位置选择的影响也很难做到清晰、准确地理解。城市中各类用地的区位选择和出行是两者综合决定的，交通规划和土地利用规划也需要互相协调。由此引入了"土地利用——交通运输反馈环"的概念。这个术语所包含的一系列关系和该环的结构及环中各要素间相互关系见图2-5和图2-6。

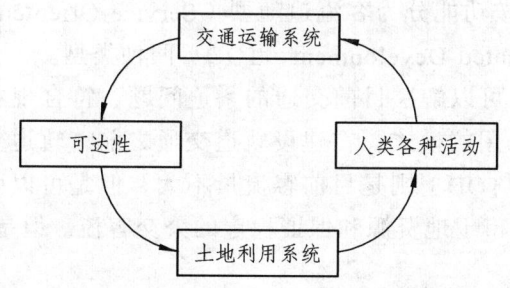

图 2-5 土地利用—交通运输反馈环

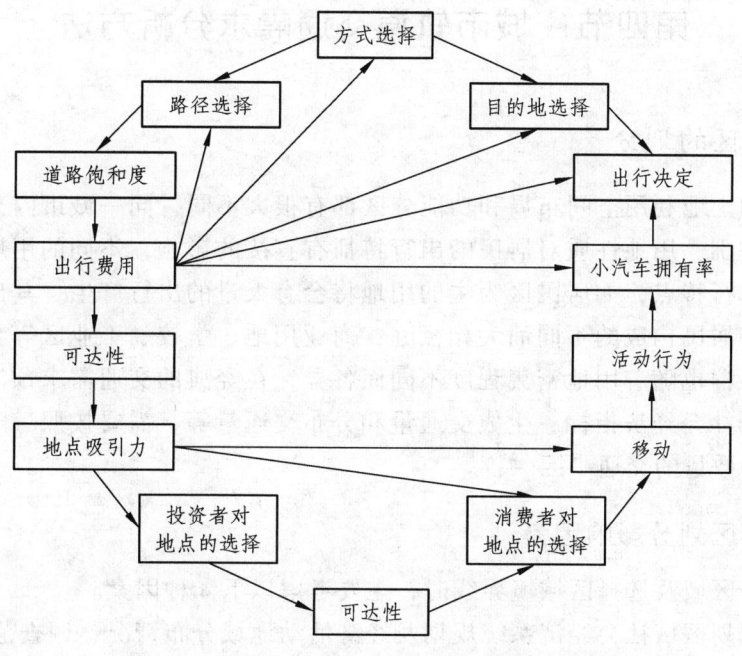

图 2-6 土地利用—交通运输反馈环详解

这个反馈过程表明：

（1）土地的不同使用功能的分布，例如居住、工业、商业，在整个城市范围内决定了居民活动的区位，如居住、工作、购物、教育和娱乐休闲。

（2）人类活动的空间分布产生了对交通的需求，以克服在各个活动地点的空间距离。

（3）各类交通基础设施的分布为空间相互作用创造了条件，可达性成为度量空间位置性质的指标之一。

（4）空间各点可达性的分布反过来又对土地利用的再分布产生影响。在都市区范围内，解释土地利用和交通相互作用的理论上的方法包括技术理论（如城市运输系统）、经济理论（如城市经济学）和社会学理论（如城市社会空间理论）。运用上述这些理论方法能够得出一些理论上的观点。

城市各种经济活动在城市空间上所表现的土地利用是产生交通流的"源泉"。交通和土地利用的实质就是"流"和"源"、交通供给和交通需求的关系。两者相辅相成又相互制约，沿线土地的利用对轨道交通客流规模存在举足轻重的影响。轨道交通线网中的路线，根据"源"与"流"的关系，按功能分为客流追随型（Service-Oriented-Development，SOD）和规划引导型（Transit-Oriented-Development，TOD）两种类型。

客流追随型（SOD）可以解决目前交通的紧迫问题，符合现状最大客流。客流追随型是以往轨道交通规划常采用的模式，在建设轨道交通之前，轨道交通走廊已经具有很高的交通需求。规划引导型（TOD）则是目前客流量不大，但是可以引导土地开发，支持新区建设，有利于合理开发城市土地资源和保证稳定的公交客流。但是 TOD 模式线路投入风险大，客流指标相对偏低。

第四节　城市轨道交通需求分析方法

一、调查区的划分

各大城市的土地利用空间布局和功能分区都有很大不同，同一城市内部各个地区用地性质也有很大差别，用地性质对居民的出行特征有直接的影响，不同的用地性质将导致出现不同的交通出行特点，如居民区为主的用地将会有大量的出行产生，其出行目的、距离及出行时间随着居民构成的不同而大相径庭；商业用地、学校、工业区等会吸引大量的居民，其吸引的人群也随着用地密集程度不同而各异，在经典的交通需求预测过程中，为了统计调查、预测社会经济指标、生成交通量和分布交通量等，需要按照一定的规则将对象区域划分成适当数量的交通小区。

（一）调查区划分影响因素

在确定调查区域及选择区域境界线时，主要考虑以下 4 种因素。

（1）考虑规划区域社会经济系统规划及经济活动地域分布情况，调查范围需足够大。

（2）考虑调查区域的出入境交通情况，尽量配合天然地形界限，避免出现不规则的形状。

（3）考虑合适路边调查站点的设立。
（4）考虑利用现有的行政区划分统计数据。

（二）交通小区的划分原则

要全面了解、掌握交通源的特性及各交通源之间的交通流特征，对交通的产生吸引量及其分布掌握得越细越好，但交通源一般是大量的，对每个交通源进行单独研究，工作量极大，会使调查、分析、预测等工作非常困难，而且精度也难以保证。因此在调查区域确定后，需要将交通源按一定的原则和行政区划分成一系列小区，这些小区就是交通小区，这是交通研究的最小分析区，确定交通小区的目的是确定出行起讫点的空间位置，并且是分析交通特性的基础单元。通常，交通小区分区遵照以下原则。

1. 现有统计数据采集的方便性

社会经济指标一般是按照行政区域为单位统计、预测的。在我国，最高行政区域划分为省、直辖市、自治区和特别行政区，其次是地级市、区县、乡镇、村、警察派出所、家属委员会。交通小区划分时，要充分利用这些行政区的划分，以减少不必要的工作量，提高预测的精确度。

2. 均匀性和由中心向外逐渐增大

对于对象区域内部的交通小区，一般应该在面积、人口和发生与吸引交通量等方面，保持适当的均匀性；对于对象区域外部的交通小区，因为要求精度的变低，应该随着对象区域距离的变远，逐渐增大交通小区的规模，以减少不必要的工作量。

3. 充分利用自然障碍物

尽量利用对象区域内部的山川等自然障碍物作为小区边界线，河流上的桥梁便于作为交通核查线使用，这样不但资料准确，而且易于核对。一般情况下，山川等自然障碍物作为行政区划分界限使用并不矛盾。

4. 包含高速公路匝道、车站、枢纽

对于含有高速公路和轨道交通等的对象区域，高速公路匝道、车站和枢纽应该完全包含于交通小区内部，以利于对利用这些交通设施的流动进一步分析（空间影响区域分布等），避免匝道被交通小区一分为二的分开。

5. 考虑土地利用

交通小区的划分应该避免将同一用途的用地分在不同的交通小区，区内的土地、经济、社会等特性应尽量一致，这样有利于土地利用中指标的统计处理。

分区越小，计算数据越多，成果就越细，但工作量也越大。反之，工作量小，但有可能掩盖该范围内的交通特点。

通常交通分散的郊区分区划分可以大一些，而交通量集中的市区划分可以小一些。例如，上海市在进行货流调查时，先将全市（包括郊区）范围分成 100 个小区；进行综合流向分析时，又将他们合并成 26 个大区。添加客流调查分区时则是综合考虑了人口、面积、

行政单位、交通特点和自然条件等分成了 87 个小区。北京居民出行调查将市辖区域划分为 303 个小区。

二、四阶段模型

自 20 世纪 70 年代交通规划技术传入我国以来，运用定量的方法进行科学的预测便成了规划的主要手段。近几年客流预测技术在交通项目中的应用发展得很快。城市轨道交通的客流预测基本上采用交通规划的常规方法，即搜集或利用居民出行调查资料，在预测城市客运总需求的基础上，通过交通方式划分预测城市轨道交通的客流量。

交通需求预测的主要方法是由欧美发达国家在 20 世纪 50 年代为了满足城市交通规划与建设的需要而研究开发出来的，到了 20 世纪 70 年代已经基本形成很有代表性的"四阶段"城市交通需求预测模式，被称为四阶段模型，如图 2-7 所示。这类模型对远期总体规划来说最适用，现已广泛应用在交通规划工作中。

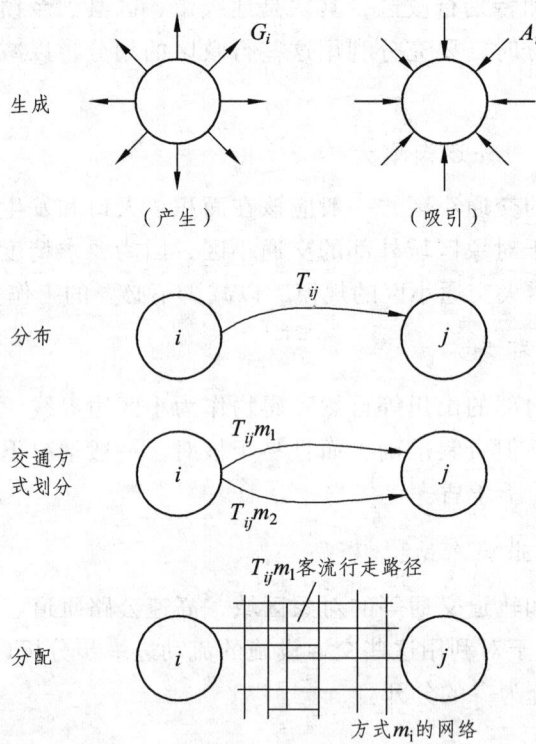

图 2-7 交通预测顺序的建模步骤

城市轨道交通客流预测是近几年发展起来的一门学科。20 世纪 60 年代我国地铁建设之初，虽然对地铁客流预测有所研究，但是方法简单，尚属于启蒙阶段。当时以"战备为主，兼顾交通"为建设原则，对地铁客流预测的重要地位缺乏系统认识。自 20 世纪 80 年代开始，国家实行了改革开放的政策，地铁建设原则也转变为"交通为主，兼顾战备"，在技术上与国外有了充分的交流，从国外引进了客流预测方法及其数学模型，并随着电子计算机技术发展，使得轨道交通客流预测成为一项专门的技术科学。

我国城市轨道交通客流预测实践中以四阶段交通需求预测模型为主。所谓四阶段预测，就是将预测过程分为四个阶段：生成预测、分布预测、方式划分预测、分配预测。客流预测工作主要有以下5个基本步骤。

（1）收集资料。主要包括土地利用规划资料及交通供给资料等。交通发展与土地利用之间有紧密的相互作用和联系，客流预测必须考虑到规划期限内有关的土地利用规划。土地利用资料主要是指交通区的人口数和不同用地类型的工作岗位数，它们是产生城市客流交通的根源。一般将城市研究区域划分为若干交通小区，交通供给资料包括各预测年度城市轨道交通线网、地面公交网及道路网。

（2）出行生成预测。它是指对每一个交通小区产生和吸引的出行数量的预测，亦即预测发生在每一个小区的出行端数量。换言之，出行生成是预测研究对象地区内每一个小区的全部进出交通流，但并不预测这些交通流从何处来到何处去。

（3）出行分布预测。它是指从起点小区到讫点小区（OD）的交通量的预测，得到各预测年度全市全方式出行分布矩阵表。

（4）方式划分预测。它是指对每组起、讫点间各种可能的交通方式（如地铁、公共汽车、自行车等）所承担的比例的预测，即决定出行者采用何种交通出行方式，从全方式出行分布中的轨道交通客流分布中分离出来。

（5）客流分配预测。将轨道交通方式的预测结果分配到所选择的城市轨道交通线网规划方案对应的综合交通线上，从而得到城市轨道交通线网各条线路上的客流量。

城市轨道交通需求预测模型如图 2-8 所示，四阶段交通需求预测系统一般由 4 个子模型组成：出行生成、出行分布、方式选择、路网分配。4 个子模型形成一个序列，前一个子模型的输出结果为后一个子模型的输入数据，最后的子模型输出从起点到讫点以及采用某种交通工具行走某条线路的预测结果。

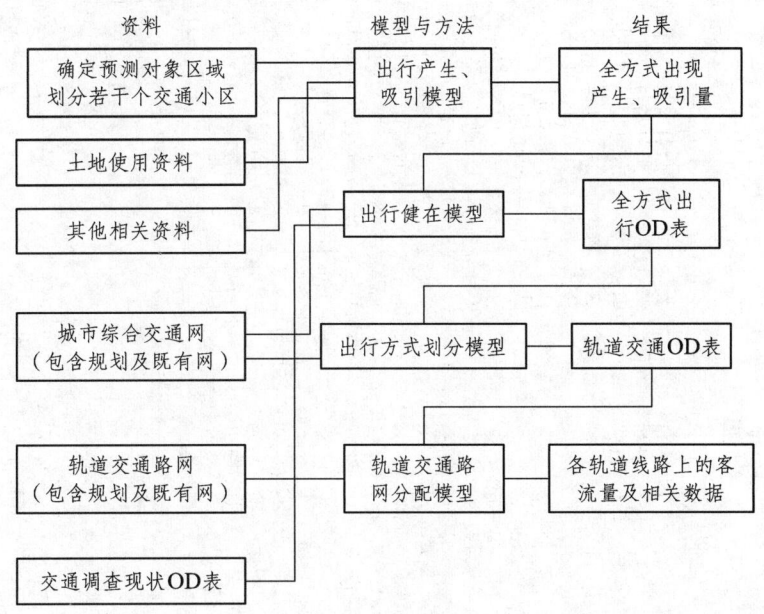

图 2-8　城市轨道交通规划四阶段预测方法

城市交通规划四阶段需求预测模型对应了一个连续的决策过程,图 2-7 表现了人们决定进行一次出行(生成)、决定去何处(分布)、决定利用什么交通方式(方式选择)和决定选定哪条线路(分配)的一个过程,其预测过程的一个简单示意图如图 2-9 所示。

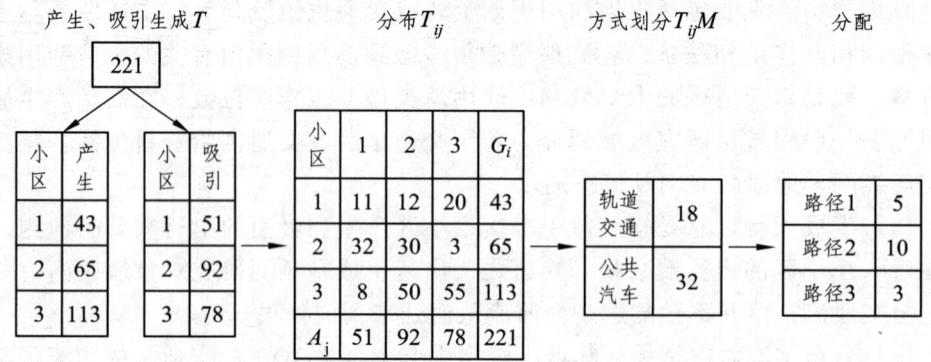

图 2-9 基于四阶段法的轨道交通需求预测过程示意图

复习思考题

1. 为什么要进行城市轨道交通需求预测?
2. 请概括城市轨道交通规划的一般原则。
3. 什么是交通需求?交通需求的分类有哪些?
4. 土地利用与交通之间存在什么样的关系?
5. 请简述四阶段预测城市交通需求的步骤。

第三章 交通调查

第一节 概 述

交通调查是指利用客观的手段,对道路交通流及有关的交通现象进行调查,并对调查资料进行分析和判断,从而了解并掌握交通状态及有关交通现象规律的工作过程。交通调查是交通工程学的重要组成部分,为交通规划、交通设施建设、交通管理与控制、交通安全、交通流理论研究等方面提供基础数据。交通调查是城市轨道交通规划的重要环节,在城市轨道交通系统规划的各个阶段,都需要有与该阶段相对应的各类交通调查数据,以便分析交通现状和存在的问题、建立交通需求预测模型并预测交通需求、分析交通供需关系及其发展趋势等。在进行交通规划的过程中,通常需要进行大规模的交通调查,这部分工作在整个交通规划过程中占有相当大的比重。因此进行合理而有效的交通调查是交通规划的重要课题之一。

一、交通调查的目的和作用

交通规划中的交通调查,主要目的是为交通规划提供全面、系统而又真实可靠的实际参考资料和基础数据,依据这些数据准确分析规划区域的交通现状和存在的问题,对交通规划涉及的社会经济、运输状况、交通需求量等做出准确可靠的预测,同时制订出合乎社会发展规律并与交通需求相适应的交通规划方案,达到规划工作和指导交通建设与发展的目的。调查资料不全或者失真,则会对交通现状的评价得出片面甚至错误的结论,也会造成社会经济发展趋势预测、交通需求预测结果精度偏低,导致规划方案实现后与当初构想相差甚远。

交通调查的范围、调查手段、调查层次的深浅和调查资料的准确性和完整性,都将直接影响交通规划的制定和实施。在进行交通系统规划的各个阶段,都需要相对应的基础数据。交通调查在交通规划中的作用主要体现在以下三个方面。

(一)交通调查资料是交通运输系统现状评价的基础

通过交通调查,得到规划区域社会经济系统、交通运输系统、交通流等现状资料,使用定性或定量的评价方法,对交通运输系统的现状进行评价,通过对现状的分析和评价(道路状况、交通特征、交通安全和服务水平等),得出现状交通系统存在的问题,为交通规划提供依据。

（二）交通调查资料是制定交通规划目标的重要依据

通过对规划区域的社会经济发展规划、综合运输发展规划、资源开发等宏观规划资料的调查，了解规划区域内社会经济发展历史、现状和战略构思，这是进行交通规划目标制定的重要依据。

因此，鉴于交通调查对于交通规划的重要性，在进行交通调查时，应该首先遵循实事求是的原则，在调查工作中防止主观臆断，只有对社会经济和交通运输各个方面的情况进行客观调查，才能真实了解交通规划的实际背景，制订合理的交通规划方案。其次，还要遵循全面、系统性的原则，调查要能够反映交通规划研究对象全面和普遍规律所需要的资料。另外，还要遵循重点和一般相结合的原则，由于交通规划涉及面广、影响因素众多，应该分清主次，对影响交通规划的主要因素，如社会经济系统特征指标、交通运输资料及交通量等进行详细调查，对次要影响因素，可以根据规划工作的具体要求有所省略。

（三）交通调查为交通需求预测模型提供基础数据

通过对规划区域社会经济系统、交通运输历史和现状的调查，以此为基础建立交通需求预测模型或采用客观的定性分析方法，对规划区域的社会经济、交通运输的发展趋势做出科学预测，为制订交通管理规划和中、长期交通规划提供直接的依据。

二、交通调查的内容

城市轨道交通规划的交通调查内容，因采用的规划方法和规划侧重点不同而异。总的来讲，在进行城市轨道交通需求分析时，主要对规划区域的社会经济基础资料、城市土地利用基础资料、交通运输资料、相关的政策和法规、建设资金、轨道交通客流影响六个方面做出真实、全面、系统、客观的调查。

（一）社会经济基础资料调查

社会经济系统是进行交通运输系统分析的重要因素之一，在进行交通规划时，社会经济现状和预测资料是不可缺少的。社会经济基础资料调查要根据交通规划的需要，针对规划区域内的社会经济状况做全面的调查，收集详尽的资料。需要收集的社会经济基础资料包括如下内容。

1. 经济资料

经济资料包括经济水平、经济结构和经济布局三个方面的内容。经济水平是指经济发展的总体规模和发达程度的总体体现，目前我国反映经济水平的指标主要有国内生产总值（GDP）、国民生产总值（GNP）、社会总产值、国民收入、家庭或居民年均收入等。经济结构是指社会经济各种组成部分、国民经济各部门和社会再生产的各个方面的构成和相互关系，比较直观的指标是国民经济各个部门的各产业的总产值和各自在总体中所占有的比值。国民经济各部门可分为农业、工业、建筑业、运输业和商业五大类，或者分为三大产业，包括第一产业、第二产业和第三产业。经济布局从根本上决定了交通流的发生点和汇集点的分布，其调查的主要内容是规划地区重要生产部门在空间上的分布和重点区域行业的专门化程度。

2. 人口资料

人口资料包括城市人口总量及各交通小区分布量，人口的年龄结构、性别结构、职业结构、出生率、死亡率、机械增长率等。

3. 相关资源

资源是区域社会经济发展的基本条件，直接影响并制约着规划区域内社会经济发展的规模和水平。资源分为自然资源和社会经济资源两大类。规划区域内自然资源的储量和分布从根本上决定了生产布局、社会经济结构和规模，也就决定了交通基础设施的布局。自然资源调查的主要内容有矿产资源、旅游资源、动力资源等，其中与交通运输关系比较密切的是矿产资源和旅游资源。社会经济资源调查的内容包括劳动力、科学技术、工业经济、农业经济、基础设施存量等。

（二）城市土地利用调查

城市土地利用与城市交通有着密切的关系，不同性质的土地利用，可产生或吸引不同性质的交通，交通与土地利用的关系是进行交通需求预测的基础。城市土地利用调查的内容应包括以下内容。

1. 土地使用性质与面积

主要调查各交通小区主要土地使用类别的土地面积，如居住用地、商业用地、工业用地、对外交通用地等。

2. 就业和就学岗位数

主要调查全部交通区或典型交通区的就业和就学岗位数。

3. 商品销售额

主要调查全部交通区或典型交通区的商品销售额。

（三）交通运输资料调查

交通运输资料调查主要是针对城市综合交通系统，包括以下几个方面的调查。

1. OD 调查

OD（Origin-Destination）调查，也称起讫点调查，是对规划区域内出行个体的出行起点和终点进行调查，目的是分析出行个体的流动情况，全面了解城市居民出行的内在规律，并获得一系列重要参数，为城市轨道交通需求预测提供最重要的数据基础。

2. 交通运输量调查

交通运输量调查主要包括：规划区域内各种综合运输方式历年完成的客货运输量、周转量及各运输方式比重；规划区域内道路交通流特性调查，如交通流量调查、车速调查、密度调查、交通延误调查等；规划区域内公交和轨道交通客流调查，如线路客流量、车站客流量、换乘客流量、平均乘距、平均乘车时间、平均载客量、发车间隔等；规划区域内的停车需求及停车设施的使用状况调查等。

3. 交通设施调查

交通设施调查主要包括：规划区域内各种交通方式的运输工具保有量；道路网络里程、布局结构，各路段等级、长度、宽度、断面形式及车道宽度，交通管理方式（机非分离、单行线、公交专用线），各交叉口类型及控制方式；公交线路情况、公交场站车站数量及分布；轨道交通里程、线路布局结构、线路技术等级及车站分布；停车场位置、形式及容量等。

（四）相关政策与法规调查

与交通规划相关的政策与法规主要有如下4个方面的内容：

（1）区域经济发展规划、区域社会经济建设方针政策、国土开发利用规划。

（2）区域人口、资源开发、环境保护等方面的政策。

（3）综合运输发展规划，尤其是道路运输发展规划和城市轨道交通建设规划。

（4）道路工程技术标准、规范、定额、指标和基本建设的政策法规。

（五）建设资金调查

资金投入是交通规划方案实施的基本保证，在轨道交通需求分析中，要认真调查和了解资金供给规划和资金来源渠道，主要调查内容有：

（1）国家补助投资、规划区域政府自筹资金、贷款及合资或外资引进。

（2）轨道建设造价、规划区域养路费（或燃油税）收入和支出情况。

（3）规划区域地方政府对道路建设优惠政策。

（六）轨道交通客流影响调查

轨道交通客流影响调查主要包括以下几个方面的内容：

（1）对社会环境的影响，主要包括轨道交通规划的实施对文化遗产、古迹、景观、动迁、设施、建筑物、生活圈、都市圈及群众性活动等的影响。

（2）对自然环境的影响，主要包括噪声、振动、空气污染、日照障碍、地域隔断等对自然环境的影响。

（3）对资源环境的影响，包括对土地、空间及能源消耗等带来的影响。

对于以上调查内容，社会经济基础资料调查、城市土地利用调查和交通运输调查是影响轨道交通需求预测的重要内容，应该给予足够的重视。

第二节　OD调查

开展城市轨道交通需求预测，必须先掌握城市现状出行规律，包括出行总量、各个交通分区的出行发生量和吸引量、交通分区之间的出行分布量、各种交通方式承担的出行比例。同时还要掌握一些基本的宏观数据，如人均出行次数、平均出行时耗等。此外，不同性别、不同年龄段、不同出行目的等产生的出行频率、出行方式等数据，也是正确预测未来居民出行规律的重要参考依据。为了获取这些数据，均需要开展出行OD调查。

一、基本术语

1. 出　行

指居民或车辆为了某一目的从一地向另一地移动的过程，可以分为车辆出行和居民出行。出行作为计测单位，具备三个基本属性：① 每次出行有起、讫点两个端点；② 每次出行有一定的目的；③ 每次出行采用一种或几种交通方式。

2. 出行起点

指一次出行的起始地点。

3. 出行终点

指一次出行的结束地点。

4. 境内出行

指起点、讫点均在调查区域内的出行。

5. 过境出行

指起点、讫点均在调查区域外的出行。

6. 内外出行

指起点、讫点中有一个在调查区域内的出行。

7. 小区质心

指交通小区内出行代表点，交通小区所有的出行从该点发生，但不是该小区的几何中心。

8. 境界线

指规定调查区域范围的边界线。

9. 核查线

指为校核起讫点调查结果的精度，在调查区域内设置的分隔线。一般借用天然或人工障碍，如河流、铁道等，可设一条或多条，将调查区分为几部分，在穿过该线的所有道路断面上进行交通流量的调查，将通过该线的实测交通同起讫点调查中所得到通过该线的OD交通量进行比较，如图3-1所示。

10. 期望线

指连接各个交通小区几何形心的直线，代表了交通小区之间的出行，其宽度通常根据出行数大小而定。

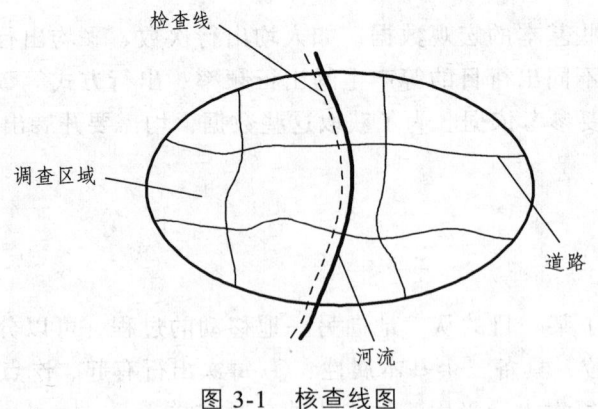

图 3-1 核查线图

二、调查的目的

起讫点调查的实质是把出行（人、车、货）从技术与社会综合的角度进行研究。这种方法改变了传统的单靠断面交通量的调查与增长率估计来研究交通需求与交通运输能力的关系。起讫点调查的具体目的如下：

（1）通过收集出行类别与数量资料，在计算机上模拟现状的出行，为发现主要交通症结，调整与改善道路系统功能，从系统上和政策上对近期、远期工程项目排序提供依据。

（2）由 OD 调查资料、土地使用资料建立各类交通预测模型，为远期交通规划提供依据。

（3）客观地分析评价各类交通出行的特征，特别是公共交通服务水平，为提高公共交通系统运行效率以及制定近期、远期交通政策提供有效信息。

三、调查的内容和方法

（一）调查的内容

OD 调查主要包括居民出行 OD 调查、车辆出行 OD 调查和货流出行 OD 调查三大内容。

1. 居民出行 OD 调查

居民出行 OD 调查主要包含城市居民和城市流动人口的出行调查，调查内容主要包括居民的性别、年龄、职业、收入等基本情况以及居民出行的起讫点分布、出行目的、出行方式、出行时间、出行距离、出行次数等出行情况，是世界各国开展出行调查最常见的形式。

2. 车辆出行 OD 调查

车辆出行主要包括机动车出行和非机动车出行，主要调查车型、出行目的、起讫点、货物种类、平均吨（座）位和实载率等。

3. 货物出行 OD 调查

货流调查的重点是调查货源点和吸引点的分布、货流分类数量和比重、货运方式分配等。

OD 调查的最大特点是将人、车、货的出行活动视作交通形成的细胞，据此研究交通的产生与分布。OD 调查是交通运输规划研究中最基础的调查，可以全面地展现城市交通特征，能揭示城市交通症结所在，反映交通需求与土地利用、经济活动的规律。

（二）调查表格

根据 OD 调查内容的不同，调查表格存在很大区别。以居民出行 OD 调查为例，图 3-2 和图 3-3 显示的是兰州市 2001 年居民出行调查用表，通过此表可以了解居民出行调查的主要内容。居民出行调查表格一般分为两部分，第一部分收集出行者个人或者家庭成员基本信息，包括性别、年龄、职业、收入、家庭地址、工作地址、机动和非机动车辆拥有情况等，第二部分收集出行者个人或者家庭成员每次出行的详细信息，包括各次出行的起点、终点、出发时刻、到达时刻、换乘时刻、出行距离、出行目的、所采用的交通工具等。

（三）调查的方法

OD 调查的方法有很多，根据调查内容、要求的不同可以采用多种方法，常用调查方法包括：

1. 家访调查法

家访调查是对居住在调查区内的住户，进行抽样家访，由调查员当面了解该住户中包括学龄儿童在内的全体成员一天的出行情况。

我国许多大城市的居民出行调查就采用这种方法。这种调查内容比较可靠，表格回收率高。在工作中辅以大量宣传，实行市调查办、街道居委会、调查员三级管理质量保证，可以获得事半功倍的效果。

2. 电话询问法

电话询问法是在电话本中随机选择被调查者，通过电话询问获得家庭成员的出行情况。与家访调查法相比其成本低，取样可较多，但结果有倾向性。

3. 邮递调查法

邮递调查法是将调查表格寄送或发给居民来进行调查，通过回寄的方式回收。这种方法调查项目务必少而精，一般为 5~7 个题目，采取免费寄回的方法可以增加回收率。回收率不小于 20%时方为有效。此法简便，但调查内容不全面，有一定的局限性，可用于对居民出行 OD 的某一方面进行重点调查，或作为补充调查的方法。

4. 路边询问法

路边询问法是在主要道路或城市出入口设置调查站，让车辆停下，询问该车的出行起讫点以及其他出行资料。对访问地点的选择，如果调查只涉及了一条孤立路线上的资料，取一个中间点位置进行驾驶员访问就可以了；如果要取得一个城市全部出入交通数据，应在该城市所有放射道路上选择设定访问点。在调查人员有限的情况下，这种方法很有用，每天调查可限于一个站点，调查周期可以延至一周以上。路边询问一般要让驾驶员停车，一要警察协助，二要注意问答简练、准确，不引起对方反感，且应避免交通堵塞和注意交通安全。

兰州市居民出行调查——家庭及个人信息表

调查员：　　　　　　　　调查日期：

制表机关：兰州市公安局
兰州市规划局
批准机关：兰州市统计局
调查日期：2001年11月22日

填表说明

1. 本表由家庭的户主填写；
2. 家庭成员的个人编号应与下图中的家庭成员编号一致；
3. 家庭暂住人口指居住3个月以上的非本市居民；
4. 家庭成员的职业代码：（1）工人，（2）农民，（3）公务员，（4）学生，（5）服务业人员，（6）教育、研究人员，（7）医疗卫生人员，（8）管理技术人员，（9）个体劳动者，（10）军警人员，（11）离退休人员，（12）家庭主妇，（13）无业，（14）其他

一、家庭基本信息

家庭编号	家庭住址		家庭成员总数	其中6岁以上成员数
□□□□-□□□□	区　　　街/路/巷　　　号		人	人

家庭拥有交通工具	小汽车	摩托车	自行车	其他车辆（请详细说明）：	家庭暂住人口数	家庭年总收入
	辆	辆	辆		人	元

二、家庭成员基本信息

家庭成员编号	性别	年龄	职业代码（见说明4）	上班/上学地址	是否拥有驾驶执照	每周的休息日（请画√）						
						一	二	三	四	五	六	日
1	□男 □女			区　街/路/巷　号	□是 □否							
2	□男 □女			区　街/路/巷　号	□是 □否							
3	□男 □女			区　街/路/巷　号	□是 □否							
4	□男 □女			区　街/路/巷　号	□是 □否							
5	□男 □女			区　街/路/巷　号	□是 □否							
6	□男 □女			区　街/路/巷　号	□是 □否							
7	□男 □女			区　街/路/巷　号	□是 □否							
8	□男 □女			区　街/路/巷　号	□是 □否							
9	□男 □女			区　街/路/巷　号	□是 □否							
10	□男 □女			区　街/路/巷　号	□是 □否							

图 3-2　兰州市居民出行调查——家庭及个人信息表

兰州市居民出行调查——个人出行信息表

制表机关：兰州市公安局
兰州市规划局
批准机关：兰州市统计局
调查日期：2001 年 11 月 22 日

调查员：　　　　　　调查日期：

填表说明

1. 6 岁以上（含 6 岁）的家庭成员，每人填写本表一张。
2. 一次出行的定义，是指上班、下班、购物等为目的，从出发点到目的地全过程，要求出行距离超过 300 m 的，才填写本表；从公司回家，或上班从家到公司，都是一次出行，出行目的分别为：回家、上班和购物，其余内容按下表内容依次填写。
3. 出行目的代码：（1）上班，（2）上学，（3）回家，（4）公务，（5）回单位，（6）购物，（7）娱乐，（8）探亲访友，（9）旅游，（10）看病，（11）其他。
4. 出发地和目的地在兰州市的，请详细填写街道名称和门牌号码，填写到大的地名即可，如，白银、北京等。
5. 交通方式代码为：（1）步行，（2）自行车，（3）摩托车、助力车，（4）公共汽车，（5）私人汽车，（6）地铁，（7）其他。

家庭成员编号	□□□□—□□□□—□□
请填写 2001 年 11 月 　 日（星期 　 ）全天的出行情况	调查日内有无出行 □是 □否

□1. 病假　□2. 事假
□3. 外地出差　□4. 其他

出行次序	出行目的代码[3]	出发地情况		目的地情况		出发时刻	到达时刻	依次填写一次出行采用的交通方式								乘坐公共汽车时间			
		出发地名称[4]		目的地名称[4]				方式 1		方式 2		方式 3		方式 4		第一次等候车时间/min	第一次车时间/min	第二次等车时间/min	第二次车时间/min
								交通方式代码[5]	所用时间/min	交通方式代码[5]	所用时间/min	交通方式代码[5]	所用时间/min	交通方式代码[5]	所用时间/min				
1		区	街/路/巷号	区	街/路/巷号	午时分	午时分												
2		区	街/路/巷号	区	街/路/巷号	午时分	午时分												
3		区	街/路/巷号	区	街/路/巷号	午时分	午时分												
4		区	街/路/巷号	区	街/路/巷号	午时分	午时分												
5		区	街/路/巷号	区	街/路/巷号	午时分	午时分												
6		区	街/路/巷号	区	街/路/巷号	午时分	午时分												
7		区	街/路/巷号	区	街/路/巷号	午时分	午时分												
8		区	街/路/巷号	区	街/路/巷号	午时分	午时分												

图 3-3　兰州市居民出行调查——个人出行信息表

5. 表格调查法

表格调查法是将调查表格给机动车驾驶员，由车辆管理系统落实到每个人身上，由他们填写后回收。填写前应做好动员与解释工作，对调查当日未出车的应注明原因，若是节假日，则改填次日出行情况。

6. 明信片调查法

明信片调查是当交通繁忙不能长时间停下车来做路边询问时，就采用在访问站对驾驶员发明信片的办法，要求驾驶员填写后投递寄回。访问站尽量设置在交通减速地段，如通行收费处，交通信号处或有停车标志处。但明信片法的收回率一般只有25%~35%。

7. 车辆牌照调查法

车辆牌照调查法是由各调查站分时段记下通过测试点的全部车辆牌照末几位数字，然后汇总各调查站记录，进行汇总校对。凡第一次记牌照的地方即为该车的起点，凡最后一次记录牌照的地点便是该车的讫点。这种方法得到的信息往往太粗略，且投入的人力很大。因此，仅在研究一个枢纽地区的流量流向分布时采用。

8. OD调查的新方法

尽管OD调查方法很多，而且得到了广泛的应用，但是这些传统的调查方法已经越来越不适应现在的发展形势，这就需要在不断完善现有OD调查方法的同时，探索和寻求新的调查方法。随着计算机科学、通信技术、传感器技术、网络技术的快速发展，各种交通数据采集技术和监控技术的大量应用积累了人们出行的海量数据。这些出行数据包括感应线圈检测器、超声波检测器、雷达检测器等获得的交通流数据，道路监控设施及交警指挥系统获得的监控数据，来源于一卡通的刷卡数据、电子警察的卡口数据，来源于GPS定位的车辆实时运行轨迹数据，智能手机的用户出行数据等。这些海量的交通数据蕴含着出行OD信息，因此，交通大数据挖掘与应用也许是未来OD调查的一个发展方向。与传统方法相比，这些新的调查方法能够实现OD调查从抽样到整体、从静态到动态、从由主观臆断到科学预测的转变，调查结果具有更高的精度。

（四）调查的抽样

如果某项OD调查的调查范围不大，调查对象不多，可以采用全样调查。但是在多数情况下OD调查对象数量巨大，进行全样调查是很困难的或是不可能的。因此OD调查通常采取抽样调查的方法，需要按一定的抽样率和抽样方法在总体中随机抽取一定的样本进行出行调查，应用数理统计的原理，在误差允许的前提下，通过样本的出行特征推断总体的出行特征。

1. 抽样率

OD调查的抽样率取决于城市规模、出行特征复杂程度和要求统计的精度。一般来说，城市规模越大抽样率可越小，出行特征越复杂抽样率越大，要求统计的精度越高抽样率也越大。抽样率应按照能确保OD调查的精度的原则来确定。表3-1是不同规模城市居民出行

OD 调查时抽样率的参考指标。此外，在具体决定抽样率的时候，还需要考虑有效回收率。

表 3-1　不同规模城市的家访调查抽样率

人口规模	抽样率最小值/%	抽样率标准值/%
5 万人以下	10	20
5 万~15 万人	5	12.5
15 万~30 万人	3	10
30 万~50 万人	2	6.5
50 万~100 万人	1.5	5
100 万人以上	1	4

2. 抽样方法

为了能够得到有效的样本对总体进行判断，OD 调查通常采用随机抽样的方法，使得抽取的样本对总体的代表性有可靠保证。常用的随机抽样的方法有以下 5 种。

（1）简单随机抽样法。

这是一种最简单的一步抽样法，它是从总体中选择出抽样单位，从总体中抽取的每个可能样本均有同等被抽中的概率。抽样时，处于抽样总体中的抽样单位被编排成 $1 \sim n$ 的编码，然后利用随机数码表或专用的计算机程序确定处于 $1 \sim n$ 的随机数码，那些在总体中与随机数码吻合的单位便成为随机抽样的样本。

（2）系统抽样法。

这种方法又称顺序抽样法，是从随机点开始在总体中按照一定的间隔（即"每隔第几"的方式）抽取样本。该种方法因为简单，所以受到研究者的欢迎。此法的优点是抽样样本分布比较好，总体估计值容易计算。但应用此种抽样方法前需要确认总体是逻辑性同质的，并且间隔中不能隐藏任何规律。

（3）分层抽样法。

它是根据某些特定的特征，将总体分成同质、不相互重叠的若干层，再从各层中独立抽取样本，是一种不等概率抽样。分层抽样利用辅助信息分层，各层内应该同质，各层间差异尽可能大。这样的分层抽样能够提高样本的代表性、总体估计值的精度和抽样方案的效率，抽样的操作、管理比较方便。但是抽样框较复杂，费用较高，误差分析也较为复杂。此法适用于母体复杂、个体之间差异较大、数量较多的情况。

（4）整群抽样法。

整群抽样时先将总体单元分群，可以按照自然分群或按照需要分群，在交通调查中可以按照地理特征分群，随机选择群体作为抽样样本，调查样本群中的所有单元。整群抽样样本比较集中，可以降低调查费用。例如，在进行居民出行调查的过程中，可以采用这种方法，以住宅区的不同将住户分群，然后随机选择群体为抽取的样本。此法优点是组织简单，缺点是样本代表性差。

（5）多阶段抽样法。

多阶段抽样是采取两个或多个连续阶段抽取样本的一种不等概率抽样。多阶段抽样的单元是分级的，每个阶段的抽样单元在结构上也不同，多阶段抽样的样本分布集中，能够节省时间和经费。多阶段抽样法调查的组织复杂，总体估计值的计算复杂。

四、调查的实施步骤

1. 调查机构的建立

鉴于 OD 调查是一项涉及面十分广泛的社会性调查，需要建立专门机构统一组织协调各方面的工作。

2. 资料准备

在调查前应全面收集调查区域内人口分布、土地利用现状及城市道路等方面的基础信息。

3. 编制调查技术方案

技术方案主要包括调查表格设计、交通小区划分、抽样率及抽样方法的确定等工作，技术方案确定后要及时印制表格。

4. 人员培训

调查的质量取决于调查人员，尤其是在当面访问中调查人员的责任心和技巧将直接影响调查的成败。要成功地进行 OD 调查，理论培训和实地演习必不可少。

5. 宣传

在调查开始前一周，利用广播、电视、互联网、移动网络等媒体及宣传单或宣传条幅等进行大范围的宣传工作，向市民通告调查日，并争取市民的积极配合。

6. 进行试调查

试调查的工作内容与正式调查的内容应完全一致，并且应该使正式上岗的调查人员全部参加。试调查的时间不必过长，可控制在 2 h 以内。试调查完成后要进行总结，对发现的问题要及时予以解决。

7. 实地调查

在正式调查开始时，要求所有调查人员必须按时到岗，按照计划展开调查。

8. 调查表格的回收

根据要求以交通分区为单位回收调查表格。

9. 数据的整理录入与分析

调查后的数据需进行整理，为了便于计算机识别，应对相应的数据项进行编码，并进行数据的校验和计算机录入工作，最后对录入的数据进行数据分析。数据分析应根据调查的目的，尽可能地对调查数据进行归类、分析、预测，挖掘其全部内涵。

五、调查数据的整理与分析

根据家访调查获得的数据,结合交通分区信息可以得到各个交通分区出行特征的变化情况;结合调查得到的家庭基本信息,如家庭收入、家庭机动车保有量、家庭成员构成等,可以得到调查区域的居民出行情况随家庭特征的变化情况;结合调查得到的个人基本信息,如性别、年龄、职业、收入、拥有驾照情况等,可以进一步分析调查区域的居民出行情况随个人特征的变化情况。因此,OD 调查可以获得的数据结果如下:

1. 出行量

调查对象区域内的总出行量,各个交通分区的发生量、吸引量。

2. 平均出行次数

调查对象区域或者各个交通分区按性别、年龄、职业、收入、家庭人口等统计的平均出行次数。

3. 出行方式构成

调查对象区域总体的出行方式构成,即采用公交、地铁、小汽车、自行车、步行等出行方式的比重;按出行目的分的出行方式构成,出行目的包括上班、上学、公务、购物等;按出行者特征分的出行方式构成,如性别、年龄、职业、收入等;按出行时距分的出行方式构成,即不同出行时间范围或出行距离范围,采用的交通方式的情况。

4. 平均出行时距

调查对象区域总体的平均出行时距,按出行目的、出行方式、出行区域分的平均出行时距。

5. 居民出行 OD 矩阵

居民出行 OD 调查的最重要的成果就是居民出行 OD 矩阵(见表 3-2)。

表 3-2 居民出行 OD 矩阵

$O \diagdown D$	1	2	...	j	...	n	$P_i = \sum_{j=1}^{n} T_{ij}$
1	T_{11}	T_{12}	...	T_{1j}	...	T_{1n}	P_1
2	T_{21}	T_{22}	...	T_{2j}	...	T_{2n}	P_2
⋮	⋮	⋮	⋮	⋮	⋮	⋮	⋮
i	T_{i1}	T_{i2}	...	T_{ij}	...	T_{in}	P_i
⋮	⋮	⋮	⋮	⋮	⋮	⋮	⋮
n	T_{n1}	T_{n2}	...	T_{nj}	...	T_{nn}	P_n
$A_j = \sum_{i=1}^{n} T_{ij}$	A_1	A_2	...	A_j	...	A_n	$T = \sum_i P_i = \sum_j A_j$

6. 期望线图

由于用 OD 表很难直观地掌握各个交通分区之间出行的分布情况，所以在交通规划中，通常在地图上用粗细不同的直线将各个交通分区的形心连起来，用直线的粗细表示两个交通分区之间出行量的大小，最终得到期望线图，如图 3-4 所示。此图反映人们期望的连接起点和终点的连线，连线的长度与实际出行距离无关。

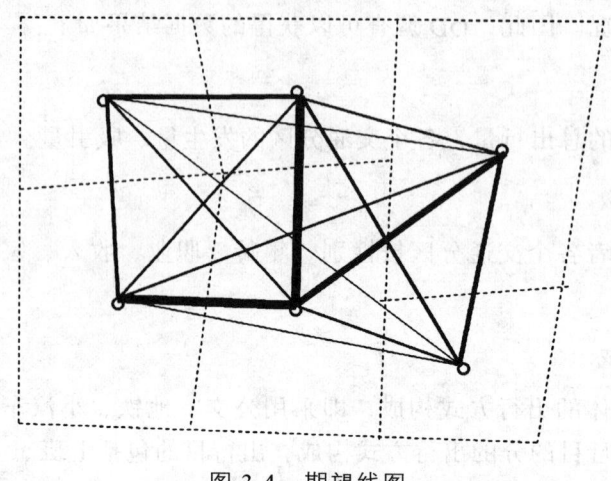

图 3-4 期望线图

第三节 道路交通流特性调查

一、交通流量调查

在单位时间内，通过道路某一点或某一断面的交通体的数量，称为该点或该路段的交通量。交通量一般指双向交通体的数量。交通体包括车辆和行人。交通量调查的目的在于通过长期连续性观测或者短期间隙和临时观测，搜集交通量资料，了解交通量在时间、空间上的变化和分布规律，为交通规划、道路建设、交通控制与管理、工程经济分析等提供必要的数据。交通流量调查的内容包括：

道路机动车流量：应调查主要道路分车型、分时段交通量。重要路段连续调查 24 h，一般路段调查 16 h 或 12 h。

交叉口机动车流量：应调查主要交叉口分车型、分时段、分方向交通量。流量调查进行 16 h 或 12 h，调查时段应覆盖全天的高峰时段。流向调查一般应持续 2 个高峰小时。

核查线流量：核查线流量用于校核交通预测模型。每条核查线把规划区分成两部分，尽可能利用天然障碍线（如河流、铁路、城墙等），核查线与道路相交处需进行流量调查。

（一）调查地点

调查地点的选择，根据调查资料的目的不同而有所不同，主要考虑交通量集中而又有代表性、便于调查统计、具有控制性的地点，一般设置在繁华路段，路口（进口道），交通设施、枢纽的出入口等。

（二）调查时间

调查日期、时间、范围随调查目的不同而不同。作为了解交通量全面变化趋势的一般性调查，必须选在一年中有代表性交通量的时期进行。拿一周来说，最好是周二到周四，避开周末及其前后。以非节假日、非休息日、无大型文体活动的晴天为宜。在调查时间方面，常采用 24 h 连续观测、16 h 连续观测、12 h 连续观测以及高峰小时观测。在进行高峰小时交通量连续观测时，常在高峰小时区段附近做 1~3 h 的持续观测。

（三）调查方法

通常的交通量调查方法有人工计数法、浮动车法以及一些先进的交通数据自动采集技术。其中人工计数法机动灵活，易于掌握，但是需要大量的人力，劳动强度大，需要较多的人工调查及数据输入费用，一般适用于短期的交通量调查。浮动车法由英国道路研究试验所的 Wardrop 和 Charlesworth 于 1954 年提出，可同时获得某一路段的交通量、行驶时间和行驶车速。常用交通数据自动采集技术包括感应线圈检测、地磁检测、微波检测、超声波检测、红外线检测、视频检测、GPS 浮动车检测等，这些方法不仅可以检测交通流量，同时还可以获得车速、密度等其他交通流参数。

二、车速调查

在道路设计、交通规划、交通控制和管理中，车速是基本的资料。在交通工程学中，有不同用途的车速定义，如地点车速、行程车速、行驶车速、时间平均车速和空间平均车速等。本节只介绍常用的区间车速（即车辆在道路某一区段内行驶的平均速度）的调查方法。常用的区间车速调查方法有跟车法、牌照法和浮动车法等。

（一）跟车法

跟车法就是用测试车辆紧跟车队行驶，记录一定区段内的行驶时间、停车时间及区段长度。跟车测速一般需要往返 6~8 次。跟车测速方法简单，适用于交通量大，交叉口多、交通情况复杂的道路，但其测量结果受测试车性能及驾驶员的习惯的影响，不能完全代表道路上车流的车速。

（二）牌照法

牌照法是根据特定牌照车辆在路段起终点出现的时间差和路段长度来计算车辆平均行驶速度的方法。调查时，在调查路段起点和终点设置观测点，记录车型、牌照号码和车辆到达时间。牌照法主要适用于路段上无主要交叉口、交通情况不太复杂的情况。

（三）浮动车法

浮动车法可以同时获取某一路段的交通量、行驶时间和行驶车速，是一种较好的交通综合调查方法。调查时需要有一辆测试车,在调查路线上往返行驶(一般需 6~8 个来回)。调查人员需一人记录与测试车对向开来的车辆数;一人记录与测试车同向行驶的车辆中,被测试车超越的车辆数和超越测试车的车辆数;另一个人报告和记录行驶时间及停车时间。利用这些数据计算测定方向上的交通流量、平均行程时间和平均车速。

三、密度调查

交通密度是指在单位长度车道上,某一瞬时所存在的车辆数,一般用"辆/千米"表示。观测密度的方法主要有出入量法和摄影观测法,后者又可分为地面摄影观测法和航空摄影观测法。这里主要介绍出入量法。

出入量法是一种为了测定道路上两断面间无出入交通的区段内现有车辆数,以便计算该路段交通密度的方法。在某道路上选择 A、B 及两点间的路段为观测路段,车流从断面 A 驶向断面 B,若已知观测开始时 AB 路段内存在的初始车辆数,以及以后每一观测时段内 A、B 两断面的交通量,就可以求出在每一观测时段末路段内的车辆数。根据 AB 区段长度即可计算每一时刻区段 AB 的交通密度。

求初始车辆数的方法有以下几种,如试验车法、车牌号码法、拍照观测法等。这里介绍最简单的试验车法。具体过程为,让实验车跟随车流从断面 A 行驶至断面 B,记录这段时间内通过断面 B 处的车辆数 q_B,被试验车超越的车辆数 a,超越试验车的车辆数 b,则初始车辆数为 q_B+a-b。

四、交通延误调查

延误指由于道路与环境条件、交通干扰以及交通管理与控制设施等驾驶员无法控制的因素所引起的行程时间损失,以 s/辆或 min/辆计。进行延误调查就是为了确定产生延误的地点类型和时间长短,评价道路上交通流的运行效率,在交通堵塞路段找出延误的原因,为制定道路交通设施的改善方案,减少延误提供依据。延误调查分为路段行车延误调查和交叉口延误调查两部分。

路段行车延误通常与行程时间一起调查,同时获得行驶时间、行驶车速、行程时间和延误等一系列资料。路段行车延误的调查方法有跟车法、输入输出法等。交叉口延误的调查方法分为两类:一类是停车时间法,这类方法得到的交叉口延误只包括停车时间,没有计算加速延误和减速延误;另一类是行程时间法,这类方法是测定从交叉口前的某一点至交叉口内或交叉口之后的某一点的行程时间,各车辆的平均行程时间减去这段行程的自由行驶时间就是交叉口的延误。

最常用的交叉口延误调查方法是点样本法。点样本法就是观测每到预定时间间隔(如 15 s)交叉口入口引道上停在停车线后面的车辆数,并记录每个时间间隔内经过停车通过停车线的车辆数和不经过停车通过停车线的车辆数。连续不断地重复上述过程,直至取得所需的样本量,或进口道交通量显著改变,不同于拟研究的交通状况时为止。若所调查的交叉口为定时式信号控制,选择的观测时间间隔应避免能被信号周期时长整除。根据调查所得数据即可计算得到车辆在交叉口入口引道上的排队时间(停车时间)。

第四节 公交客流调查

公交客流调查是对客流在公共交通线路某一方向、某一断面或某一时间内的动态分布所进行的经常的或定期的、全面的或抽样的调查并进行分析的过程，可以得到公交线上的乘客分布规律以及各站点一天中乘客分布规律、公交车的满载率等指标，客观、系统、准确地反映公交客运特性与变化规律，为公交线网的优化提供依据。

公共交通客流调查根据调查目的不同，可以有不同的调查方法。经常使用的方法有随车客流调查法、驻站客流调查法、问询客流调查法等。

一、随车客流调查法

随车客流调查是在线路运行的每辆车中安排专人记录每个车站上下车的乘客数量，以及车站上留站人数多少的一种全面的调查。根据不同的调查目的，该调查既可以在全市范围内进行，也可以选择部分或一条线路进行；可以选择在全天运营时间进行，也可以在某一段运营时间内进行。

二、驻站客流调查法

驻站客流调查法是在中途重点站（一个站或多个站）或客流量较大的高峰断面上设置调查员，在规定的时间内，以目测的方法记录上下车乘客人数、车厢内人数、留站人数和通过车次的一种断面调查法。通过该调查能够了解断面客流量在时间上的变化与配车是否合理，为线路增减车次提供依据。

三、问询客流调查法

问询客流调查法是指派调查人员通过问询的方式，记录每一个乘客上下车地点的一种方法，可分为随车询问和驻站询问两种形式。随车问询一般用在站距长、上下车乘客数量较少的线路。而在客运量大、站距长、乘客上下车交替量大的市区线路，则适合采用驻站问询的方式。问询客流调查法根据调查的需要与公共交通的规模，在全部线路、特定的几条线路或一条线路上进行。指派问询调查员的人数可根据每个站的乘客集散数量而定，在调查人员有限的情况下，可以定期分批进行。调查时间的长短，可以根据调查目的而定。

随着 IC 卡技术的推广，使用 IC 卡数据进行客流分析逐渐成为一种新的快捷有效的公交客流调查方法。

通过对 IC 卡数据接口的系统设计，可获取乘客上车的时刻、相应站点等数据，也可以通过数据分析得到乘客出行的基本信息：平均出行次数、起点分布、平均换乘次数、出行耗时、出行距离等。由于有些公交线路实行上车刷卡，下车不二次刷卡，所以下车人数、迄点分布等信息需要根据 IC 卡获取的乘客出行信息进行推测。通过这些数据，可以获得该地区和线路的客流动态变化，如沿线主要集散点客流量的增减、不同时间的断面客流量的分布，能为该地区的部分线路的行车时刻表的编制、行车调度的优化提供依据。这种调查方法的突出特点是技术简单可靠，成本较低，它的缺点在于不使用 IC 卡的乘客不能对其进行统计。

第五节 轨道交通客流调查

对城市轨道交通运营客流数据进行调查和统计分析，可以了解客流在时间、空间上的动态变化规律；同时对既有线路的运营客流特征分析，也能为后续实施线路或者其他城市的线网规划提供参考数据，从而为其线网规模的控制、基建工程和设备采用与布置以及运输组织等诸多方面提供参考。

一、客流调查种类

为了达到不同的调查效果，客流调查有很多的种类，具体介绍如下。

（一）全面客流调查

全面客流调查是对全线客流的综合调查，通常也包含了乘客情况抽样调查。这种类型的客流调查时间长、工作量大、需要配备较多的调查人员。但通过调查以及对调查资料进行整理和统计分析，能对客流现状及变化规律有一个全面清晰的了解。

全面客流调查分为随车调查和站点调查两种方式。随车调查是在列车车门处对运营时间内所有上下车乘客进行写实调查；站点调查是在车站检票口对运营时间内所有进出站乘客进行写实调查。轨道交通系统全面客流调查多采用后者，调查一般应连续进行两天或三天，在全日运营时间内，调查全线各站所有乘客的下车地点和票种情况，并将调查资料以 5 min 或 15 min 为间隔分组记录下来。

（二）乘客情况抽样调查

抽样调查是用样本来近似地代替总体，这样做有利于减少客流调查的人力、物力和时间。乘客情况抽样调查通常以问卷的方式进行，调查内容主要包括乘客构成情况和乘客乘车情况两方面。

乘客构成情况调查一般在车站进行。调查内容包括年龄、性别、职业、家庭住址和出行目的等。调查时间可选择在客流比较稳定的运营时间段。

乘客乘车情况调查的内容可以根据调查目的不同而不同。调查内容除年龄、性别、职业外，还可以包括日均乘车次数、上车站和下车站、到达车站的出行方式和所需时间、下车后到达目的地的方式和所需时间、轨道换乘次数等。

（三）断面客流调查

断面客流调查是一种经常性的客流抽样调查，根据需要，可选择一个或几个断面进行调查，一般是对最大客流断面进行调查，调查人员用直接观察法调查车辆内的乘客人数。

（四）节假日客流调查

节假日客流调查是一种专题性客流调查，重点对春节、元旦、国庆节、双休日和若干民间节日期间的客流进行调查。调查的内容包括机关、学校、企业等单位的休假安排，城市旅游业、娱乐业的发展程度，市民生活方式的变化等。该项调查一般是以问卷的方式进行。

（五）突发客流调查

突发客流调查是针对大型集散场所和大型事件活动产生的短时较大客流的地点进行，如影剧院、体育场馆等，该项调查主要涉及影剧院、体育场馆的规模与附近轨道交通车站的客流影响程度和持续时间之间的相关关系。

二、客流调查统计指标

客流调查结束后，对客流调查资料应认真汇总整理，列成表格或绘制图表，计算各项指标，并将它们与设计（预测）数据或历年调查数据进行比较，分析数据增减的比例及原因。轨道交通全面客流调查应计算的主要指标如下。

1. 乘客人数

分时各站上下车人数、全日各站上下车人数、分时各换乘站换乘人数、全日各换乘站换乘人数、各站全线高峰小时乘客人数、各站全日乘客人数、全线全日乘客人数。

2. 断面客流量

分时各区间断面客流量、全日各区间断面客流量、分时最大断面客流量、全日最大断面客流量、高峰小时最大断面客流量。

3. 运送距离

本线乘客乘坐不同站数人数及所占比例、跨线乘客乘坐不同站数人数及所占比例、乘客平均运距。

4. 换乘乘客量

不同线路、不同车站进站乘客的换乘量、换乘次数及换乘比例，本线进站换入其他线路的换乘量以及其他线路换入本线的换乘量，各换乘站的分时、分方向换乘量、换乘比例。

5. 乘客构成

全线持不同票种的乘客人数以及所占百分比，车站分别按年龄、家庭住址和出行目的等统计的乘客人数及所占百分比，车站三次吸引乘客人数及所占百分比，从不同距离、以三种方式到达车站的乘客人数所占百分比，居住在城市不同区域乘客人数及其所占比例。

6. 车辆运用

客车里程、客位里程、乘客密度、客车满载率和高峰小时最大客流断面满载率。

三、客流调查技术

传统的客流调查方式多为人工计数、问卷调查等,这些调查方式需要耗费大量的人力与时间成本。为了快速、准确地检测出网络客流的实时流量与客流分布情况,各城市地铁都在研究与推广各种新的技术手段,如 AFC（Automated Fare Collection,自动售检票）系统、热敏传感技术、视频自动检测技术、Wi-Fi 信令和手机信令数据分析、车辆称重技术等。

（一）AFC 系统

AFC 技术是通过轨道交通自动售检票获取乘客进出站的站点位置（可精确至具体闸机编号）和时刻数据,用于分析客流的时间规律和空间规律。同时,AFC 数据还能通过清分模型,将城市轨道交通客流 OD 分配到相应路径中,得到各条线路的客流量及换乘量。该技术适用于城市轨道交通网络客流总量的统计中,但是对车站内客流的分布情况（如换乘客流,站厅、站台客流）无法做到实时与精确地统计。同时,由于网络路径的复杂性、乘客出行路径选择行为的多样性和差异性,使得利用清分模型得到的客流清分结果与实际情况相比存在一定的误差。

（二）热敏传感技术

热敏传感技术的客流统计系统通过集成光学、传感器、信号处理逻辑及电子控制技术,把下方人流的热气通过锗透镜转为红外辐射,实现对传感器覆盖区域的热敏检测;同时通过设置进、出基准路线来捕捉乘客的行走路径,实现对乘客在热敏传感器部署区域内的换入和换出的分类统计。该项技术适用于车站内通道的双向客流检测,尤其是对换乘客流的检测。

（三）智能视频分析技术

智能视频分析技术源自计算机视觉技术和人工智能技术,其发展目标是在图像与事件描述之间建立一种映射关系,使计算机从纷繁的视频图像中定位、识别和跟踪关键目标物体,并实时分析和判断目标的行为。智能视频分析技术能够实现客流的实时采集,可以对每个客流个体运动轨迹进行精确检测和跟踪,实现对大范围区域的覆盖和数据采集,并通过数据统计和分析,得到客流量、客流密度等轨道交通管理人员需要的各类数据指标。

（四）Wi-Fi 信令技术

Wi-Fi 信令技术的基本原理是利用 WLAN（无线局域网）技术实现 Wi-Fi 定位,能够在无线网络接入的同时,实现接入设备的位置判别。该技术可获得乘客进出站客流统计、站内乘客换乘统计以及区域内乘客密集度统计。同时,Wi-Fi 技术的身份识别功能还适用于城市轨道交通 OD 客流分析,通过获取乘客接入工作站的空间位置和时间点,得到准确的 OD 客流分析。

（五）手机信令技术

手机信令技术中的数据定位原理是基于基站小区的模糊定位技术,通过移动运营商的手机信令采集系统,采集匿名手机用户发生信令事件时的位置信息,包括收发短信、主被叫、基站切换,以及位置更新等数据,其能够较为全面地反映出行者的连续出行轨迹。在城市轨道交客流调查方面,手机信令技术能够识别乘客的换乘路径和换乘车站,以及区域线路的进出站客流;同时,还能通过识别手机用户的出行时耗、出行距离及出行次数,分析乘客的出行需求(例如出行需求主要集中在什么时间段以及在哪些区域之间等)。通过对站点、线路一定范围内的手机用户密度进行统计及分析,可以得到站点和线路的服务范围。

(六)车辆称重技术

车辆称重技术的原理是通过测量车辆载客的总质量,来估算车辆载客人数。通过加装相应的压力传感器,能够较为直观和便捷地测算出车厢的载客人数。该项技术适用于断面客流统计,相比现行的 AFC 技术,不需要根据进出站客流数据、换乘客流数据等进行计算,能够实时地获取车辆载客数量的变化情况。

第六节 停车调查

停车调查是指对车辆停车需求、停车供应情况以及停车特征的综合调查。通过停车调查,可以了解调查区域内当前停车设施建设、使用和发展现状以及停车需求的缺口,并对现状停车特征和问题进行分析研究,为停车设施规划、建设、管理提供科学的数据支持和定量的分析基础,为停车规划方案提供数据支撑。停车调查对交通治理和动态交通疏解来说也具有重要意义。交通由静态交通与动态交通组成,它们互相影响互相制约,两者只有协调发展,才能带来和谐交通。

停车调查的内容一般包括:停车设施普查、配建停车设施建设及使用情况调查、停车特征调查、停车意向调查、路内停车分布调查。

一、停车设施普查

停车设施普查是为了了解目前停车场管理办公室管辖下的停车设施的分布、形式、容量,建立相应的数据库,为现状停车设施供给分析提供依据。其调查对象为城市停车管理部门管辖(包括直管、间管、联办)的所有路内外停车设施。直管停车设施为停车场管理办公室直接管理的路内停车点;间管停车设施为由所属单位直接管理的对社会开放的配建停车设施,停车场管理办公室只间接管理;联办停车设施为停车场管理办公室直接管理的对社会开放的配建停车设施。

调查内容一般包括停车设施的属区、设施名称、地址、类型、面积、泊位、等级、管理形式、服务对象及有关说明。

二、配建停车设施建设及使用情况调查

配建停车设施为建设用地范围内专门用于停车的室内外停车设施或场地。配建停车设施建设及使用情况调查是为了解配建停车设施建设及使用情况,为公共停车设施规划及配

建停车设施标准的制定提供基础数据，并为当前的道路交通综合整治提供重要参考。该调查一般对所有在册的已建和在建高层建筑进行普查。对非高层建筑，按不同区域、功能分别抽取一定数量的典型进行调查。

调查内容一般包括建筑物概况、从业人数、车辆数、内部功能、停车设施的建设泊位和建设面积、任用泊位和使用面积、停车数、日停车车次等。

三、停车特征调查

停车特征调查是通过连续地记录下被调查的停车场进出的车辆的时刻和特征，以获得停放累积量的时间分布、平均停放时间、高峰停放指数等停车特征参数。停车特征调查可以为停车设施规划的制定提供依据，需要按不同区域、性质，抽取典型的路内外停车设施进行调查。

停车特征参数包括高峰停放指数、平均周转率、平均泊位利用率等。高峰停放指数是指某一时刻实际停放量与停车设施容量之比，它反映了停车场地的拥挤程度。平均周转率是指在一定时段内平均每个停车位停放车辆的次数。平均泊位利用率是指在一定时段内平均每个泊位停车占用时间与总时间的比。

四、停车意向调查

停车意向调查一般是对有停车意向的驾驶员进行的意向调查，主要调查内容是出行目的、停车步行距离、停车收费意向等。该项调查为评价停车设施现状，规划、设计停车场提供基础数据。

五、路内停车分布调查

路内停车分布调查是了解路内停车分布情况，以分析其影响并为停车设施规划的制定提供依据的专项调查。可以按不同区域，抽取停车矛盾集中地区和主要路段上的路内停车进行调查。调查时主要记录路段两侧停车数量和分布（包括正常停车和违章停车）。

复习思考题

1. 为什么要进行交通调查？交通调查有什么重要意义和作用？
2. OD调查的调查内容包括哪些？调查方法有哪几种？调查结果的精度如何检验？
3. 区间车速调查方法有哪几种？这些方法各有什么优缺点？
4. 什么是延误？如何调查交叉口和路段的停车延误？
5. 有哪些轨道交通客流调查技术？这些技术的适用范围分别是什么？
6. 就驾驶员的个人基本信息、出行信息及停车设施使用建议，设计一份停车意向调查问卷。

第四章 交通生成

第一节 概 述

交通生成是交通需求预测四阶段中的第一阶段，是交通需求分析工作中最基本的部分之一。本阶段的任务是求出研究对象地区的交通需求总量，即生成交通量（Trip Production）。然后，在此量的约束下，求出各个交通分区的发生交通量（Trip Generation）与吸引交通量（Trip Attraction）。其中发生交通量是指研究对象地区内由各交通分区出发的交通量，吸引交通量是指研究对象地区内被各交通分区吸引的交通量。

如图 4-1 所示，交通分区 i 的发生交通量 P_i 表示由交通分区 i 出发到其他各交通分区的交通总量，交通分区 j 的吸引交通量 A_j 表示由其他各交通分区到交通分区 j 的交通总量。一般来说，同一个交通分区既存在发生交通量，又存在吸引交通量。

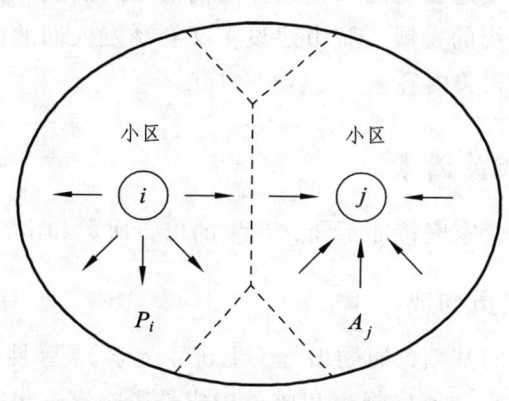

图 4-1 交通生成示意图

第二节 交通生成预测的影响因素

影响交通生成的因素很多，大致可以分成两类，一类是与土地利用相关的因素，一类是与出行者个人或者家庭相关的因素。

一、土地利用相关因素

交通与土地利用有着不可分割的关系，是影响交通产生的主要因素之一。按照我国国家标准《城市用地分类与规划建设用地标准》（GB 50137—2011）的相关规定，城市建设用地分为八个大类，分别为居住用地、公共管理与公共服务用地、商业服务业设施用地、工业用地、物流仓储用地、道路与交通设施用地、公用设施用地、绿地与广场用地。

（1）居住用地是住宅和相应服务设施用地。居住用地是交通的主要发生源和居民出行的主要起讫点。与居住用地相关的出行有通勤出行（上班、上学）、弹性出行（购物、娱乐、探亲访友等）和回程等。这类用地的发生交通量与吸引交通量通常用居住面积、住户数、人口、住户平均人数等指标表示。

（2）公共管理与公共服务设施用地包括行政办公、文化设施、教育科研、体育、医疗卫生、社会福利设施、文物古迹、外事、宗教设施等用地。商业服务业设施用地包括各类商业、商务、娱乐康体等设施用地。这两大类用地也是交通的主要发生源和吸引源，与之相关的出行行为主要有上班、上学、休闲娱乐、公务和回程等。该用地的发生交通量和吸引交通量通常用办公面积、营业面积、从业人口数等指标表示。

（3）工业用地是工作日上班交通的主要发生源。与工业用地相关的出行有上班、业务和回程等。这类用地的发生交通量与吸引交通量通常用从业人口数、产值等指标表示。

（4）物流仓储用地是货物的主要集散点，因此是货物交通的主要发生源。与仓储用地相关的出行有上班、业务和回程等。该用地的发生交通量与吸引交通量通常用仓库面积、货物吞吐量等指标表示。

可以说，土地利用与交通互为因果关系，人们活动的活跃（交通的发展）拉动土地利用的发展，相反，土地利用的发展（城市建设）又会诱发人们的出行。土地利用与交通的关系可参见本书第二章的相关内容。

二、个人或家庭相关因素

出行者的个人属性或者家庭特征不同，产生的出行次数和出行特征也不相同。

（一）家庭规模、成员构成

家庭是构成人们出行的基础，通勤出行（上班、上学）、弹性出行（购物、娱乐、探亲访友等）多以家庭为出发点。家庭规模和成员构成是影响家庭出行的主要因素。随着家庭规模的增大，人均出行次数减少，如购物出行等可由一人代替。有老人和幼儿的家庭的看病出行需求多，年轻夫妇家庭的购物、娱乐和上班等出行需求多。

（二）性　别

由于性别的不同，人们的出行次数和出行特征也不相同。但随着男性和女性社会角色的转变，这种差异也越来越不明显。

北京市历年来的调查数据显示，男性和女性的平均出行次数差异越来越不明显。从出行人口的平均出行次数来看，女性人均出行次数略高于男性，如北京2005年的第三次居民调查显示，北京城八区男性和女性有出行人口的出行率分别为2.62次/日和2.65次/日，远郊区县男性和女性有出行人口的出行率分别为2.93次/日和3.04次/日。这主要是由女性在家庭中扮演的角色决定的，比如家庭中大部分的生活性购物及小孩上下学接送活动通常由女性承担。但若考虑无出行人口对平均出行次数的影响，则发现男性的平均出行次数略高于女性。其中城八区男性和女性的出行率分别为 2.57 次/日和 2.49 次/日。表 4-1 显示了三个年份北京市男性和女性出行率调查结果。

表 4-1　北京市不同性别居民的出行率

指标	1986 年		2000 年		2005 年	
出行率/[次/(人·日)]	男	女	男	女	男	女
	1.62	1.26	2.83	2.80	2.57	2.49

（三）年　龄

不同年龄段居民的出行次数有较大差异。一般而言，受体力、工作性质等的影响，26～45 岁年龄段的居民出行次数较高，主要是因为这个年龄段的人群是社会的中坚力量，承担着家庭及社会的重任。14～25 岁年龄段出行率较低，主要是因为这个年龄段的人群主要为学生。

通常用居民出行调查中不同性别和年龄的平均出行次数评价和预测出行的发生交通量与吸引交通量。从 1986 年北京居民出行调查数据来看，早期居民出行次数随年龄的变化规律较为明显，而且无论男性还是女性，变化规律几乎是一致的（见图 4-2）。随着国民健康水平的不断提高和人口老龄化的进展，出行率有向高龄化发展的趋势，2000 年和 2005 年北京老年居民出行率（见图 4-3 和图 4-4）较 1986 年调查结果上升明显。

（四）收　入

家庭收入也是影响出行，尤其是弹性出行的主要因素之一。高收入家庭，汽车购买率高，购物、娱乐等的需求也高，平均出行次数多。

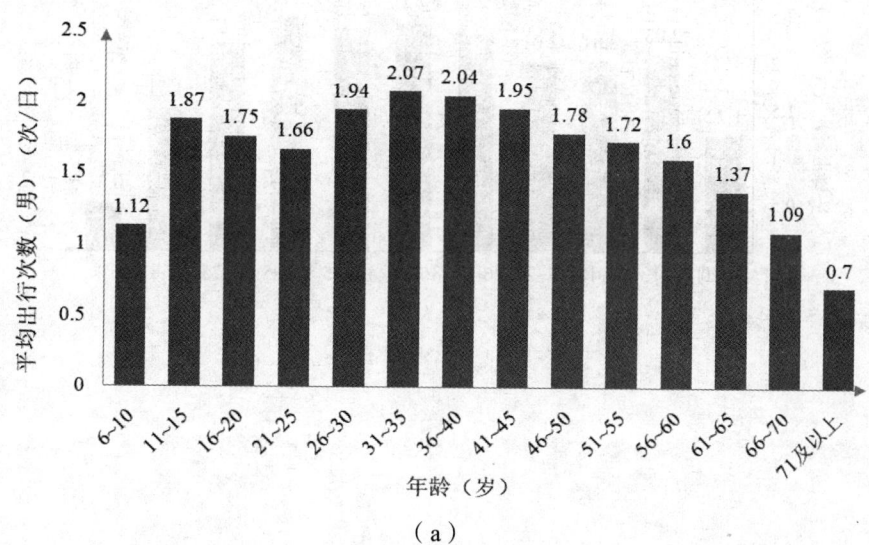

（a）

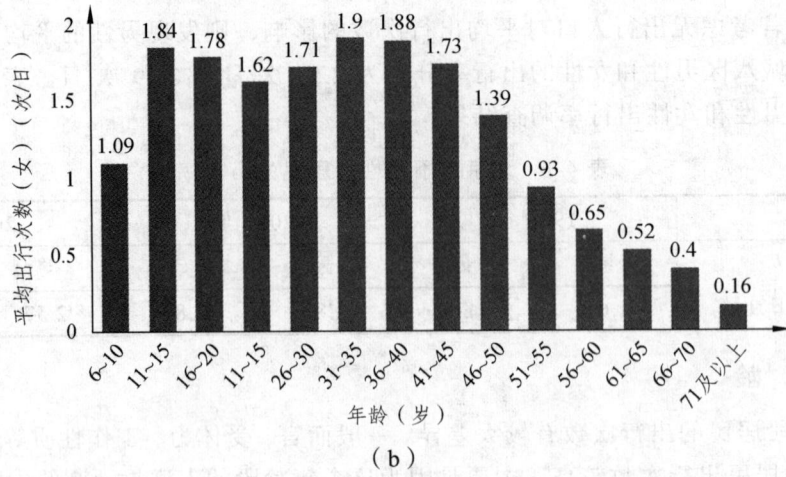

(b)

图 4-2 不同性别不同年龄居民的出行率（1986 年北京）

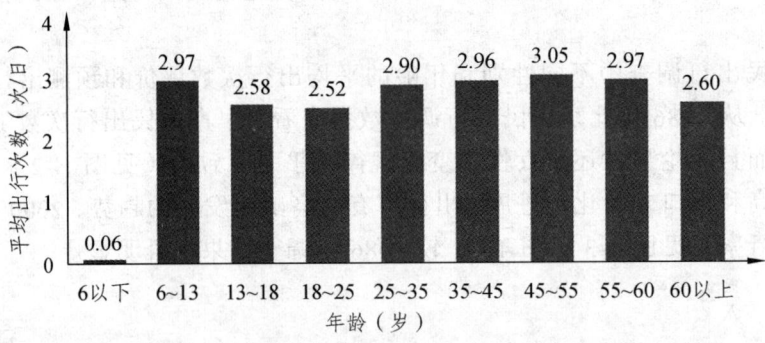

图 4-3 不同年龄居民的出行率（2000 年北京）

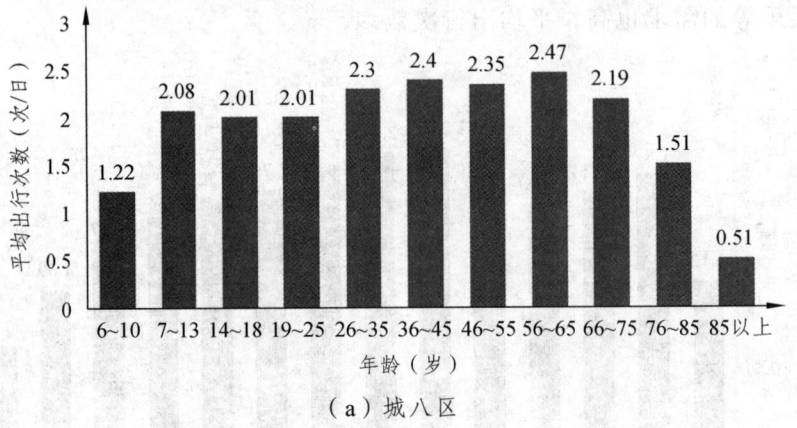

（a）城八区

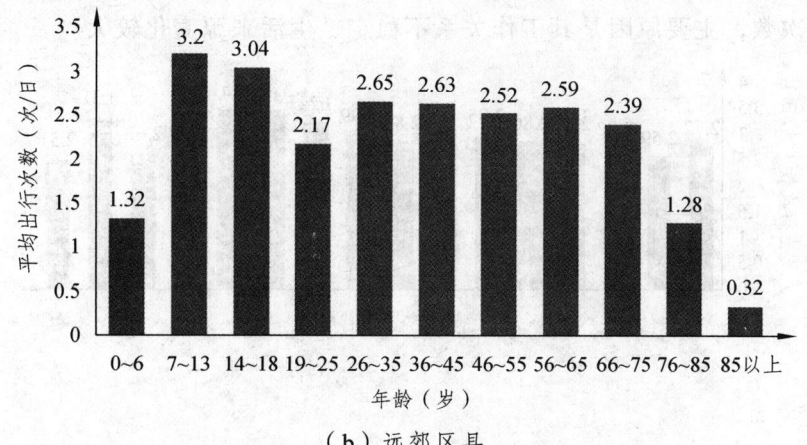

（b）远郊区县

图 4-4 不同年龄居民的出行率（2005 年北京）

注：北京市 2005 年居民出行调查中出行的定义与 1986 年、2000 年居民出行调查时所采用的定义略有不同。北京市第三次居民出行调查将"一次出行"定义为：具有某种目的，在可通行车辆的道路上所有的活动都记为一次出行，不论活动的时间长短、出行距离的远近以及是否使用交通工具。因此，在此次居民出行调查中，出行距离短的出行也都有记录和分析结果。

（五）汽车保有率

汽车保有率增加，人们出行次数也会增加，其原因一方面是出行需求高的人购买车辆的需求也高，出行次数多；另一方面购买车辆以后更容易诱发出行。

汽车保有率对出行生成的影响通常用汽车保有量或户均汽车保有量指标表示和评价。随着我国城镇居民生活水平的不断提高，汽车购买力的上升和汽车价格的不断下调，私人汽车保有率逐渐成为影响城市道路交通的主要因素之一。表 4-2 为 2004 年北京市居民出行抽样调查中对"是否持有驾照"和"是否拥有车辆"的出行统计结果，可以看出，持有驾照和拥有车辆的居民的出行率均较高。

表 4-2 驾照和车辆持有与否的出行率情况（2004 年北京）

是否拥有驾照	出行率/[次/(人·日)]	是否拥有车辆	出行率/[次/(人·日)]
是	2.49	是	2.45
否	2.28	否	2.30
平均	2.35	平均	2.35

（六）职业、职务

职业和职务的不同是造成出行次数不同的主要原因之一，各国的居民出行数据都表明了这一点。一般来说，专职驾驶员、推销员、采购员、业务员的平均出行次数较多，工人、学生、教师、行政管理人员的平均出行次数相对较少。2005 年北京市第三次居民出行调查将城市居民分为 16 种职业群体，图 4-5 给出了不同职业居民出行率调查结果，可以看出，出行率最高的是专职司机和农民。此外，无固定职业的居民出行次数普遍高于有固定职业的居民的出行次数，主要原因是其工作关系不稳定、生活来源变化较大。

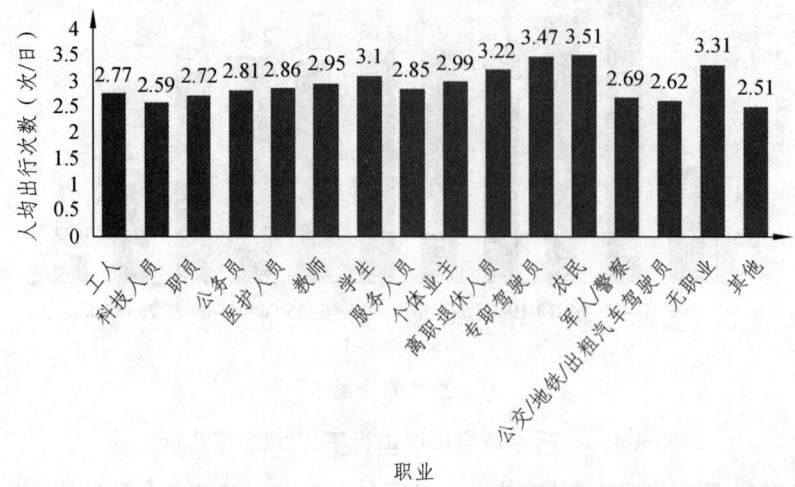

图 4-5　不同职业居民出行率（2005 年北京）

（七）自由时间

这里将自由时间定义为一天的 24 h 中，除去睡眠、饮食等生活必需时间和工作、学习等约束时间的剩余值。显然，自由时间增加后，由于出行的时间增加，购物、娱乐等弹性出行也会增加。从北京市往年居民出行调查各年龄段人群的出行率情况可以看出，60 岁以后的人群由于大多已经退休，自由时间较多，从而仍然保持着较高的出行率。

三、其他因素

（一）工作日、休息日、天气和季节等

工作日、休息日、天气和季节等的不同，也会导致人们的出行存在差异。周一至周五等工作日的出行量大且时间集中，周六、周日等休息日出行量小且分散；雨雪天气人们出行不便，出行量较小；炎热的夏天和寒冷的冬天出行量较小，春天和秋天气候宜人，出行量较大。

（二）社会经济的发展和城市化进程

自我国改革开放以来的 40 年的时间里，随着社会经济水平的提高和城市范围的逐渐扩大，人们的活动范围、生活圈越来越大，在全世界许多地区（包括我国）出现迅速的城市化进程意味着不仅有比以前更多的人将居住和工作在城市里，而且还有更多的人员和货物的出行将在城市地区之间（通常是长距离的）发生。因此，对于城市来说，尤其是发展中国家的城市，城市人均出行次数的增长趋势是必然的。

（三）城市交通系统的改善

随着先进的计算机处理技术、信息技术、数据通信传输技术及电子控制技术等有效地应用到城市交通系统中，大大提高了城市交通系统的自动化智能化程度，推动了城市交通

的安全、快捷、准时、高效、舒适等优势的逐步发挥。城市交通体系的多样化发展和丰富的城市交通实时信息的提供，使得居民出行更加灵活，居民在出行方式、出行时间、出行路径的选择上有更大的自由度。居民出行的不同阶段，都可以获得城市道路交通的大量信息，出行前、出行中获得的动态信息将直接或间接地影响出行者的选择和决定，出行者可以更方便地改变出行的路线、方式，获得更高质量的服务。

未来社会出行的诸多优点将大大地激发城市居民的出行愿望。按照出行目的不同，我们将城市居民的出行分为上班、上学、购物、娱乐、探亲访友、看病、回程等。一般规律而言，随着社会生活水平的提高和城市交通的发展，生存性出行比例大大降低，而生活出行（也称弹性出行，如购物、娱乐、探亲访友和文体活动等）比率将相应提高。

（四）网络信息技术的发展

21世纪的社会是一个网络信息时代，网络在引发现代社会进行深刻变革的同时，也在某种程度上，对传统意义上担负着大量人、车、物移动的城市交通的功能进行重新定位。网络信息正在彻底地改变城市居民原有的生活方式，也改变着他们的出行特征。

信息技术的快速发展，尤其是远程通信方式的使用，减少了交通出行的障碍，并使之更为有序。这一方面会减少以获取信息为目的的出行，另一方面也会因通信交流的增加而产生新的交通出行需求。尽管随着电话会议、视频会议、在家办公系统、网上购物等替代出行方式的出现，对居民家庭的交通出行次数产生一定的影响，但也非完全替代，更多的是起到引导作用。城市居民出行目的中，在网络信息社会受到影响最大的将是上班出行和弹性出行。而弹性出行中的各种出行的相对比例也将发生较大的改变。但无论交通、通信技术如何发达，面对面的交流仍然是建立信任和交流情感的一种重要手段。因此，上班、购物、商务等出行将在较长的一段时间内占有相当大的比例。

第三节 交通生成预测方法

交通生成预测包括发生交通量预测和吸引交通量预测两个方面，有时候还需要进行生成交通量的预测工作。由于交通发生和吸引的影响因素不同，前者以出行者的社会经济特性为主，后者以土地利用形态为主，故有时候发生交通量和吸引交通量可以采用相同的方法进行预测，而有时候又需要将发生交通量和吸引交通量分别采用不同的方法进行预测，以求其精确，也利于下一阶段出行分布的预测。当出行者的社会经济特性和土地利用形态发生改变时，也可用来预测交通需求的变化。而生成交通量通常作为总量控制，用来预测和校核各个交通分区的发生交通量和吸引交通量，最终各个交通分区的发生交通量之和应与各个交通分区的吸引交通量之和相等，并且都等于交通生成量。

$$\sum_i P_i = \sum_j A_j = T \tag{4-1}$$

因此，交通生成预测的输入数据一般包括规划对象区域的人口、土地利用指标、各项经济指标、现状出行数据等，预测过程一般包括以下三个步骤：

（1）发生交通量预测，确定各个交通分区产生的出行量及区域产生的出行总量；

（2）吸引交通量预测，确定各个交通分区吸引的出行量及区域吸引的出行总量；

（3）出行平衡计算，使区域出行总产生量等于总吸引量。

交通生成预测常用的代表性方法有原单位法、交叉分类分析法、增长率法、函数模型法和指数平滑法等预测方法。下面对这些方法分别进行说明。

一、原单位法

（一）基本原理

原单位的基本思想是将单位用地面积、单位人口或单位经济指标等的平均交通产生量、吸引量作为原单位，如假定其是稳定的，则预测的交通生成总量即为该原单位与规划期限各交通分区的用地面积、人口数量或经济指标等相乘得到的结果。

原单位的求得原则通常有两种，一是用居住人口或就业人口每人平均的交通生成量来进行推算的个人原单位法，另一种就是以不同用途的土地面积或单位办公面积平均发生的交通量来预测的面积原单位法。不同方法对应的选取的原单位指标也不同，如个人原单位法可以根据人口属性以不同出行目的单位出行次数为原单位进行预测；面积原单位法则以土地利用或经济指标为基准的原单位，即以单位用地面积或单位经济指标为基准对原单位进行预测。

在居民出行预测中，经常采用的是以单位出行次数作为原单位来预测未来的居民出行量的方法，也称为单位出行次数预测法。单位出行次数为人均或家庭平均每天的出行次数，它通过居民出行调查结果统计得出。因为单位出行次数比较稳定，所以单位出行次数预测法是进行生成交通量预测时最常用的方法之一。

预测对象区域内将来的出行生成量：

$$T' = M \times \frac{T}{N} \qquad (4\text{-}2)$$

式中　T——现状出行生成交通量；

　　　N——现状常住人口；

　　　M——将来常住人口；

　　　T'——将来的生成交通量。

预测不同出行目的的交通生成量可以采用如下方法：

$$T = \sum_k T_k \qquad (4\text{-}3)$$

$$T_k = \sum_l a_{kl} N_l \qquad (4\text{-}4)$$

式中　k——出行目的；

　　　l——人口属性（常住人口、就业人口、工作人口、流动人口）；

　　　a_{kl}——出行目的 k 和人口属性 l 的平均出行生成量；

　　　N_l——人口属性为 l 的人口；

T_k——出行目的为 k 时的生成交通量；

T——研究对象地区总的生成交通量。

使用原单位法预测的出行生成量时，除了可以根据人口属性按不同出行目的预测出行生成量外，还可以以土地利用或经济指标为基准预测出行生成量。从调查中得出单位用地面积或单位经济指标的发生交通量与吸引交通量，若假定其是稳定的，则可根据规划期限内各交通分区的用地面积或经济指标等进行交通生成预测。

对于采用原单位法进行交通生成预测来说，如何决定原单位的将来值是一个重要的课题。根据以往的研究成果，通常有以下几种做法。

（1）直接使用现状调查中得到的原单位数据。

（2）将现状调查得到的原单位乘以其他指标的增长率来推算，即增长率法。

（3）最常用的也是最主要的为函数法。通常按照不同的出行目的预测不同出行目的的原单位。其中，函数的影响因素（或称自变量）多采用性别、年龄等指标。

（二）出行平衡计算

在交通需求预测时，一般要求各交通分区的发生交通量之和与各交通分区的吸引交通量之和相等，并且均等于生成交通量。如果它们之间不满足上述关系，则可以采用如下方法进行调整。

1. 总量控制法

在实际计算中，各交通分区的推算量的误差是不可避免的，从而造成其总和的误差量，为此，我们应当用研究区域的生成交通量对推算得到的各个交通分区的发生量和吸引量进行校正。

假设生成交通量 T 是所有人口 N 与生成原单位 p 共同得到的，则

$$T = N \cdot p \quad (4\text{-}5)$$

如果生成交通量 T 与发生交通总量 $P = \sum_{i=1}^{n} P_i$ 有明显的误差，则可以将 P_i 根据式（4-6）进行修正。

$$P_i' = \frac{T}{P} \cdot P_i \ (i=1,2,\cdots,n) \quad (4\text{-}6)$$

为了保证生成交通量 T 与吸引交通总量 $A = \sum_{j=1}^{n} A_j$ 也相等，为此需将 A_j 根据式（4-7）进行修正。

$$A_j' = \frac{T}{A} \cdot A_j \ (i=1,2,\cdots,n) \quad (4\text{-}7)$$

这样发生交通量之和、吸引交通量之和及生成交通量三者才能全部相等。这种方法叫总量控制法。

2. 调整系数法

如果在进行交通生成预测时，没有做生成交通量的预测，而仅进行了各交通分区发生交通量和吸引交通量的预测工作，此时一般也不会满足发生交通量总和等于吸引交通量总

和的条件，此时就需要进行调整。

一般认为发生交通量预测值可靠一些，而将各交通分区的吸引交通量预测值进行调整，即保持 P_i 不变。A_j 的调整公式如下：

$$A'_j = \frac{\sum_i P_i}{\sum_j A_j} \cdot A_j \tag{4-8}$$

也可以根据实际情况，考虑以吸引交通量为基准进行出行平衡，调整各交通分区的发生交通量，即保持 A_j 不变。P_i 的调整公式如下：

$$P'_i = \frac{\sum_j A_j}{\sum_i P_i} \cdot P_i \tag{4-9}$$

此外，还可以以发生交通量和吸引交通量的加权和作为基准进出行平衡，公式如下：

$$T = \frac{\omega_1 \sum_i P_i + \omega_2 \sum_j A_j}{\omega_1 + \omega_2} \tag{4-10}$$

调整发生交通量为

$$P'_i = \frac{T}{\sum_i P_i} \cdot P_i \tag{4-11}$$

调整吸引交通量为

$$A'_j = \frac{T}{\sum_j A_j} \cdot A_j \tag{4-12}$$

显然有

$$\sum_i P'_i = \sum_i \frac{T}{\sum_i P_i} \cdot P_i = \frac{T}{\sum_i P_i} \sum_i P_i = T \tag{4-13}$$

$$\sum_j A'_j = \sum_j \frac{T}{\sum_j A_j} \cdot A_j = \frac{T}{\sum_j A_j} \sum_j A_j = T \tag{4-14}$$

【例题 4-1】某规划区域由 3 个交通分区组成，表 4-3 所示为各交通分区现状的发生交通量、吸引交通量以及各交通分区现状和未来常住人口数。在常住人口平均出行次数不变的情况下，用原单位法预测该规划区域未来的生成交通总量。

表 4-3 各交通分区现状发生交通量和吸引量

O	D			合计/（万次/日）	现状人口/万人	未来人口/万人
	1	2	3			
1				28.0	11.0	15.0
2				51.0	20.0	36.0
3				26.0	10.0	14.0
合计/（万次/日）	28.0	50.0	27.0	105.0	41.0	65.0

【解】
现状平均出行生成原单位：$T/N = 105.0/41.0 = 2.561$ 次/[（日·人）]
将来的生成交通量：$T' = M \times (T/N) = 65.0 \times 2.561 = 166.5$（万次/日）

【例题 4-2】采用例题 4-1 的数据，用原单位法进行未来各交通分区发生交通量和吸引交通量预测。

【解】（1）求出现状发生与吸引的原单位。

交通分区 1 的发生原单位：$\dfrac{28.0}{11.0} = 2.545$ [次/（日·人）]

交通分区 1 的吸引原单位：$\dfrac{28.0}{11.0} = 2.545$ [次/（日·人）]

同理，可以计算其他交通分区的原单位，结果如表 4-4 所示。

表 4-4　各交通分区现状发生与吸引的原单位　　　　单位：次/（日·人）

发生原单位	吸引原单位			合计
	1	2	3	
1				2.545
2				2.550
3				2.600
合计	2.545	2.500	2.700	

（2）计算各交通分区的未来发生交通量与吸引交通量。

交通分区 1 的发生交通量：$15.0 \times 2.545 = 38.2$（万次/日）
交通分区 1 的吸引交通量：$15.0 \times 2.545 = 38.2$（万次/日）

同理，交通分区 2 和交通分区 3 未来的发生交通量与吸引交通量计算结果如表 4-5 所示。则各交通分区发生交通量之和为 166.4 万次/日，各交通分区吸引交通量之和为 166.0 万次/日。

表 4-5　各交通分区未来的出行发生与吸引交通量（调整前）　　单位：万次/日

O	D			合计
	1	2	3	
1				38.2
2				91.8
3				36.4
合计	38.2	90.0	37.8	

（3）出行平衡计算。

可知，各交通分区发生交通量之和不等于其吸引交通量之和，所以需要进行调整计算。调整的目标是使得上述两者相等，即满足如式（4-1）所示的条件。

调整方法可以采用总量控制法，即使得各交通分区发生交通量之和等于其吸引交通量之和，且都等于将来的生成交通量 166.5。根据总量控制法，按式（4-6）和式（4-7）的计算结果如下：

$$P_1' = 38.2 \times \frac{166.5}{166.4} = 38.2 \qquad A_1' = 38.2 \times \frac{166.5}{166.0} = 38.3$$

$$P_2' = 91.8 \times \frac{166.5}{166.4} = 91.9 \qquad A_2' = 90.0 \times \frac{166.5}{166.0} = 90.3$$

$$P_3' = 36.4 \times \frac{166.5}{166.4} = 36.4 \qquad A_3' = 37.8 \times \frac{166.5}{166.0} = 37.9$$

调整后的结果如表 4-6 所示。

表 4-6 各交通分区未来的出行发生与吸引交通量　　　　单位：万次/日

O	D			合计
	1	2	3	
1				38.2
2				91.9
3				36.4
合计	38.3	90.3	37.9	166.5

由表 4-6 可以看出，调整以后，各交通分区的发生与吸引交通量之和相等，均等于交通生成量 166.5 万次/日。

一般而言，在交通需求预测时，要求发生交通量与吸引交通量相等。对于例题 4-2，出现了调整后的同一交通分区的发生与吸引交通量不相等的情况，因此还可以继续调整。调整方法是取同一交通分区发生与吸引交通量的平均值，这里省略此步骤。

在用原单位法按不同出行目的进行分类预测时，以下方法比较实用：即上班出行交通量使用常住人口；上学出行交通量使用常住人口；自由出行交通量使用常住人口和就业人口；业务出行交通量使用就业人口；回家交通量利用上班和上学交通量的返回乘以一个系数，该系数由居民出行调查数据统计得出，一般为接近于 1.0 的值。

【例题 4-3】某交通分区有 172 家独户住宅，287 家集体住宅，550 家公寓住房，它们的出行发生率分别为 2.38、2.38、2.31 车次/户，另有 40 000 m² 的商业中心，平均 1 000 m² 就有 2.2 个雇员，其出行吸引率为 1.82 车次/雇员，求该交通分区的发生交通量和吸引交通量。

【解】出行发生交通量：$P_1 = 2.38 \times (172 + 287) + 2.31 \times 550 = 2363$（车次/日）

出行吸引交通量：

$$A_1 = 2.2 \times \left(\frac{40\,000}{1\,000}\right) \times 1.82 = 160 \text{（车次/日）}$$

有多个分区时：如果 $\sum_i P_i \neq \sum_i A_i$，可利用调整系数法进行调整。

二、交叉分类分析法

（一）基本原理

交叉分类分析法的基本思想是，以家庭作为基本单元，按家庭规模、收入、拥有小汽车数等进行分类调查统计,得出不同类型家庭的出行产生率,预测时以未来各交通分区同类型家庭的数量乘以相应的出行率,从而推算各交通分区的出行量。

采用交叉分类分析模型进行交通生成预测的步骤如下。

(1)将研究对象区域内的家庭按照相应指标进行交叉分类。

(2)利用调查数据,计算每一类家庭的平均出行率。

(3)根据预测的研究对象区域各分区未来各类家庭的数量,计算未来各分区的出行发生量。

其模型形式如下:

$$P_i = \sum_s a_s N_{si} = N_i \sum_s a_s \gamma_{si} \tag{4-15}$$

式中　P_i——交通分区 i 规划年的发生量或出行量;

　　　a_s——全市现状第 s 类家庭的出行率;

　　　N_{si}——交通分区 i 规划年第 s 类家庭的数目;

　　　N_i——交通分区 i 规划年各类家庭的总数目;

　　　γ_{si}——交通分区 i 规划年第 s 类家庭的比例。

值得注意的是,交叉分类分析法一般假定出行发生率在一定时期内对于某一类家庭来说是相对稳定的,且家庭规模的变化较小,因而可以通过抽样调查确定每一类家庭的平均出行率,并通过预测未来各类家庭的数量来预测出行发生量。

(二)方法特点

交叉分类分析法具有以下优点。

(1)直观、容易了解。人们容易接受出行发生与住户特性关系的观念,不像回归分析那样必须了解相关性、参数值等因素。

(2)资料的有效利用。从现有的 OD 调查中就可以获得完整的资料,即使没有,也可通过小规模调查得到。

(3)容易检验与更新。出行发生率很容易通过小规模抽样调查与交通分区的特性分析来校核其正确性。

(4)可以适用于各种研究范围。由于出行发生基于住户的特性,出行吸引基于土地利用特性。因此,其出行生成、吸引率可以用于各种范围研究,如区域规划、运输通道规划和新发展区。

但是,交叉分类分析法也存在以下缺点。

(1)每一家庭分类中,住户彼此之间的差异性被忽略。

(2)因各类家庭样本数的不同,得到的出行率用于预测时会影响其精确性。

(3)同一类变量类别等级的确定是凭个人主观,失之客观进行的。

(4)当本方法用于预测时,每一类家庭规划年的资料预测将是一项繁杂工作。

综上所述,该方法仅以家庭为单元进行交通分区出行生成量预测,对于城市常住居民的预测尚属合理,但是城市的客流构成不仅包括常住人口,还有流动人口(外来务工流动人口、旅游流动人口)、暂住人口等多种形式,此种类型人员的预测尚不能得到很好的解决。

【例题 4-4】已知某城市按家庭类别的出行率如表 4-7 所示，某交通分区低收入、无小汽车、每户 3 人的住户 100 户；低收入、无小汽车、每户 4 人的住户 200 户；中等收入、有 1 辆小汽车、每户 4 人的住户 300 户；高收入、有 2 辆小汽车、每户 5 人的住户 50 户。求该分区的总出行量。

表 4-7 某城市按家庭类别的出行率 单位：（人次/天）

小汽车拥有量	低收入		中等收入		高收入	
	1~3 人	≥4	1~3 人	≥4	1~3 人	≥4
0	3.4	4.9	3.7	5.0	3.8	5.1
1	5.2	6.9	7.3	8.3	8.0	10.2
≥2	5.8	7.2	8.1	11.8	10.0	12.9

【解】查表得出相应 4 类家庭的出行产生率分别为 3.4、4.9、8.3、12.9 人次/天。
该交通分区 4 类家庭的数量为 100、200、300、50 户。则该分区的总出行量为
$$100\times3.4+200\times4.9+300\times8.3+50\times12.9 = 4\ 455\ （人次/天）$$

三、增长率法

增长率法是以家庭或交通分区来预测出行产生和吸引交通量的一种预测模型。其基本假定为：交通分区 i 的居民出行量与社会经济指标同比例增长。这种方法是把不同交通分区的现状居民出行量 T_i 与增长因子 F_i 相乘，从而求得各个交通分区的规划年的居民出行量 T_i'。

其基本模型为

$$T_i' = F_i T_i \qquad (4-16)$$

式中 T_i——交通分区 i 现状年的居民出行量；
T_i'——交通分区 i 规划年的居民出行量；
F_i——增长因子。

该模型的关键问题是如何确定增长因子 F_i，一般认为它同人口（P）、收入（I）、小汽车拥有数（C）等因素有关。

$$F_i = \frac{f(P_i^d, I_i^d, C_i^d)}{f(P_i^c, I_i^c, C_i^c)} \qquad (4-17)$$

其中 d 和 c 分别代表规划年和现状年。f 是一个不带参量的函数，表示上述因素对于居民出行的综合贡献。

增长率法的最大优点是可以处理用原单位法和函数法都很难解决的问题，它通过设定交通分区的增长率，可以反映因土地利用的变化引起的人们出行的变化以及对象区域外的交通分区的发生与吸引交通量。由于原单位法和函数法都是基于实际调查数据的方法，而对象区域外的交通分区没有实际测量数据和预测目标年度的自变量数据，所以选用增长率法。

但是，由于现实的复杂性，居民出行的增长与社会经济因素的增长之间的关系极其复杂，很难简单地用一个函数关系来描述，而且对于它们之间是否存在必然的、时空稳定的联系还值得推敲，经验得出该方法计算的结果偏大。在实际中，增长系数法只用于预测外

部到研究区域的出行生成量。

【例题 4-5】设某区域现在共有 500 户家庭，其中 250 户家庭每户拥有 1 辆小汽车，另外 250 户没有小汽车，有汽车家庭出行生成原单位为 6.0 次/天，无汽车家庭为 2.5 次/天。假设未来所有家庭都有 1 辆小汽车，家庭收入和人口数不变，用增长率法求出规划年的出行发生量 T_i。

【解】根据出行生成原单位，易得该区域现在出行量如下：

$$T = 250 \times 2.5 + 250 \times 6 = 2\,125 \text{（次/天）}$$

假设未来所有家庭都有 1 辆小汽车，家庭收入和人口数不变，则增长系数 F_i 为

$$F_i = \frac{C^d}{C^c} = \frac{1.0}{0.5} = 2.0$$

式中　C^d——该区域未来的汽车保有量；

　　　C^c——该区域现在的汽车保有量。

因此，的该区域未来出行量为

$$T' = 2 \times 2\,125 = 4\,250 \text{（次/天）}$$

四、函数模型法

函数模型法是交通生成预测时最常用的方法之一。其基本思想是根据调查资料，建立交通分区的发生交通量或吸引交通量与其主要影响因素之间的函数关系，并对函数模型中的系数进行标定，然后利用所建立的函数模型，通过对主要影响因素的预测，进而预测交通发生量或吸引量。

作为模型公式，多采用以下三种形式：

$$P_i = F_0 + \sum_k F_k X_{ik} \tag{4-18}$$

$$P_i = F_0 + \prod_k F_k X_{ik} \tag{4-19}$$

$$P_i = F_0 \exp \prod_k F_k X_{ik} \tag{4-20}$$

式中　P_i——第 i 个交通分区的交通发生（吸引）量；

　　　F_k——第 k 个变量的发生（吸引）因子；

　　　X_{ik}——第 i 个交通分区，第 k 个变量的取值；

　　　F_0——常量。

在采用函数模型法进行交通生成预测时，绝大部分研究采用的是多元线性回归分析法（即模型形式 4-18），同时有少量的非线性回归分析法。下面分别进行介绍。

（一）线性回归分析法

线性回归模型是以交通分区的发生交通量或吸引交通量为因变量，以对其产生影响的所有社会经济指标为自变量，并基于现状数据资料进行回归分析的方法而建立的模型。线

性回归分析法假定交通分区 i 的出行发生量或吸引量与该交通分区的多个社会经济因素有密切的因果关系,并假定未来年的出行发生量或吸引量与各个影响因素之间的联系与现状年相同,即因果关系不变。

影响出行量大小的因素众多,包括经济发展水平、分区的居民数、平均收入、平均车辆拥有量、各类职业的就业岗位数、分区距市中心的距离、非住宅用地面积等可以被量化的因素,回归分析法能够很好地量化它们对交通出行量产生的复杂影响。但是还有一些难以观测或不能量化的因素,并且它们与出行产生量的关系非常复杂,用精确的数学函数来表达它们之间的联系是很困难的,因此回归模型无法考虑。

线性回归模型有比较简单的一元线性回归:

$$y = \alpha + \beta x \qquad (4-21)$$

式中　　y——因变量(发生交通量或吸引交通量);

　　　　x——自变量(即分区人口、收入、车辆拥有量或各种用地面积);

　　　　α、β——回归常数。

最常用的模型为多元线性回归模型,如:

$$y = \alpha + \sum_i \beta_i x_i \qquad (4-22)$$

式中　　x_1、x_2、x_3…——社会经济指标的值,如人口数、收入、车辆数等;

　　　　α、β_1、β_2、β_3…——回归系数。

线性回归模型进行交通生成预测的步骤如下:

1. 模型建立

根据资料数据做出散点图,直观分析各影响因素的相关程度,根据影响因素及其相关性,选取主要的且近似相互独立的因素作为自变量。

2. 参数估计

根据调查数据确定线性回归方程中各回归系数的值,并计算估计误差和相关系数。

3. 模型检验

① 初步经验检验,即考察模型是否符合基本常识和公认的理论,如交通量随经济发展反而下降等,对于此类情况则必须检查原因。

② 统计检验,包括离散系数($V = S/Y^*$,标准差/因变量实际均值一般在 10%~15%)、相关系数 R(一般 $R>0.7$)等检验,以及 t 检验和 F 检验,这是从数理统计角度考察已有模型的特征值,并给出评价标准。

③ 判定预测效果。测定模型的预测功效,简易的方法是把非样本期内的因变量实际值与同期的预测值比较,如果误差不大,说明模型的预测功效良好,反之则需要重新修订该模型。

4. 模型预测

在模型中代入交通分区社会经济指标的预测值,预测未来的发生交通量与吸引交通量。如某城市交通规划建立的交通分区出行量模型为

$$P_i = 6\,273 + 1.74x_{i1} - 0.496x_{i2} \quad (4\text{-}23)$$
$$A_j = 5\,783 + 0.268x_{i1} - 0.263x_{i2} + 2.37x_{i3} \quad (4\text{-}24)$$

式中　x_{i1}——小区 i 人口数；

　　　x_{i2}——小区 i 可达性；

　　　x_{i3}——小区 i 就业岗位。

线性回归分析法结构清晰，考虑因素很多，理论上能够得到合理的预测结果。但由于所选取的影响因素多而复杂，建立模型关系相当困难，实际的回归效果难以保证。

【例题 4-6】某城市经过调查，总结出各个交通分区产生的出行主要与该交通分区所拥有的小汽车数量相关，统计数据见表4-8。试建立分区交通产生与小汽车拥有量之间的定量关系。假设规划年某分区的小汽车拥有量为1 000辆，试预测规划年该分区的出行产生量。

表 4-8　某城市分区小汽车拥有量与分区交通产生相关数据表

分区代号	1	2	3	4	5	6	7	8
分区小汽车拥有数量	200	50	500	100	100	400	300	400
分区出行生成	500	300	1 300	200	400	1 200	900	1 000

【解】经散点图分析，分区交通生成量 T 与小汽车拥有量 X 之间趋于线性相关，定义函数为

$$T = \alpha + \beta X$$

由最小二乘法得到

$$\beta = \frac{n\sum XT - \sum X \sum T}{n\sum X^2 - (\sum X)^2} \approx 2.48$$

$$\alpha = (\sum T)/n - \beta(\sum X)/n \approx 89.8$$

因此得到回归方程

$$T = 89.8 + 2.48X$$

回归方程检验（相关系数）：

$$\gamma = \frac{n\sum XT - \sum X \sum T}{\sqrt{[n\sum X^2 - (\sum X)^2][n\sum T^2 - (\sum T)^2]}} = 0.97$$

假设规划年的小汽车拥有量为1 000辆，则代入回归方程得到规划年该分区的交通生成量为2 570。

（二）非线性逐步回归模型法

线性回归模型是假设每一个相互独立的自变量对因变量产生线性的影响。这种线性关系很难确定，因为当模型中包括其他变量时，某些线性关系可能会表现出某些非线性特征。因此，很多时候都要采取非线性逐步回归的方法来进行出行生成的预测。用此方法进行预测的模型，通常称为逐步回归预测模型。

回归模型在一定的情况下和增长率法相比有一定的改进，考虑了多因素的影响，但是

回归模型法是以未来年的出行产生量与各个影响因素之间的联系与现状年相同为前提的，即假定其间的函数关系不变。然而，在我国的现实情况下，随着经济的高速发展，城市形态和城市空间结构发生变化的速度很快，而客流预测的年限又很长，在这么长的时间内，作为确定出行产生、吸引交通量基础的地区性质发生较大的变化是必然的，那么在这种情况下，现状年标定的联系是否依然能保持不变，是模型能否有效使用的关键。

类似地，非线性逐步回归模型法进行交通生成预测同样分为模型建立、参数估计、检验模型和模型预测四个阶段。特别是在模型建立阶段，选择合适的模型形式是非常重要的，这就需要收集比较全面的数据资料，采用散点图，直观分析各自变量的相关程度，例如强弱、正负相关，非线性关系等，采用定性和定量相结合的方式，从而确定模型的形式。

五、指数平滑法

指数平滑法是交通生成预测中经常使用的一种方法，属于时间序列分析方法的一种。该方法对不同时期的经济数据给予不同的权重，也就是说，通过取不同的权值，反映不同时期的经济数据不同的重要程度。

它的基本思想是把时间看作是一个无穷的序列，即 X_t，X_{t-1}，…；把 F_{t+1} 看作这个无穷序列的一个函数，即

$$F_{t+1} = \alpha X_t + (1-\alpha) F_t \tag{4-25}$$

式中　X_t——第 t 期的实际值；

F_t、F_{t+1}——第 t、$t+1$ 期的预测值；

α——平滑系数，且 $0 < \alpha < 1$。

用"S"表示指数平滑值，第 t 期一次指数平滑值记为 $S_t^{(1)}$，二次指数平滑值记为 $S_t^{(2)}$，三次指数平滑值记为 $S_t^{(3)}$，则指数平滑值计算公式为

$$S_t^{(1)} = \alpha X_t + (1-\alpha) S_{t-1}^{(1)} \tag{4-26}$$

$$S_t^{(2)} = \alpha S_t^{(1)} + (1-\alpha) S_{t-1}^{(2)} \tag{4-27}$$

$$S_t^{(3)} = \alpha S_t^{(2)} + (1-\alpha) S_{t-1}^{(3)} \tag{4-28}$$

对预期周期为 T 年、基年为第 t 年的指标预测值 F_{T+t}，其三次指数平滑法的数学模型为

$$F_{T+t} = a_t + b_t T + c_t T^2 \tag{4-29}$$

其中，a_t、b_t、c_t 均为平滑系数，计算公式为

$$a_t = 3S_t^{(1)} - 3S_t^{(2)} + S_t^{(3)} \tag{4-30}$$

$$b_t = \frac{\alpha}{2(1-\alpha)} \left[(6-5\alpha) S_t^{(1)} - 2(5-4\alpha) S_t^{(2)} + (4-3\alpha) S_t^{(3)} \right] \tag{4-31}$$

$$c_t = \frac{\alpha^2}{2(1-\alpha)^2} (S_t^{(1)} - 2S_t^{(2)} + S_t^{(3)}) \tag{4-32}$$

指数平滑是一个迭代计算的过程，应用三次指数平滑法进行预测时，须首先估算初始

值 $S_0^{(1)}$，它实质上应该是序列起点以前所有历史数据的加权平均值。由于经过多期平滑，特别是观测期较长时，$S_0^{(1)}$ 的影响作用就相当小。故在实践中，一般选用的方法为，当时间序列期数量在 20 个以上，初始值对观测结果的影响很小，可用第 1 期的观测值代替；当时间序列期数在 20 个以下时，初始值对观测结果有一定影响，可取前 3~5 个观测值的平均值代替。

六、需要注意的问题

在应用以上出行生成预测方法进行客流出行生成预测时，一般都存在着如下几点不足。

（1）只考虑了交通分区 i 本身的社会经济影响因素对于居民出行生成的影响。但是实际上，由于交通分区 i 是处于整个研究区域这样一个大系统中，任意交通分区就其本身来说应该是个开放的复杂系统，它与其他交通分区之间存在着千丝万缕的联系，虽然这种联系是复杂且不易被观测到的，但是确实存在。因此，交通分区 i 的出行生成不仅仅与其本身的因素相关，还应该与研究区域内的其他交通分区的因素相关。

（2）现行出行生成模型实质上隐含一个假设：从现状年到未来年，城市的出行生成结构不会改变，只是数量上有增减，造成这一不足的原因主要由于模型不涉及对出行行为本身的描述。当城市社会经济指标发生较大变化时，模型往往面临失败。而现阶段我国正处于城市化进程的初期，城市建设的力度逐年加大，城市发展日新月异，而且城市轨道交通规划的时间又特别长，在这样快速发展的时期，长时间的变化累积会造成城市结构形态的较大变化。因此，用回归模型预测城市轨道交通出行生成，对于现阶段来说是有缺陷的。

（3）对于不同交通分区，现状年的开发强度是不同的，对于有些交通分区，现状年的开发强度已达到或接近开发极限，而有些交通分区尚处于待开发状态，并且对于任何交通分区的开发来说并不是无限度的。利用函数增长率的方法所得到的计算结果是否超过了交通分区的开发强度（即交通分区的容量限制），模型中很少作了考虑。而对于新的规划区域，则需按照城市总体规划的规模与强度要求，进行出行生成的预测。

（4）没有考虑设施供应（即出行阻抗）对于出行生成的影响。经典的交通规划方法是在保持出行生成模型不变的基础上对分布和分配模型进行反复的迭代。这样的做法实质上隐含了一个假设：交通设施供给的服务水平对于出行的发生或吸引没有影响，也就是说，对于该区域而言，尽管交通设施的服务水平有了较大的提高也没有诱发新的客流，显然这是不合实际的。虽然对于刚性出行而言可能没有太多变化，但对于弹性出行来说这一点是至关重要的。由于城市轨道交通自身的高速、大运量及现代化手段特征，使得城市轨道交通的建设将会使得城市客运交通在空间上的服务能力变化较大。因此，作为城市轨道交通的交通生成预测来说，非常有必要纳入对于交通设施服务水平的描述。

复习思考题

1. 什么是交通生成预测？
2. 交通生成预测的方法有哪些？
3. 查找相关资料，分析我国不同土地利用出行生成率特点。

4. 交通生成预测中，未来年的人口、各类家庭数量、用地面积、就业岗位等数据如何得到？

5. 某地现状年人口数为 800 人，交通规划调查统计的现状日出行总次数为 2 064 次。已知未来年该地区预测人口为 1 000 人，试预测未来年该地区的日出行生成总量。

6. 某地在交通规划调查中，将区域内的家庭按机动车拥有量和收入进行分类，共划分为六种类型（见表 4-9），各类家庭的平均出行率分别为：a 类家庭，12 次/（户·日）；b 类家庭，10 次/（户·日）；c 类家庭，6 次/（户·日）；d 类家庭，9 次/（户·日）；e 类家庭，7 次/（户·日）；f 类家庭，5 次/（户·日）。

预测该区域未来年各类家庭分布如表 4-10 所示。试根据以上数据预测未来年各小区出行发生量。

表 4-9　家庭类型分布表

家庭类型	高收入	中收入	低收入
有机动车	a 类	b 类	c 类
无机动车	d 类	e 类	f 类

表 4-10　各类家庭分布表

小区	a 类家庭	b 类家庭	c 类家庭	d 类家庭	e 类家庭	f 类家庭
1	25	30	5	5	15	15
2	20	25	0	5	10	5
3	30	40	5	0	20	20

7. 依据现状 OD 调查统计出某规划市区的出行率，如表 4-11 和表 4-12 所示，又知未来市区土地使用增长情况如表 4-13 所示，试预测该市区的未来出行量。

表 4-11　现状不同家庭类别的出行发生率

家庭类别	拥有小汽车数			
	0	1	2	3
出行发生率/（次/户）	5.5	12.0	15.5	17.0

表 4-12　现状不同用地类型的出行吸引率

行业类别	基础工业	服务工业
出行发生率/（次/岗位）	2.324	1.810

表 4-13　未来各交通分区的家庭组成及工作岗位情况

分区	拥有不同小汽车的家庭数				工作岗位数	
	0	1	2	3	基础工业	服务工业
1	10	30	20	15	400	300
2	25	60	40	30	500	600
3	15	50	50	30	250	350

第五章 交通分布

第一节 概 述

交通分布（Trip Distribution）是交通需求四阶段预测中的第二阶段，是根据第一阶段交通生成预测获得的各交通分区的发生交通量和吸引交通量，进一步利用交通守恒原则和预测模型，求得各交通分区之间的分布交通量。图 5-1 表示交通分区 i 和交通分区 j 之间的交通分布的示意图，T_{ij} 表示由交通分区 i 到交通分区 j 的交通量，同样，T_{ji} 表示由交通分区 j 到交通分区 i 的交通量。交通分布预测实际上也就是研究交通分区 i 发生的 P_i 个交通量"到哪里去"，交通分区 j 吸引的 A_j 个交通量又是"从哪里来"。

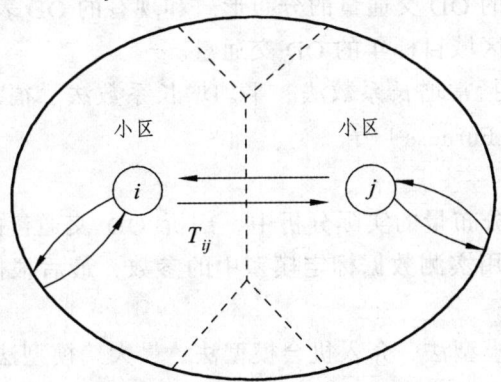

图 5-1 交通分布示意图

交通分布一般用出行 OD 矩阵来表示，O 表示出发地（Origin），D 表示目的地（Destination）。OD 矩阵通常是一个二维矩阵，一个交通分区数为 n 的区域的 OD 矩阵，一般采用如表 5-1 所示形式。

表 5-1 OD 矩阵的表示

O	D						发生交通量
	1	2	…	j	…	n	
1	T_{11}	T_{12}	…	T_{1j}	…	T_{1n}	P_1
2	T_{21}	T_{22}	…	T_{2j}	…	T_{2n}	P_2
⋮	⋮	⋮		⋮		⋮	⋮
i	T_{i1}	T_{i2}	…	T_{ij}	…	T_{in}	P_i
⋮	⋮	⋮		⋮		⋮	⋮
n	T_{n1}	T_{n2}	…	T_{nj}	…	T_{nn}	P_n
吸引交通量	A_1	A_2	…	A_j	…	A_n	T

表中，T_{ij} 表示以交通分区 i 为起点，交通分区 j 为终点的交通量；P_i 为交通分区 i 的发生交通量；A_j 为交通分区 j 的吸引交通量；T 为研究对象区域的生成交通量。

其中分布交通量 T_{ij} 与发生交通量 P_i、吸引交通量 A_j 之间满足如下守恒条件：

$$\sum_j T_{ij} = P_i \tag{5-1}$$

$$\sum_i T_{ij} = A_j \tag{5-2}$$

$$\sum_i \sum_j T_{ij} = \sum_i P_i = \sum_j A_j = T \tag{5-3}$$

交通分布预测要解决的问题是在目标年各交通分区的发生交通量和吸引交通量一定的条件下，求出各交通分区之间目标年的 OD 分布量，求的 OD 分布量是一个二维矩阵，也同样要满足式（5-1）、（5-2）和（5-3）的约束条件。

交通分布预测的方法总体上可以分为以下两类：

（1）增长系数法。

增长系数法假定将来的 OD 交通量的分布形式和现有的 OD 表的分布形式相同，在此假定的基础上预测研究对象区域目标年的 OD 交通量。

常用的增长系数法包括常增长系数法、平均增长系数法、福莱特法（Fratar）、底特律法（Detroit）、佛尼斯法（Furness）等。

（2）综合模型法。

综合模型法是从交通分布量的实际分析中，剖析 OD 交通量的分布规律，并将此规律用数学模型来表现，然后用实测数据标定模型中的参数，最后根据所标定的模型预测交通分布量。

综合模型法包括重力模型法、介入机会模型法、最大熵模型法等。同增长系数法相比，综合模型法的模型参数标定有一定难度，特别是介入机会模型法和最大熵模型法，在实际规划中不常使用。

下面就对交通分布预测的常用方法进行介绍。

第二节 增长系数法

增长系数法是一种比较简单的预测方法，它假定已有来自过去研究或者调查数据的现状出行分布矩阵，假设将来交通分区之间的出行分布模式与现状的出行分布模式一致，将来的出行分布量是在现状出行分布的基础上按照一定的增长系数增加。模型公式为

$$T_{ij}^f = T_{ij}^0 \cdot G_{ij} \tag{5-4}$$

式中　T_{ij}^f——从交通分区 i 到交通分区 j 将来的出行分布量；

　　　T_{ij}^0——从交通分区 i 到交通分区 j 现状的出行分布量；

　　　G_{ij}——交通分区 i 和交通分区 j 之间出行分布量的增长系数。

出行分布量的增长系数 G_{ij} 可以用发生量的增长系数 G_{pi} 与吸引量的增长系数 G_{aj} 的函数来表示，即

$$G_{ij} = f(G_{pi}, G_{aj}) \tag{5-5}$$

出行分布量的增长系数 G_{ij} 采用的计算方法不同，从而得到不同的增长系数法。增长系数法从最初的简单的常增长系数法逐步发展到相对比较完善的福莱特法和佛尼斯法，是一个逐渐改进的过程。它们的共同思路是采用一个反映交通分区发展的增长函数，依据现状出行分布矩阵推算未来年的出行分布矩阵。下面首先介绍增长系数法的共同基本思路，然后就不同的增长函数讨论各个具体的增长系数法。

用 T_{ij}^0 表示现状出行分布量，P_i^0、A_j^0 分别表示各交通分区现状的发生交通量和吸引交通量，用 T_{ij}^f 表示将来出行分布量，用 P_i^f、A_j^f 表示各交通分区将来的发生交通量和吸引交通量的预测值。

增长系数法进行交通分布预测的基本思路可以归纳为以下几步：

第 1 步：令迭代次数 $k=0$。

第 2 步：给定现状 OD 表中的出行分布量 T_{ij}^0、发生交通量 P_i^0、吸引交通量 A_j^0 以及将来 OD 表中的发生交通量 P_i^f、吸引交通量 A_j^f。

第 3 步：计算各交通分区发生交通量和吸引交通量的增长系数。

$$G_{pi}^k = \frac{P_i^f}{P_i^k}, \quad G_{aj}^k = \frac{A_j^f}{A_j^k} \tag{5-6}$$

第 4 步：根据式 $G_{ij}^k = f(G_{pi}^k, G_{aj}^k)$ 计算增长系数，计算第 $(k+1)$ 次预测值。

$$T_{ij}^{k+1} = T_{ij}^k \cdot f(G_{pi}^k, G_{aj}^k) \tag{5-7}$$

第 5 步：计算新的发生交通量和吸引交通量。

$$P_i^{k+1} = \sum_j T_{ij}^{k+1}, \quad A_j^{k+1} = \sum_i T_{ij}^{k+1} \tag{5-8}$$

第 6 步：收敛判别。

$$G_{pi}^{k+1} = \frac{P_i^f}{P_i^{k+1}}, \quad G_{aj}^{k+1} = \frac{A_j^f}{A_j^{k+1}} \tag{5-9}$$

在允许一定误差率（如 3%）的前提下，对所有的 i 和 j 考察：$G_{pi}^{k+1} \approx 1$，$G_{aj}^{k+1} \approx 1$ 是否成立，若成立，T_{ij}^{k+1} 即为所求，令 $T_{ij}^f = T_{ij}^{k+1}$，停止计算；否则进行下一步迭代，令 $k=k+1$，转至第 4 步继续。

一、常增长系数法

常增长系数法假定出行分布量 T_{ij}^f 的增长仅与交通分区 i 的发生交通量的增长率有关，或仅与交通分区 j 的吸引交通量的增长率有关，或仅与生成交通量的增长率有关，是一个

常量。增长函数为

$$G_{ij} = \frac{P_i^f}{P_i^0} \quad \text{或} \quad G_{ij} = \frac{A_j^f}{A_j^0} \quad \text{或} \quad G_{ij} = \frac{T^f}{T^0} \qquad (5\text{-}10)$$

【例题 5-1】某研究区域有 3 个交通分区，现状出行分布矩阵如表 5-2 所示，将来各交通分区的发生交通量与吸引交通量的预测值如表 5-3 所示，试用常增长系数法求解将来的出行分布交通量。设定收敛标准为 $\varepsilon = 3\%$。

表 5-2 现状 OD 表　　　　　　　　　　　　　　　　　　单位：万次

O	D			合计
	1	2	3	
1	4	2	2	8
2	3	5	4	12
3	2	3	3	8
合计	9	10	9	28

表 5-3 将来的发生交通量与吸引交通量的预测值　　　　　单位：万次

O	D			合计
	1	2	3	
1				20
2				20
3				25
合计	25	18	22	65

【解】（1）求各个交通分区发生交通量的增长系数。

$$G_{p1}^0 = \frac{P_1^f}{P_1^0} = \frac{20}{8} = 2.500$$

$$G_{p2}^0 = \frac{P_2^f}{P_2^0} = \frac{20}{12} = 1.667$$

$$G_{p3}^0 = \frac{P_3^f}{P_3^0} = \frac{25}{8} = 3.125$$

求出的结果如表 5-4 所示。

表 5-4 增长系数计算结果

O	D			P_i^0	P_i^f	G_{pi}^0
	1	2	3			
1	4	2	2	8	20	2.500
2	3	5	4	12	20	1.667
3	2	3	3	8	25	3.125
A_j^0	9	10	9	28		
A_j^f	25	18	22		65	

根据常增长系数法的基本原理，出行分布量的增长系数 G_{ij} 为

$$G_{ij} = G_{pi}^0$$

（2）以表 5-4 为基础，出行分布量各项均乘以对应的发生交通量的增长系数。

$$T_{11}^1 = T_{11}^0 \cdot G_{p1}^0 = 4 \times 2.500 = 10$$

$$T_{12}^1 = T_{12}^0 \cdot G_{p1}^0 = 2 \times 2.500 = 5$$

$$T_{13}^1 = T_{13}^0 \cdot G_{p1}^0 = 2 \times 2.500 = 5$$

同理可得第一次迭代计算结果如表 5-5 所示，计算各交通分区的发生交通量 P_i^1 和吸引交通量 A_j^1，其结果满足发生交通量的约束条件，故表 5-5 为所求的目标年的出行分布矩阵。

表 5-5 第一次迭代计算结果

O	D			P_i^1	P_i^f
	1	2	3		
1	10	5	5	20	20
2	5	8.34	6.67	20.01	20
3	6.25	9.38	9.38	25.01	25
A_j^1	21.25	22.72	21.05	65.02	
A_j^f	25	18	22		65

常增长系数法是一种最简单的预测方法，不需要迭代计算，但是由于该方法只考虑了将来的发生交通量、吸引交通量或生成交通量当中的某一个量的增长率对增长函数的影响，而忽视了其他变量对增长函数的影响，因此这种方法的预测精度不高。由于发生交通量和吸引交通量的不对称性，有时甚至不能保证交通分布的守恒约束条件。

二、平均增长系数法

平均增长系数法假设交通分区 i、j 间的分布交通量 T_{ij} 的增长系数与交通分区 i 发生交通量的增长系数及交通分区 j 吸引交通量的增长系数有关，是交通分区 i 发生交通量增长系数和交通分区 j 吸引交通量增长系数的平均值，即

$$G_{ij} = \frac{1}{2}(G_{pi} + G_{aj}) \tag{5-11}$$

将来的出行分布量为

$$T_{ij}^f = T_{ij}^0 G_{ij} = \frac{1}{2}T_{ij}^0(G_{pi} + G_{aj}) \tag{5-12}$$

【例题 5-2】试用例题 5-1 给出的现状出行分布矩阵（见表 5-2）、将来各交通分区的发生交通量与吸引交通量的预测值（见表 5-3），用平均增长系数法求解将来的出行分布交通量。设定收敛标准为 $\varepsilon = 3\%$。

【解】（1）计算发生交通量增长系数 G_{pi}^0 和吸引交通量增长系数 G_{aj}^0。

$$G_{p1}^0 = \frac{P_1^f}{P_1^0} = \frac{20}{8} = 2.500$$

$$G_{p2}^0 = \frac{P_2^f}{P_2^0} = \frac{20}{12} = 1.667$$

$$G_{p3}^0 = \frac{P_3^f}{P_3^0} = \frac{25}{8} = 3.125$$

$$G_{a1}^0 = \frac{A_1^f}{A_1^0} = \frac{25}{9} = 2.778$$

$$G_{a2}^0 = \frac{A_2^f}{A_2^0} = \frac{18}{10} = 1.800$$

$$G_{a3}^0 = \frac{A_3^f}{A_3^0} = \frac{22}{9} = 2.444$$

求出结果如表 5-6 所示。

表 5-6 增长系数计算结果

O	D			P_i^0	P_i^f	G_{pi}^0
	1	2	3			
1	4	2	2	8	20	2.500
2	3	5	4	12	20	1.667
3	2	3	3	8	25	3.125
A_j^0	9	10	9	28		
A_j^f	25	18	22		65	
G_{aj}^0	2.778	1.800	2.444			

（2）第一次迭代计算。

计算出行分布量 T_{ij}^1：

$$T_{ij}^1 = \frac{1}{2} T_{ij}^0 (G_{pi}^0 + G_{aj}^0)$$

$$T_{11}^1 = \frac{1}{2} T_{11}^0 (G_{p1}^0 + G_{a1}^0) = \frac{1}{2} \times 4 \times (2.500 + 2.778) = 10.56$$

$$T_{12}^1 = \frac{1}{2} T_{12}^0 (G_{p1}^0 + G_{a2}^0) = \frac{1}{2} \times 2 \times (2.500 + 1.800) = 4.30$$

$$T_{13}^1 = \frac{1}{2} T_{13}^0 (G_{p1}^0 + G_{a3}^0) = \frac{1}{2} \times 2 \times (2.500 + 2.444) = 4.94$$

$$T_{21}^1 = \frac{1}{2} T_{21}^0 (G_{p2}^0 + G_{a1}^0) = \frac{1}{2} \times 3 \times (1.667 + 2.778) = 6.67$$

$$T_{22}^1 = \frac{1}{2}T_{22}^0(G_{p2}^0 + G_{a2}^0) = \frac{1}{2} \times 5 \times (1.667 + 1.800) = 8.67$$

$$T_{23}^1 = \frac{1}{2}T_{23}^0(G_{p2}^0 + G_{a3}^0) = \frac{1}{2} \times 4 \times (1.667 + 2.444) = 8.22$$

$$T_{31}^1 = \frac{1}{2}T_{31}^0(G_{p3}^0 + G_{a1}^0) = \frac{1}{2} \times 2 \times (3.125 + 2.778) = 5.90$$

$$T_{32}^1 = \frac{1}{2}T_{32}^0(G_{p3}^0 + G_{a2}^0) = \frac{1}{2} \times 3 \times (3.125 + 1.800) = 7.39$$

$$T_{33}^1 = \frac{1}{2}T_{33}^0(G_{p3}^0 + G_{a3}^0) = \frac{1}{2} \times 3 \times (3.125 + 2.444) = 8.35$$

计算各交通分区的发生交通量 P_i^1 和吸引交通量 A_j^1：

$$P_i^1 = \sum_j T_{ij}^1, \quad A_j^1 = \sum_i T_{ij}^1$$

$$P_1^1 = \sum_j T_{1j}^1 = T_{11}^1 + T_{12}^1 + T_{13}^1 = 10.56 + 4.30 + 4.94 = 19.80$$

$$P_2^1 = \sum_j T_{2j}^1 = T_{21}^1 + T_{22}^1 + T_{23}^1 = 6.67 + 8.67 + 8.22 = 23.56$$

$$P_3^1 = \sum_j T_{3j}^1 = T_{31}^1 + T_{32}^1 + T_{33}^1 = 5.90 + 7.39 + 8.35 = 21.64$$

$$A_1^1 = \sum_i T_{i1}^1 = T_{11}^1 + T_{21}^1 + T_{31}^1 = 10.56 + 6.67 + 5.90 = 23.13$$

$$A_2^1 = \sum_i T_{i2}^1 = T_{12}^1 + T_{22}^1 + T_{32}^1 = 4.30 + 8.67 + 7.39 = 20.36$$

$$A_3^1 = \sum_i T_{i3}^1 = T_{13}^1 + T_{23}^1 + T_{33}^1 = 4.94 + 8.22 + 8.35 = 21.51$$

计算后得到第一次迭代计算 OD 表如表 5-7 所示。

（3）重新计算发生交通量增长系数 G_{pi}^1 和吸引交通量增长系数 G_{aj}^1。

$$G_{p1}^1 = \frac{P_1^f}{P_1^1} = \frac{20}{19.80} = 1.010$$

$$G_{p2}^1 = \frac{P_2^f}{P_2^1} = \frac{20}{23.56} = 0.849$$

$$G_{p3}^1 = \frac{P_3^f}{P_3^1} = \frac{25}{21.64} = 1.155$$

其他同理可得，结果见表 5-7。

表 5-7 第一次迭代计算 OD 结果

O	D			P_i^1	P_i^f	G_{pi}^1
	1	2	3			
1	10.56	4.30	4.94	19.80	20	1.010
2	6.67	8.67	8.22	23.56	20	0.849
3	5.90	7.39	8.35	21.64	25	1.155
A_j^1	23.13	20.36	21.51	65		
A_j^f	25	18	22		65	
G_{aj}^1	1.081	0.884	1.022			

（4）收敛判定。

由于 G_{pi}^1 和 G_{aj}^1 部分系数大于 3%的误差，因此需要重新进行迭代计算。

（5）第二次迭代计算。

计算出行分布量 T_{ij}^2。

$$T_{ij}^2 = \frac{1}{2}T_{ij}^1(G_{pi}^1 + G_{aj}^1)$$

$$T_{11}^2 = \frac{1}{2}T_{11}^1(G_{p1}^1 + G_{a1}^1) = \frac{1}{2} \times 10.56 \times (1.01+1.081) = 11.04$$

$$T_{12}^2 = \frac{1}{2}T_{12}^1(G_{p1}^1 + G_{a2}^1) = \frac{1}{2} \times 4.3 \times (1.01+0.884) = 4.07$$

同理可得第二次迭代计算 OD 表如表 5-8 所示，并进一步计算各交通分区的发生交通量 P_i^2 和吸引交通量 A_j^2。

（6）重新计算发生交通量增长系数 G_{pi}^2 和吸引交通量增长系数 G_{aj}^2，结果见表 5-8。

表 5-8 第二次迭代计算 OD 结果

O	D			P_i^2	P_i^f	G_{pi}^2
	1	2	3			
1	11.04	4.07	5.02	20.13	20	0.996
2	6.44	7.51	7.69	21.64	20	0.924
3	6.60	7.53	9.09	23.22	25	1.077
A_j^2	24.08	19.11	21.8	64.99		
A_j^f	25	18	22		65	
G_{aj}^2	1.038	0.942	1.01			

（7）收敛判定。

由于 G_{pi}^2 和 G_{aj}^2 部分系数大于 3%的误差，因此需要重新进行迭代计算。

（8）第三次迭代计算：依次计算出行分布量 T_{ij}^3，各交通分区的发生交通量 P_i^3 和吸引交通量 A_j^3，发生交通量增长系数 G_{pi}^3 和吸引交通量增长系数 G_{aj}^3，计算后得到第三次迭代计算

OD 表如表 5-9 所示。

表 5-9 第三次迭代计算 OD 结果

O	D			P_i^3	P_i^f	G_{pi}^3
	1	2	3			
1	11.23	3.94	5.04	20.21	20	0.990
2	6.32	7.01	7.44	20.77	20	0.963
3	6.98	7.60	9.49	24.07	25	1.039
A_j^3	24.53	18.55	21.97	65.07		
A_j^f	25	18	22		65	
G_{aj}^3	1.019	0.970	1.001			

（9）直到第四次迭代，由于 G_{pi}^4 和 G_{aj}^4 的各项系数误差均小于 3%，因此不需要继续迭代。表 5-10 所示即为平均增长系数法所求的将来分布交通量。

表 5-10 第四次迭代计算 OD 结果

O	D			P_i^4	P_i^f	G_{pi}^4
	1	2	3			
1	11.28	3.86	5.02	20.16	20	0.992
2	6.26	6.77	7.31	20.34	20	0.983
3	7.18	7.65	9.68	24.51	25	1.020
A_j^4	24.72	18.28	22.01	65.01		
A_j^f	25	18	22		65	
G_{aj}^4	1.011	0.985	0.999			

可以看出，平均增长系数法的优点是公式简明，易于计算；其缺点是收敛速度慢，迭代次数多，计算精度低。

三、福莱特法

福莱特法（Fratar）假设交通分区 i、j 间的分布交通量 T_{ij} 的增长系数不仅与交通分区 i 的发生交通量增长系数和交通分区 j 的吸引交通量增长系数有关，还与整个对象区域的其他相关交通分区的增长系数有关，其他相关分区的出行增长起到阻挠 i、j 两个分区之间出行分布增长的作用，即将这两个交通分区之间的出行分布量吸引过去了。福来特法则是考虑了这种地区性阻挠因素的作用。

福来特法有两点基本假设：

（1）交通分区 i、j 间的分布交通量 T_{ij} 的增长系数与交通分区 i 发生交通量的增长系数、交通分区 j 吸引交通量的增长系数成正比。

（2）交通分区 i、j 间的分布交通量 T_{ij} 的增长系数与 i、j 两交通分区相关的地区性阻挠因素成反比。

于是，从起点分区 i 的角度分析，其等效的地区性平均发生量增长率为

$$b_{pi} = \frac{\sum_j T_{ij}^0 G_{aj}}{\sum_j T_{ij}^0} \tag{5-13}$$

将来的出行分布量为

$$T_{ij}^f(i) = T_{ij}^0 G_{pi} G_{aj} \frac{1}{\sum_j T_{ij}^0 G_{aj} / \sum_j T_{ij}^0} \tag{5-14}$$

从终点分区 j 的角度分析，其等效的地区性平均吸引量增长率为

$$b_{aj} = \frac{\sum_i T_{ij}^0 G_{pi}}{\sum_i T_{ij}^0} \tag{5-15}$$

将来的出行分布量为

$$T_{ij}^f(j) = T_{ij}^0 G_{pi} G_{aj} \frac{1}{\sum_i T_{ij}^0 G_{pi} / \sum_i T_{ij}^0} \tag{5-16}$$

令

$$L_{pi} = \frac{1}{\sum_j T_{ij}^0 G_{aj} / \sum_j T_{ij}^0} = \frac{P_i^0}{\sum_j T_{ij}^0 G_{aj}} \tag{5-17}$$

$$L_{aj} = \frac{1}{\sum_i T_{ij}^0 G_{pi} / \sum_i T_{ij}^0} = \frac{A_j^0}{\sum_i T_{ij}^0 G_{pi}} \tag{5-18}$$

式中 L_{pi}——起点分区 i 的地区性阻挠系数；

L_{aj}——终点分区 j 的地区性阻挠系数。

综合以上两种情况取平均值，得到将来的出行分布量为

$$T_{ij}^f = \frac{1}{2} T_{ij}^0 G_{pi} G_{aj}(L_{pi} + L_{aj}) \tag{5-19}$$

$$G_{ij} = \frac{1}{2} G_{pi} G_{aj}(L_{pi} + L_{aj}) \tag{5-20}$$

【例题 5-3】试用福莱特法，求解例题 5-1 中将来的出行分布交通量。设定收敛标准为 $\varepsilon = 3\%$。

【解】（1）计算发生交通量增长系数 G_{pi}^0 和吸引交通量增长系数 G_{aj}^0。

$$G_{p1}^0 = \frac{P_1^f}{P_1^0} = \frac{20}{8} = 2.500$$

$$G_{p2}^0 = \frac{P_2^f}{P_2^0} = \frac{20}{12} = 1.667$$

$$G_{p3}^0 = \frac{P_3^f}{P_3^0} = \frac{25}{8} = 3.125$$

$$G_{a1}^0 = \frac{A_1^f}{A_1^0} = \frac{25}{9} = 2.778$$

$$G_{a2}^0 = \frac{A_2^f}{A_2^0} = \frac{18}{10} = 1.800$$

$$G_{a3}^0 = \frac{A_3^f}{A_3^0} = \frac{22}{9} = 2.444$$

求出结果如表 5-11 所示。

（2）计算起点分区地区性阻挠系数 L_{pi}^0 和终点分区地区性阻挠系数 L_{aj}^0。

$$L_{p1}^0 = \frac{P_1^0}{\sum_j T_{1j}^0 G_{aj}} = \frac{8}{4 \times 2.778 + 2 \times 1.8 + 2 \times 2.444} = 0.408$$

$$L_{p2}^0 = \frac{P_2^0}{\sum_j T_{2j}^0 G_{aj}} = \frac{12}{3 \times 2.778 + 5 \times 1.8 + 4 \times 2.444} = 0.443$$

$$L_{p3}^0 = \frac{P_3^0}{\sum_j T_{3j}^0 G_{aj}} = \frac{8}{2 \times 2.778 + 3 \times 1.8 + 3 \times 2.444} = 0.437$$

$$L_{a1}^0 = \frac{A_1^0}{\sum_i T_{i1}^0 G_{pi}} = \frac{9}{4 \times 2.5 + 3 \times 1.667 + 2 \times 3.125} = 0.424$$

$$L_{a2}^0 = \frac{A_2^0}{\sum_i T_{i2}^0 G_{pi}} = \frac{10}{2 \times 2.5 + 5 \times 1.667 + 3 \times 3.125} = 0.440$$

$$L_{a3}^0 = \frac{A_3^0}{\sum_i T_{i3}^0 G_{pi}} = \frac{9}{2 \times 2.5 + 4 \times 1.667 + 3 \times 3.125} = 0.428$$

求出结果如表 5-11 所示。

表 5-11 增长系数的地区性阻挠系数计算结果

O	D			P_i^0	P_i^f	G_{pi}^0	L_{pi}^0
	1	2	3				
1	4	2	2	8	20	2.500	0.408
2	3	5	4	12	20	1.667	0.443
3	2	3	3	8	25	3.125	0.437
A_j^0	9	10	9	28			
A_j^f	25	18	22		65		
G_{aj}^0	2.778	1.800	2.444				
L_{aj}^0	0.424	0.440	0.428				

（3）第一次迭代计算。

计算出行分布量 T_{ij}^1：

$$T_{11}^1 = \frac{T_{11}^0 G_{p1}^0 G_{a1}^0 (L_{p1}^0 + L_{a1}^0)}{2} = \frac{4 \times 2.500 \times 2.778 \times (0.408 + 0.424)}{2} = 11.56$$

$$T_{12}^1 = \frac{T_{12}^0 G_{p1}^0 G_{a2}^0 (L_{p1}^0 + L_{a2}^0)}{2} = \frac{2 \times 2.500 \times 1.800 \times (0.408 + 0.440)}{2} = 3.82$$

$$T_{13}^1 = \frac{T_{13}^0 G_{p1}^0 G_{a3}^0 (L_{p1}^0 + L_{a3}^0)}{2} = \frac{2 \times 2.500 \times 2.444 \times (0.408 + 0.428)}{2} = 5.11$$

$$T_{21}^1 = \frac{T_{21}^0 G_{p2}^0 G_{a1}^0 (L_{p2}^0 + L_{a1}^0)}{2} = \frac{3 \times 1.667 \times 2.778 \times (0.443 + 0.424)}{2} = 6.02$$

$$T_{22}^1 = \frac{T_{22}^0 G_{p2}^0 G_{a2}^0 (L_{p2}^0 + L_{a2}^0)}{2} = \frac{5 \times 1.667 \times 1.800 \times (0.443 + 0.440)}{2} = 6.62$$

$$T_{23}^1 = \frac{T_{23}^0 G_{p2}^0 G_{a3}^0 (L_{p2}^0 + L_{a3}^0)}{2} = \frac{4 \times 1.667 \times 2.444 \times (0.443 + 0.428)}{2} = 7.10$$

$$T_{31}^1 = \frac{T_{31}^0 G_{p3}^0 G_{a1}^0 (L_{p3}^0 + L_{a1}^0)}{2} = \frac{2 \times 3.125 \times 2.778 \times (0.437 + 0.424)}{2} = 7.47$$

$$T_{32}^1 = \frac{T_{32}^0 G_{p3}^0 G_{a2}^0 (L_{p3}^0 + L_{a2}^0)}{2} = \frac{3 \times 3.125 \times 1.800 \times (0.437 + 0.440)}{2} = 7.40$$

$$T_{33}^1 = \frac{T_{33}^0 G_{p3}^0 G_{a3}^0 (L_{p3}^0 + L_{a3}^0)}{2} = \frac{3 \times 3.125 \times 2.444 \times (0.437 + 0.428)}{2} = 9.91$$

进一步计算各交通分区的发生交通量 P_i^1 和吸引交通量 A_j^1，计算后得到的第一次迭代计算 OD 表如表 5-12 所示。

（4）重新计算发生交通量增长系数 G_{pi}^1 和吸引交通量增长系数 G_{aj}^1。

$$G_{p1}^1 = \frac{P_1^f}{P_1^1} = \frac{20}{20.49} = 0.976$$

$$G_{p2}^1 = \frac{P_2^f}{P_2^1} = \frac{20}{19.74} = 1.013$$

$$G_{p3}^1 = \frac{P_3^f}{P_3^1} = \frac{25}{24.78} = 1.009$$

其他同理可得，结果见表 5-12。

表 5-12　第一次迭代计算 OD 结果

O	D			P_i^1	P_i^f	G_{pi}^1	L_{pi}^1
	1	2	3				
1	11.56	3.82	5.11	20.49	20	0.976	
2	6.02	6.62	7.10	19.74	20	1.013	
3	7.47	7.40	9.91	24.78	25	1.009	
A_j^1	25.05	17.84	22.12	65.01			
A_j^f	25	18	22		65		
G_{aj}^1	0.998	1.009	0.995				
L_{aj}^1							

（5）收敛判别。

由于 G_{pi}^1 和 G_{aj}^1 的误差均在 3%之内，因此不需要继续迭代计算。表 5-12 即为福莱特法所求将来分布交通量。

可以看出，福莱特法和平均增长系数法相比收敛速度更快，在满足相同的精度条件下迭代次数也少，因此在实际工作中得到广泛应用。但计算过程复杂，一般通过计算机编程实现，或通过专门的交通规划软件进行计算。

四、底特律法

底特律法（Detroit）进一步假设，任意两个交通分区之间出行分布量增长的阻挠因素不光是地区性的，还是普遍性的，即阻挠作用或者吸引作用存在于其他所有交通分区之中。即该方法假设交通分区 i、j 间的分布交通量 T_{ij} 的增长系数与交通分区 i 的发生交通量增长系数和交通分区 j 的吸引交通量增长系数之积成正比，与对象区域生成交通量的增长系数成反比，即

$$G_{ij} = G_{pi} G_{aj} / \bar{G} \tag{5-21}$$

$$\bar{G} = \frac{\sum_i P_i^f}{\sum_i P_i^0} = \frac{\sum_j A_j^f}{\sum_j A_j^0} = \frac{T^f}{T^0} \tag{5-22}$$

将来的出行分布量为

$$T_{ij}^f = T_{ij}^0 G_{pi} G_{aj} / \bar{G} \tag{5-23}$$

【例题 5-4】试用底特律法，求解例题 5-1 中将来出行分布交通量。设定收敛标准为 $\varepsilon = 3\%$。

【解】（1）计算发生交通量增长系数 G_{pi}^0 和吸引交通量增长系数 G_{aj}^0。

$$G_{p1}^0 = \frac{P_1^f}{P_1^0} = \frac{20}{8} = 2.500$$

$$G_{p2}^0 = \frac{P_2^f}{P_2^0} = \frac{20}{12} = 1.667$$

$$G_{p3}^0 = \frac{P_3^f}{P_3^0} = \frac{25}{8} = 3.125$$

$$G_{a1}^0 = \frac{A_1^f}{A_1^0} = \frac{25}{9} = 2.778$$

$$G_{a2}^0 = \frac{A_2^f}{A_2^0} = \frac{18}{10} = 1.800$$

$$G_{a3}^0 = \frac{A_3^f}{A_3^0} = \frac{22}{9} = 2.444$$

求出结果如表 5-13 所示。

（2）计算生成交通量增长系数 $\bar{G}^0$。

$$\overline{G}^0 = \frac{\sum_i P_i^f}{\sum_i P_i^0} = \frac{20+20+25}{8+12+8} = 2.321$$

求出结果如表 5-13 所示。

表 5-13 增长系数计算结果

O	D			P_i^0	P_i^f	G_{pi}^0
	1	2	3			
	4	2	2	8	20	2.500
2	3	5	4	12	20	1.667
3	2	3	3	8	25	3.125
A_j^0	9	10	9	28		
A_j^f	25	18	22		65	
G_{aj}^0	2.778	1.800	2.444			$\overline{G}^0 = 2.321$

（3）第一次迭代计算。

计算出行分布量 T_{ij}^1：

$$T_{11}^1 = \frac{T_{11}^0 G_{p1}^0 G_{a1}^0}{\overline{G}^0} = \frac{4 \times 2.500 \times 2.778}{2.321} = 11.969$$

$$T_{12}^1 = \frac{T_{12}^0 G_{p1}^0 G_{a2}^0}{\overline{G}^0} = \frac{2 \times 2.500 \times 1.800}{2.321} = 3.878$$

$$T_{13}^1 = \frac{T_{13}^0 G_{p1}^0 G_{a3}^0}{\overline{G}^0} = \frac{2 \times 2.500 \times 2.444}{2.321} = 5.265$$

$$T_{21}^1 = \frac{T_{21}^0 G_{p2}^0 G_{a1}^0}{\overline{G}^0} = \frac{3 \times 1.667 \times 2.778}{2.321} = 5.986$$

$$T_{22}^1 = \frac{T_{22}^0 G_{p2}^0 G_{a2}^0}{\overline{G}^0} = \frac{5 \times 1.667 \times 1.800}{2.321} = 6.464$$

$$T_{23}^1 = \frac{T_{23}^0 G_{p2}^0 G_{a3}^0}{\overline{G}^0} = \frac{4 \times 1.667 \times 2.444}{2.321} = 7.021$$

$$T_{31}^1 = \frac{T_{31}^0 G_{p3}^0 G_{a1}^0}{\overline{G}^0} = \frac{2 \times 3.125 \times 2.778}{2.321} = 7.481$$

$$T_{32}^1 = \frac{T_{32}^0 G_{p3}^0 G_{a2}^0}{\overline{G}^0} = \frac{3 \times 3.125 \times 1.800}{2.321} = 7.271$$

$$T_{33}^1 = \frac{T_{33}^0 G_{p3}^0 G_{a3}^0}{\overline{G}^0} = \frac{3 \times 3.125 \times 2.444}{2.321} = 9.872$$

进一步计算各交通分区的发生交通量 P_i^1 和吸引交通量 A_j^1，计算后得到的第一次迭代计算 OD 表如表 5-14 所示。

（4）重新计算发生交通量增长系数 G_{pi}^1、吸引交通量增长系数 G_{aj}^1，结果见表 5-14。

（5）重新计算生成交通量增长系数 $\bar{G}^1$，结果见表 5-14。

表 5-14　第一次迭代计算 OD 结果

O	D			P_i^1	P_i^f	G_{pi}^1
	1	2	3			
1	11.969	3.878	5.265	21.112	20	0.947
2	5.986	6.464	7.021	19.471	20	1.027
3	7.481	7.271	9.872	24.624	25	1.015
A_j^1	25.436	17.613	22.158	65.207		
A_j^f	25	18	22		65	
G_{aj}^1	0.983	1.022	0.993			$\bar{G}^1=0.997$

（6）收敛判别。

由于 G_{pi}^1 和 G_{aj}^1 的误差均大于 3%，因此需要继续迭代。

（7）第二次迭代计算。

$$T_{11}^2 = \frac{T_{11}^1 G_{p1}^1 G_{a1}^1}{\bar{G}^1} = \frac{11.969 \times 0.947 \times 0.983}{0.997} = 11.175$$

$$T_{12}^2 = \frac{T_{12}^1 G_{p1}^1 G_{a2}^1}{\bar{G}^1} = \frac{3.878 \times 0.947 \times 1.022}{0.997} = 3.765$$

$$T_{13}^2 = \frac{T_{13}^1 G_{p1}^1 G_{a3}^1}{\bar{G}^1} = \frac{5.265 \times 0.947 \times 0.993}{0.997} = 4.966$$

同理可得第二次迭代计算 OD 表如表 5-15 所示，进一步计算得出各交通分区的发生交通量 P_i^2 和吸引交通量 A_j^2。

（8）重新计算发生交通量增长系数 G_{pi}^2、吸引交通量增长系数 G_{aj}^2，结果见表 5-15。

（9）重新计算生成交通量增长系数 $\bar{G}^2$，结果见表 5-15。

表 5-15　第二次迭代计算 OD 结果

O	D			P_i^2	P_i^f	G_{pi}^2
	1	2	3			
1	11.175	3.765	4.966	19.906	20	1.005
2	6.061	6.805	7.182	20.048	20	0.998
3	7.487	7.565	9.980	25.032	25	0.999
A_j^2	24.723	18.135	22.128	64.986		
A_j^f	25	18	22		65	
G_{aj}^2	1.011	0.993	0.994			$\bar{G}^2=1.000$

（10）收敛判别。

由于 G_{pi}^2 和 G_{aj}^2 各项系数误差均小于 3%，因此不需要继续迭代。因此表 5-15 即为底特律法所求将来分布交通量。

可以看出，底特律法考虑的因素和平均增长系数法相比更加全面，但同样存在收敛速度慢，需要多次迭代才能求得将来的分布交通量。

五、佛尼斯法

佛尼斯法（Furness）是一种矩阵平衡迭代模型，假设交通分区 i、j 间的分布交通量 T_{ij} 的增长系数与交通分区 i 的发生交通量增长系数和交通分区 j 的吸引交通量增长系数都相关，先使起点分区所产生的交通量取得平衡，随之使终点分区所吸引的交通量再取得平衡，依次循环。模型公式为

$$G_{ij} = G_{pi} \tag{5-24}$$

$$T_{ij}^f = T_{ij}^0 G_{pi} \tag{5-25}$$

或

$$G_{ij} = G_{aj} \tag{5-26}$$

$$T_{ij}^f = T_{ij}^0 G_{aj} \tag{5-27}$$

模型的计算过程如下：首先令所有吸引交通量的增长系数为 1，求出满足条件的发生交通量的增长系数，利用式（5-25）计算出行分布矩阵；接着再用调整后的分布交通量重新求出满足条件的吸引交通量增长系数，利用式（5-27）计算出行分布矩阵，完成一个循环迭代过程；然后重新计算发生交通量的增长系数，再用调整后的分布交通量求出吸引交通量增长系数，经过多次循环，直到发生和吸引交通量的增长系数均满足设定的收敛标准为止。

【例题 5-5】试用佛尼斯法，求解例题 5-1 中将来的出行分布交通量。设定收敛标准为 $\varepsilon = 3\%$。

【解】（1）进行第一次迭代，令所有 $G_{aj} = 1$，求满足约束条件的发生交通量增长系数。

$$G_{p1}^0 = \frac{P_1^f}{P_1^0} = \frac{20}{8} = 2.500$$

$$G_{p2}^0 = \frac{P_2^f}{P_2^0} = \frac{20}{12} = 1.667$$

$$G_{p3}^0 = \frac{P_3^f}{P_3^0} = \frac{25}{8} = 3.125$$

由于不满足收敛判定标准，用原分布交通量分别乘以发生交通量的增长系数，得到新的分布交通量和吸引交通量，计算后得到的第一次迭代计算 OD 表如表 5-16 所示。

表 5-16 第一次迭代计算 OD 结果

O	D			P_i^1
	1	2	3	
1	10	5	5	20
2	5	8.33	6.67	20
3	6.25	9.38	9.38	25
A_j^1	21.25	22.71	21.05	65

（2）以表 5-16 为基础，求出吸引交通量的增长系数。

$$G_{a1}^1 = \frac{A_1^f}{A_1^1} = \frac{25}{21.25} = 1.176$$

$$G_{a2}^1 = \frac{A_2^f}{A_2^1} = \frac{18}{22.71} = 0.793$$

$$G_{a3}^1 = \frac{A_3^f}{A_3^1} = \frac{22}{21.05} = 1.046$$

由于不满足收敛判定标准，用表 5-16 所示的分布交通量分别乘以吸引交通量的增长系数，得到新的分布交通量和发生交通量，计算后得到的第二次迭代计算 OD 表如表 5-17 所示。

表 5-17 第二次迭代计算 OD 结果

O	D			P_i^2
	1	2	3	
1	11.76	3.96	5.23	20.96
2	5.88	6.61	6.97	19.46
3	7.35	7.43	9.80	24.58
A_j^2	24.99	18	22	65

（3）以表 5-17 为基础，求发生交通量的增长系数。

$$G_{p1}^2 = \frac{P_1^f}{P_1^2} = \frac{20}{20.96} = 0.954$$

$$G_{p2}^2 = \frac{P_2^f}{P_2^2} = \frac{20}{19.46} = 1.028$$

$$G_{p3}^2 = \frac{P_3^f}{P_3^2} = \frac{25}{24.58} = 1.017$$

由于不满足收敛判定标准，用表 5-17 所示的分布交通量分别乘以发生交通量的增长系数，得到新的分布交通量和吸引交通量，计算后得到的第三次迭代计算 OD 表如表 5-18 所示。

表 5-18 第三次迭代计算 OD 结果

O	D			P_i^3
	1	2	3	
1	11.23	3.78	4.99	20
2	6.05	6.79	7.16	20
3	7.48	7.56	9.97	25
A_j^3	24.76	18.13	22.12	65.01

（4）以表 5-18 为基础，求吸引交通量增长系数。

$$G_{a1}^3 = \frac{A_1^f}{A_1^3} = \frac{25}{24.76} = 1.010$$

$$G_{a2}^3 = \frac{A_2^f}{A_2^3} = \frac{18}{18.13} = 0.993$$

$$G_{a3}^3 = \frac{A_3^f}{A_3^3} = \frac{22}{22.12} = 0.995$$

根据判定标准，第三次迭代结束后，发生交通量增长系数与吸引交通量增长系数均满足设定的收敛标准 3%，停止迭代，表 5-18 即为所求的将来分布交通量。

通过上述计算过程可以看出，佛尼斯法计算相对简单，收敛速度更快，也适合编程获得预测结果。

六、小 结

通过上述分析，我们可以总结增长系数法的主要特点如下。

（一）优 点

（1）算法结构简单、实用，易于理解。

（2）计算量小，不需要考虑交通分区之间的阻抗（如距离和出行费用等）对分布的影响等。

（二）缺 点

（1）对现有数据要求高，如要求必须有完整现状 OD 表。

（2）交通小区之间的分布交通量值较小时，存在如下问题：若交通分区之间的现状分布交通量为零，那么将来预测值也为零。另外，对于现状 OD 表中可靠性较低的 OD 交通量，将来的预测误差也将被扩大。

（3）需要额外的校核过程。因为预测结果常常因选择的增长系数法的不同而存在差异，所以在最终确定计算方法时，需要先利用过去的 OD 表预测现状 OD 表，比较预测精度。

（4）将来分布交通量仅用一个增长系数表示，从算法解释的角度上来看其缺乏合理性。

因此，增长系数法适用于发展已经相对成熟、土地利用变化较小的对象区域。当规划地区发生较大规模变化时,该方法不适用。较大规模变化包括:将来交通分区划分发生变化(如出现了新开发区);将来交通分区之间的出行费用发生较大变化(如由于新的交通系统的建设而导致的出行时间缩短);将来的土地使用用途发生较大变化等。

第三节　重力模型法

重力模型法(Gravity Model)是交通分布预测中最常用的模型。该模型是通过模拟物理学中的牛顿万有引力定律而得到的,即两物体间的万有引力与两物体的质量之积成正比,与两物体之间距离的平方成反比。重力模型法将交通分区类比为物体,将交通分区的发生交通量和吸引交通量类比为物体的质量,将两个交通分区之间的出行距离或出行时间(即交通阻抗)类比为两物体的距离,将交通分区之间的出行分布量类比为两个物体之间的万有引力。其基本假定是:交通分区 i 到交通分区 j 的交通分布量与交通分区 i 的发生交通量、交通分区 j 的吸引交通量成正比,与交通分区 i、j 之间的交通阻抗的平方成反比。

重力模型法引入了交通阻抗的因素,能综合考虑空间阻抗因素和地区增长特性对于将来出行分布量的影响,一定程度上克服了增长系数法的缺点。

重力模型法有三种不同的模型形式:无约束重力模型、单约束重力模型和双约束重力模型。

一、无约束重力模型

(一)模型形式

Casey 于 1955 年提出了如下重力模型,该模型也是最早出现的重力模型。

$$T_{ij} = K \frac{P_i A_j}{t_{ij}^2} \tag{5-28}$$

式中　T_{ij}——从交通分区 i 到交通分区 j 的出行分布量;

P_i——交通分区 i 的发生交通量;

A_j——交通分区 j 的吸引交通量;

t_{ij}——交通分区 i、j 之间的交通阻抗;

K——平衡系数。

这里,交通阻抗是城市交通网络模型构建中的重要概念,它能够很好地反映道路交通网络运行的顺畅程度,直接影响人们对于出行的目的地、出行方式、路径等的选择。交通阻抗可以用出行时间或者出行距离来表示,也可以是出行时间、距离、费用、油耗等几种因素的综合,但在大多数情况下,为了简便起见,通常用出行时间或出行距离作为交通阻抗。

由于该重力模型本身不满足交通量守恒约束条件,即

$$\sum_j T_{ij} = KP_i \sum_j A_j / t_{ij}^2 \neq P_i \tag{5-29}$$

$$\sum_i T_{ij} = KA_j \sum_i P_i/t_{ij}^2 \neq A_j \tag{5-30}$$

因此该重力模型被称为无约束重力模型。

由于该模型在形式上太拘泥于万有引力公式，在实际应用中也被发现有较大的误差。后人将它写成更一般的形式：

$$T_{ij} = K \frac{P_i^\alpha A_j^\beta}{f(t_{ij})} \tag{5-31}$$

式中　$f(t_{ij})$——交通阻抗函数；
　　　α、β——系数。

常见的交通阻抗函数的形式有：

幂函数：　$f(t_{ij}) = t_{ij}^\gamma$ （5-32）

指数函数：　$f(t_{ij}) = e^{\gamma \cdot t_{ij}}$ （5-33）

组合函数：　$f(t_{ij}) = t_{ij}^\lambda \cdot e^{\gamma \cdot t_{ij}}$ （5-34）

式中　λ、γ——系数。

究竟采用哪种类型的阻抗函数要视具体情况而定，由于幂函数的形式最为简单，也是最常用的阻抗函数。若采用幂函数，则无约束重力模型的形式为

$$T_{ij} = K \frac{P_i^\alpha A_j^\beta}{t_{ij}^\gamma} \tag{5-35}$$

上述模型中，α、β、γ、K 是待定系数，为简化模型的标定，根据经验事先对 α、β 进行取值，假定 $\alpha = \beta$，或者假定 α、β 为 0.5~1 的某个值，多数情况下可取 $\alpha = \beta = 1$，在保证模型精度的前提下可减少待定系数的个数。

（二）参数标定

利用历史的或者现状的出行数据确定模型中待定系数的过程，被称为参数标定。

模型（5-35）中的参数标定问题，可以两边取自然对数，采用线性回归的方法进行标定。模型（5-35）两边取自然对数，得

$$\ln T_{ij} = \ln K + \alpha \ln P_i + \beta \ln A_j - \gamma \ln t_{ij} \tag{5-36}$$

令 $Y = \ln T_{ij}$，$X_1 = \ln P_i$，$X_2 = \ln A_j$，$X_3 = \ln T_{ij}$，$a_0 = \ln K$，$a_1 = \alpha$，$a_2 = \beta$，$a_3 = -\gamma$，则将原问题转化为多元线性回归问题：

$$Y = a_0 + a_1 X_1 + a_2 X_2 + a_3 X_3 \tag{5-37}$$

根据现状调查数据中各个交通分区的数据（P_i，A_j，t_{ij}，T_{ij}）可获得（X_1，X_2，X_3，Y）的若干样本，从而得到参数 a_0，a_1，a_2，a_3 的值，进而得到

$$K = e^{a_0}, \quad \alpha = a_1, \quad \beta = a_2, \quad \gamma = -a_3 \tag{5-38}$$

至此完成无约束重力模型的参数标定。

如果预先假设 $\alpha = \beta$，问题就简化成了

$$T_{ij} = K \frac{(P_i A_j)^\beta}{t_{ij}^\gamma} \tag{5-39}$$

待标定的参数减少为3个，只需用二元线性回归的方法就能标定参数 K、β 和 γ 了。

如果预先假设 $\alpha = \beta = 1$，问题就简化成了

$$T_{ij} = K \frac{P_i A_j}{t_{ij}^\gamma} \tag{5-40}$$

待标定的参数减少为2个，这里只需用一元线性回归的方法就能标定参数 γ 和 K 了。

（三）预测过程

利用无约束重力模型进行交通分布预测通常包含以下三个步骤：

（1）模型标定：根据假定的无约束重力模型的形式，利用现状出行数据，以及各交通分区之间的交通阻抗，标定模型中的所有参数。

（2）模型预测：利用建立的模型，根据交通生成预测得出的将来各交通分区的发生交通量和吸引交通量，以及将来各交通分区之间的交通阻抗，预测将来各交通分区之间的出行分布量。

（3）守恒计算：由于无约束重力模型不满足交通量守恒约束条件，因此需要对无约束重力模型预测得到的未来出行分布量进行守恒计算，通常采用增长系数法。

【例题 5-6】按例题 5-1 给出的现状出行分布矩阵（见表 5-2）、将来各交通分区的发生交通量与吸引交通量的预测值（见表 5-3），以及表 5-19 和表 5-20 给出的现状和将来各交通分区之间的出行时间，试利用无约束重力模型进行预测，采用平均增长系数法进行守恒计算，求解将来的出行分布交通量。设定收敛标准为 $\varepsilon = 3\%$。

表 5-19 现状出行时间

t_{ij}	1	2	3
1	11.0	15.0	10.0
2	12.0	14.0	13.0
3	10.0	12.0	13.0

表 5-20 将来出行时间

t_{ij}	1	2	3
1	5.0	8.0	12.0
2	8.0	7.0	11.0
3	11.0	10.0	4.0

【解】（1）模型标定。

用式（5-41）的无约束重力模型，标定参数 K、β 和 γ：

$$T_{ij} = K \frac{(P_i A_j)^\beta}{t_{ij}^\gamma} \tag{5-41}$$

两边取对数，得

$$\ln T_{ij} = \ln K + \beta \ln(P_i A_j) - \gamma \ln t_{ij} \tag{5-42}$$

令 $y = \ln T_{ij}$，$x_1 = \ln(P_i A_j)$，$x_2 = \ln t_{ij}$，$a_0 = \ln K$，$a_1 = \beta$，$a_2 = -\gamma$，则将式（5-42）转换为

$$y = a_0 + a_1 x_1 + a_2 x_2 \tag{5-43}$$

此方程为二元线性回归方程，a_0，a_1，a_2 为待标定系数，通过表 5-2 和表 5-19 获取 9 个样本数据，如表 5-21 所示。

表 5-21　样本数据

样本点	T_{ij}	P_i	A_j	$P_i \cdot A_j$	t_{ij}	y	x_1	x_2
$i=1$，$j=1$	4	8	9	72	11	1.386 3	4.276 7	2.397 9
$i=1$，$j=2$	2	8	10	80	15	0.693 1	4.382 0	2.708 1
$i=1$，$j=3$	2	8	9	72	10	0.693 1	4.276 7	2.302 6
$i=2$，$j=1$	3	12	9	108	12	1.098 6	4.682 1	2.484 9
$i=2$，$j=2$	5	12	10	120	14	1.609 4	4.787 5	2.639 1
$i=2$，$j=3$	4	12	9	108	13	1.386 3	4.682 1	2.564 9
$i=3$，$j=1$	2	8	9	72	10	0.693 1	4.276 7	2.302 6
$i=3$，$j=2$	3	8	10	80	12	1.098 6	4.382 0	2.484 9
$i=3$，$j=3$	3	8	9	72	13	1.098 6	4.276 7	2.564 9

根据这 9 个样本数据，采用最小二乘法进行参数标定，得到

$$a_0 = -3.548\,0,\quad a_1 = 0.979\,4,\quad a_2 = 0.111\,0$$

则二元线性回归方程为

$$y = -3.548\,0 + 0.979\,4 x_1 + 0.111\,0 x_2$$

通过 $a_0 = \ln K$，$a_1 = \beta$，$a_2 = -\gamma$，可得 $K = 0.028\,8$，$\beta = 0.979\,4$，$\gamma = -0.111\,0$，即标定的重力模型如式（5-44）所示。

$$T_{ij} = 0.028\,8 \times \frac{(P_i A_j)^{0.979\,4}}{t_{ij}^{-0.111\,0}} \tag{5-44}$$

（2）模型预测。

利用已标定的重力模型，将表 5-3 给出的将来各交通分区的发生交通量与吸引交通量的

预测值以及表 5-20 给出的将来各交通分区之间的出行时间代入模型，得到初步预测的将来出行分布交通量如下：

$$T_{11} = \frac{0.0288 \times (20 \times 25)^{0.9794}}{5.0^{-0.1110}} = 15.148$$

$$T_{12} = \frac{0.0288 \times (20 \times 18)^{0.9794}}{8.0^{-0.1110}} = 11.569$$

$$T_{13} = \frac{0.0288 \times (20 \times 22)^{0.9794}}{12.0^{-0.1110}} = 14.729$$

$$T_{21} = \frac{0.0288 \times (20 \times 25)^{0.9794}}{8.0^{-0.1110}} = 15.959$$

$$T_{22} = \frac{0.0288 \times (20 \times 18)^{0.9794}}{7.0^{-0.1110}} = 11.398$$

$$T_{23} = \frac{0.0288 \times (20 \times 22)^{0.9794}}{11.0^{-0.1110}} = 14.588$$

$$T_{31} = \frac{0.0288 \times (25 \times 25)^{0.9794}}{11.0^{-0.1110}} = 20.572$$

$$T_{32} = \frac{0.0288 \times (25 \times 18)^{0.9794}}{10.0^{-0.1110}} = 14.755$$

$$T_{33} = \frac{0.0288 \times (25 \times 22)^{0.9794}}{4.0^{-0.1110}} = 16.223$$

计算后得到的无约束重力模型初步预测结果如表 5-22 所示。由于初步预测得到的各交通分区的发生交通量和吸引交通量与已知的发生交通量和吸引交通量的预测值有很大出入，不满足交通量守恒约束条件，故要采用增长系数法对初步预测结果进行调整。

表 5-22 无约束重力模型初步预测 OD 结果

O	D			合计
	1	2	3	
1	15.148	11.569	14.729	41.446
2	15.959	11.398	14.588	41.945
3	20.572	14.755	16.223	51.550
合计	51.679	37.722	45.540	134.941

（3）守恒计算。

这里采用平均增长系数法进行守恒计算。

根据初步预测得到的各交通分区的发生交通量和吸引交通量与已知的发生交通量和吸引交通量的预测值计算增长系数，结果如表 5-23 所示。

表 5-23 增长系数计算结果

O	D			$\tilde{P}_i^0$	P_i^f	G_{pi}^0
	1	2	3			
1	15.148	11.569	14.729	41.446	20	0.482 6
2	15.959	11.398	14.588	41.945	20	0.476 8
3	20.572	14.755	16.223	51.550	25	0.485 0
$\tilde{A}_j^0$	51.679	37.722	45.540	134.941		
A_j^f	25	18	22		65	
G_{aj}^0	0.483 8	0.477 2	0.483 1			

利用平均增长系数法的出行分布量计算公式，得到第一次迭代计算 OD 结果，如表 5-24 所示。

表 5-24 平均增长系数法第一次迭代计算 OD 结果

O	D			P_i^1	P_i^f	G_{pi}^1
	1	2	3			
1	7.319	5.551	7.112	19.982	20	1.000 9
2	7.665	5.437	7.001	20.103	20	0.994 9
3	9.957	3.578	3.934	17.469	25	1.431 1
A_j^1	24.941	14.566	18.047	57.554		
A_j^f	25	18	22		65	
G_{aj}^1	1.002 4	1.235 7	1.219 0			

由于第一次迭代计算 OD 结果不满足设定的收敛条件 $\varepsilon = 3\%$，因此还要继续进行迭代计算，经过 5 次迭代，得到的计算结果如表 5-25 所示，其满足设定的收敛条件，故停止迭代，表 5-25 所示即为将来的出行分布交通量预测结果。

表 5-25 平均增长系数法第五次迭代计算 OD 结果

O	D			P_i^5	P_i^f	G_{pi}^5
	1	2	3			
1	6.313	6.144	7.828	20.285	20	0.985 9
2	6.589	5.999	7.682	20.270	20	0.986 7
3	12.608	5.651	6.186	24.445	25	1.022 7
A_j^5	25.511	17.794	21.696	65.000		
A_j^f	25	18	22		65	
G_{aj}^5	0.980 0	1.011 6	1.014 0			

二、单约束重力模型

（一）模型形式

若重力模型满足交通量守恒约束条件的其中一个，则称为单约束重力模型。因此单约束重力模型可分为发生量平衡约束重力模型和吸引量平衡约束重力模型。

1. 发生量平衡约束重力模型

现在开始寻找满足发生量平衡约束的重力模型形式。该模型应满足：

$$T_{ij} = K \frac{P_i A_j}{f(t_{ij})} \tag{5-45}$$

$$\sum_j T_{ij} = P_i \tag{5-46}$$

将式（5-45）代入式（5-46），得

$$\sum_j T_{ij} = \sum_j K \frac{P_i A_j}{f(t_{ij})} = K P_i \sum_j \frac{A_j}{f(t_{ij})} = P_i \tag{5-47}$$

从而得

$$K = \frac{1}{\sum_j A_j / f(t_{ij})} \tag{5-48}$$

则发生量平衡约束重力模型形式为

$$T_{ij} = P_i \frac{A_j / f(t_{ij})}{\sum_j A_j / f(t_{ij})} \tag{5-49}$$

若交通阻抗函数为 $f(t_{ij}) = t_{ij}^{\gamma}$，则模型转化为

$$T_{ij} = P_i \frac{A_j \cdot t_{ij}^{-\gamma}}{\sum_j A_j \cdot t_{ij}^{-\gamma}} \tag{5-50}$$

此模型中只有一个未知参数 γ 需要标定。

2. 吸引量平衡约束重力模型

现在开始寻找满足吸引量平衡约束的重力模型形式。该模型应满足：

$$T_{ij} = K \frac{P_i A_j}{f(t_{ij})} \tag{5-51}$$

$$\sum_i T_{ij} = A_j \tag{5-52}$$

将式（5-51）代入式（5-52），得

$$\sum_i T_{ij} = \sum_i K \frac{P_i A_j}{f(t_{ij})} = KA_j \sum_i K \frac{P_i}{f(t_{ij})} = A_j \quad (5\text{-}53)$$

从而得

$$K = \frac{1}{\sum_i P_i / f(t_{ij})} \quad (5\text{-}54)$$

则吸引量平衡约束重力模型形式为

$$T_{ij} = A_j \frac{P_i / f(t_{ij})}{\sum_i P_i / f(t_{ij})} \quad (5\text{-}55)$$

若交通阻抗函数为 $f(t_{ij}) = t_{ij}^{\gamma}$，则模型转化为

$$T_{ij} = A_j \frac{P_i t_{ij}^{-\gamma}}{\sum_i P_i t_{ij}^{-\gamma}} \quad (5\text{-}56)$$

此模型中只有一个未知参数 γ 需要标定。

（二）参数标定

下面以交通阻抗函数为 $f(t_{ij}) = t_{ij}^{\gamma}$ 的情况为例说明单约束重力模型的参数标定步骤。

参数标定方法为试算法，其基本思路是给 γ 取一个初始值，利用现状出行数据和现状交通阻抗数据，采用单约束重力模型，计算现状出行分布量的模拟值，与已知的现状出行分布矩阵进行比较检验，若精度不合乎要求，分析其原因是因为 γ 值太大了或是太小，据此调整 γ 值，进一步再作检验，直到合乎精度要求为止。

1. 第1步

取 γ 的初始值，例如取 $\gamma = 1$。

2. 第2步

根据模型（5-50）或（5-56），利用各交通分区现状的发生交通量和吸引交通量，以及现状各交通分区之间的交通阻抗，计算现状出行分布量的模拟值 T'_{ij}（现状 OD 表中 T^0_{ij} 被称为现状出行交通分布量的实际值），得到相应的 OD 表。

3. 第3步

构造统计量来比较现状出行分布量的模拟值 T'_{ij} 与实际值 T^0_{ij} 之间的误差，一般采用平均出行阻抗。

计算现状实际出行交通分布量的平均出行阻抗 t。

$$t = \frac{\sum_i \sum_j T^0_{ij} \cdot t^0_{ij}}{\sum_i \sum_j T^0_{ij}} \quad (5\text{-}57)$$

计算现状模拟出行交通分布量的平均出行阻抗 t'。

$$t' = \frac{\sum_i \sum_j T'_{ij} \cdot t^0_{ij}}{\sum_i \sum_j T'_{ij}} \quad (5\text{-}58)$$

4. 第 4 步

若 $1-\varepsilon < t'/t < 1+\varepsilon$（$\varepsilon$ 通常取 3%），则参数标定结束，输出 γ 即为所求；否则更新 $\gamma = \gamma \cdot t'/t$，返回第 2 步。

该方法也适用于阻抗函数取其他形式的情况。

（三）预测过程

利用单约束重力模型进行交通分布预测通常包含以下三个步骤。

1. 模型标定

首先确定采用的单约束重力模型的形式，利用现状出行数据，以及各交通分区之间的交通阻抗，标定模型中的参数 γ。

2. 模型预测

利用建立的模型，根据交通生成预测得出的将来各交通分区的发生交通量和吸引交通量，以及将来各交通分区之间的交通阻抗，预测将来各交通分区之间的出行分布量。

3. 守恒计算

由于单约束重力模型只满足单个交通量守恒约束，因此需要对单约束重力模型预测得到的将来出行分布量进行守恒计算。

【例题 5-7】按例题 5-1 给出的现状出行分布矩阵（见表 5-2）、将来各交通分区的发生交通量与吸引交通量的预测值（见表 5-3）以及例题 5-6 给出的现状和将来各交通分区之间的出行时间（见表 5-19、表 5-20），试利用发生量平衡约束重力模型进行预测，采用平均增长系数法进行守恒计算，求解将来的出行分布交通量。设定收敛标准为 $\varepsilon = 3\%$。

【解】（1）模型标定。

采用的发生量平衡约束重力模型的模型形式如下：

$$T_{ij} = P_i \frac{A_j \cdot t_{ij}^{-\gamma}}{\sum_j A_j \cdot t_{ij}^{-\gamma}}$$

采用试算法标定参数 γ，过程如下：

取 $\gamma = 1$。

将表 5-2 给出的现状出行数据 P_i^0、A_j^0 和表 5-19 给出的现状阻抗数据 t_{ij}^0 代入公式，计算现状出行分布量的模拟值 T'_{ij} 如表 5-26 所示；

表 5-26　$\gamma=1$ 时的现状出行分布量的模拟值

O	D			合计
	1	2	3	
1	2.745	2.236	3.019	8.000
2	4.173	3.975	3.852	12.000
3	2.968	2.748	2.283	8.000
合计	9.886	8.959	9.155	28.000

现状实际出行交通分布量的平均出行阻抗如下：

$$t = \frac{\sum_i \sum_j T_{ij}^0 \cdot t_{ij}^0}{\sum_i \sum_j T_{ij}^0} = \frac{4\times11 + 2\times15 + 2\times10 + \cdots + 3\times12 + 3\times13}{4+2+2+\cdots+3+3} = 12.3929$$

现状模拟出行交通分布量的平均出行阻抗如下：

$$t' = \frac{\sum_i \sum_j T_{ij}' \cdot t_{ij}^0}{\sum_i \sum_j T_{ij}'} = \frac{2.745\times11 + 2.236\times15 + 3.019\times10 + \cdots + 2.748\times12 + 2.283\times13}{2.745+2.236+3.019+\cdots+2.748+2.283} = 12.2169$$

由于 $0.97 < t'/t = 0.9858 < 1.03$，故参数标定结束，输出 $\gamma=1$ 即为所求，标定的单约束重力模型为

$$T_{ij} = P_i \frac{A_j \cdot t_{ij}^{-1}}{\sum_j A_j \cdot t_{ij}^{-1}}$$

（2）模型预测。

将表 5-3 给出的将来各交通分区的发生交通量与吸引交通量的预测值以及表 5-20 给出的将来各交通分区之间的出行时间代入模型，得到初步预测的将来出行分布交通量如下。

$$T_{11} = \frac{P_1 \cdot A_1 \cdot t_{11}^{-1}}{A_1 \cdot t_{11}^{-1} + A_2 \cdot t_{12}^{-1} + A_3 \cdot t_{13}^{-1}} = \frac{20\times25\times\frac{1}{5}}{25\times\frac{1}{5} + 18\times\frac{1}{8} + 22\times\frac{1}{12}} = 11.009$$

$$T_{12} = \frac{P_1 \cdot A_2 \cdot t_{12}^{-1}}{A_1 \cdot t_{11}^{-1} + A_2 \cdot t_{12}^{-1} + A_3 \cdot t_{13}^{-1}} = \frac{20\times18\times\frac{1}{8}}{25\times\frac{1}{5} + 18\times\frac{1}{8} + 22\times\frac{1}{12}} = 4.954$$

$$T_{13} = \frac{P_1 \cdot A_3 \cdot t_{13}^{-1}}{A_1 \cdot t_{11}^{-1} + A_2 \cdot t_{12}^{-1} + A_3 \cdot t_{13}^{-1}} = \frac{20\times22\times\frac{1}{12}}{25\times\frac{1}{5} + 18\times\frac{1}{8} + 22\times\frac{1}{12}} = 4.037$$

$$T_{21} = \frac{P_2 \cdot A_1 \cdot t_{21}^{-1}}{A_1 \cdot t_{21}^{-1} + A_2 \cdot t_{22}^{-1} + A_3 \cdot t_{23}^{-1}} = \frac{20\times25\times\frac{1}{8}}{25\times\frac{1}{8} + 18\times\frac{1}{7} + 22\times\frac{1}{11}} = 8.121$$

$$T_{22} = \frac{P_2 \cdot A_2 \cdot t_{22}^{-1}}{A_1 \cdot t_{21}^{-1} + A_2 \cdot t_{22}^{-1} + A_3 \cdot t_{23}^{-1}} = \frac{20\times18\times\frac{1}{7}}{25\times\frac{1}{8} + 18\times\frac{1}{7} + 22\times\frac{1}{11}} = 6.682$$

$$T_{23} = \frac{P_2 \cdot A_3 \cdot t_{23}^{-1}}{A_1 \cdot t_{21}^{-1} + A_2 \cdot t_{22}^{-1} + A_3 \cdot t_{23}^{-1}} = \frac{20 \times 22 \times \frac{1}{11}}{25 \times \frac{1}{8} + 18 \times \frac{1}{7} + 22 \times \frac{1}{11}} = 5.197$$

$$T_{31} = \frac{P_3 \cdot A_1 \cdot t_{31}^{-1}}{A_1 \cdot t_{31}^{-1} + A_2 \cdot t_{32}^{-1} + A_3 \cdot t_{33}^{-1}} = \frac{25 \times 25 \times \frac{1}{11}}{25 \times \frac{1}{11} + 18 \times \frac{1}{10} + 22 \times \frac{1}{4}} = 5.935$$

$$T_{32} = \frac{P_3 \cdot A_2 \cdot t_{32}^{-1}}{A_1 \cdot t_{31}^{-1} + A_2 \cdot t_{32}^{-1} + A_3 \cdot t_{33}^{-1}} = \frac{25 \times 18 \times \frac{1}{10}}{25 \times \frac{1}{11} + 18 \times \frac{1}{10} + 22 \times \frac{1}{4}} = 4.701$$

$$T_{33} = \frac{P_3 \cdot A_3 \cdot t_{33}^{-1}}{A_1 \cdot t_{31}^{-1} + A_2 \cdot t_{32}^{-1} + A_3 \cdot t_{33}^{-1}} = \frac{25 \times 22 \times \frac{1}{4}}{25 \times \frac{1}{11} + 18 \times \frac{1}{10} + 22 \times \frac{1}{4}} = 14.364$$

计算后得到如表 5-27 所示的结果。由于初步预测得到的各交通分区的吸引交通量与已知的吸引交通量的预测值有很大出入，不满足交通量守恒约束条件，故要采用增长系数法对初步预测结果进行调整。

表 5-27　单约束重力模型初步预测 OD 结果

O	D			合计
	1	2	3	
1	11.009	4.954	4.037	20.000
2	8.121	6.682	5.197	20.000
3	5.935	4.701	14.364	25.000
合计	25.065	16.337	23.598	65.000

（3）守恒计算

这里采用平均增长系数法进行守恒计算。

根据初步预测得到的各交通分区的发生交通量和吸引交通量与已知的发生交通量和吸引交通量的预测值计算增长系数，结果如表 5-28 所示。

表 5-28　增长系数计算结果

O	D			$\tilde{P}_i^0$	P_i^f	G_{pi}^0
	1	2	3			
1	11.009	4.954	4.037	20.000	20	1.000 0
2	8.121	6.682	5.197	20.000	20	1.000 0
3	5.935	4.701	14.364	25.000	25	1.000 0
$\tilde{A}_j^0$	25.065	16.337	23.598	65.000		
A_j^f	25	18	22		65	
G_{aj}^0	0.9974	1.1018	0.9323			

利用平均增长系数法的出行分布量计算公式,得到第一次迭代计算 OD 结果,如表 5-29 所示。

表 5-29 平均增长系数法第一次迭代计算 OD 结果

O	D			P_i^1	P_i^f	G_{pi}^1
	1	2	3			
1	10.995	5.206	3.900	20.101	20	0.995 0
2	8.110	7.022	5.021	20.154	20	0.992 4
3	5.928	4.940	13.877	24.745	25	1.010 3
A_j^1	25.033	17.169	22.799	65.000		
A_j^f	25	18	22		65	
G_{aj}^1	0.998 7	1.048 4	0.965 0			

由于第一次迭代计算 OD 结果不满足设定的收敛条件 $\varepsilon = 3\%$,因此还要继续进行迭代计算,经过两次迭代,得到计算结果如表 5-30 所示,其满足设定的收敛条件,故停止迭代,表 5-30 所示即为将来的出行分布交通量预测结果。

表 5-30 平均增长系数法第二次迭代计算 OD 结果

O	D			P_i^2	P_i^f	G_{pi}^2
	1	2	3			
1	10.960	5.319	3.822	20.101	20	0.995 0
2	8.074	7.165	4.914	20.154	20	0.992 4
3	5.954	5.085	13.706	24.745	25	1.010 3
A_j^2	24.988	17.570	22.442	65.000		
A_j^f	25	18	22		65	
G_{aj}^2	1.000 5	1.024 5	0.980 3			

三、双约束重力模型

(一)模型形式

同时引进发生量平衡约束和吸引量平衡约束得到的重力模型被称为双约束重力模型。现在我们来寻找双约束重力模型形式,该模型应满足如下公式。

$$T_{ij} = K_{pi}K_{aj}P_iA_j / f(t_{ij}) \tag{5-59}$$

$$\sum_i T_{ij} = A_j \tag{5-60}$$

$$\sum_j T_{ij} = P_i \tag{5-61}$$

式中 K_{pi}、K_{aj}——平衡系数。

分别将（5-59）式和（5-60）式代入（5-61）式，得到双约束重力模型的形式为

$$T_{ij} = K_{pi} K_{aj} P_i A_j / f(t_{ij}) \tag{5-62}$$

$$K_{pi} = \frac{1}{\sum_j K_{aj} A_j / f(t_{ij})} \tag{5-63}$$

$$K_{aj} = \frac{1}{\sum_i K_{pi} P_i / f(t_{ij})} \tag{5-64}$$

若交通阻抗函数为 $f(t_{ij}) = t_{ij}^\gamma$，则模型转化为

$$T_{ij} = K_{pi} K_{aj} P_i A_j t_{ij}^{-\gamma} \tag{5-65}$$

$$K_{pi} = \frac{1}{\sum_j K_{aj} A_j t_{ij}^{-\gamma}} \tag{5-66}$$

$$K_{aj} = \frac{1}{\sum_i K_{pi} P_i t_{ij}^{-\gamma}} \tag{5-67}$$

此模型中有 K_{pi}、K_{aj} 和 γ 三组参数需要标定。

（二）参数标定

下面以交通阻抗函数为 $f(t_{ij}) = t_{ij}^\gamma$ 的情况为例说明双约束重力模型的参数标定步骤，参数标定方法仍为试算法。

1. 第 1 步

假定 γ 的初始值，例如取 $\gamma = 1$。

2. 第 2 步

用迭代法求平衡系数 K_{pi} 和 K_{aj}。

2-1 步：假定所有 K_{aj} 的初始值为 1。

2-2 步：将 K_{aj} 代入式（5-66）计算 K_{pi}。

2-3 步：再将求出的 K_{pi} 代入式（5-67）计算 K_{aj}。

2-4 步：比较前后两次计算的系数 K_{pi} 和 K_{aj}，若它们的相对误差小于 ε_1（ε_1 通常取 3%），则转至第 3 步，否则返回 2-2 步。

3. 第 3 步

将所求得 K_{pi} 和 K_{aj} 代入式（5-65），利用各交通分区现状的发生交通量和吸引交通量，以及现状各交通分区之间的交通阻抗，计算现状出行分布量的模拟值 T'_{ij}，得到相应的 OD 表。

4. 第 4 步

利用公式（5-57）和（5-58），计算现状实际出行交通分布量的平均出行阻抗 t 和现状模拟出行交通分布量的平均出行阻抗 t'。

5. 第5步

若 $1-\varepsilon < t'/t < 1+\varepsilon$（$\varepsilon$ 通常取 3%），则参数标定结束，输出 γ 即为所求；否则更新 $\gamma = \gamma \cdot t'/t$，返回第2步。

（三）预测过程

利用双约束重力模型进行交通分布预测通常包含以下两个步骤。

1. 模型标定

首先利用现状出行数据以及各交通分区之间的交通阻抗，标定模型中的参数 γ。

2. 模型预测

预测过程如下：

（1）把将来的发生交通量、吸引交通量和将来的交通阻抗代入双约束重力模型。

（2）假定所有 K_{aj} 的初始值为1，利用公式（5-66）计算 K_{pi}。

（3）再将求出的 K_{pi} 代入式（5-67）计算 K_{aj}。

（4）如此循环直到前后两次计算的系数 K_{pi} 和 K_{aj} 满足收敛条件。

（5）将所求得 K_{pi} 和 K_{aj} 代入式（5-65），根据交通生成预测得出的将来各交通分区的发生交通量和吸引交通量，以及将来各交通分区之间的交通阻抗，预测将来各交通分区之间的出行分布量。

由于双约束重力模型本身保证了发生量平衡和吸引量平衡，故不需要再进行守恒计算。

【例题 5-8】按例题 5-1 给出的现状出行分布矩阵（见表 5-2）、将来各交通分区的发生交通量与吸引交通量的预测值（见表 5-3），以及例题 5-6 给出的现状和将来各交通分区之间的出行时间（见表 5-19、表 5-20），试利用双约束重力模型，求解将来的出行分布交通量。设定收敛标准为 $\varepsilon = 3\%$。

【解】（1）模型标定。

采用的双约束重力模型的模型形式如下。

$$T_{ij} = K_{pi} K_{aj} P_i A_j t_{ij}^{-\gamma}, \quad K_{pi} = \frac{1}{\sum_j K_{aj} A_j t_{ij}^{-\gamma}}, \quad K_{aj} = \frac{1}{\sum_i K_{pi} P_i t_{ij}^{-\gamma}}$$

采用试算法标定参数 γ，过程如下：

取 $\gamma = 1$。

令 $K_{a1}^0 = K_{a2}^0 = K_{a3}^0 = 1$，并利用现状的发生交通量、吸引交通量和交通阻抗，计算 K_{p1}^1。

$$K_{p1}^1 = \frac{1}{\sum_j K_{aj}^0 A_j t_{1j}^{-\gamma}} = \frac{1}{K_{a1}^0 A_1 t_{11}^{-1} + K_{a2}^0 A_2 t_{12}^{-1} + K_{a3}^0 A_3 t_{13}^{-1}}$$

$$= \frac{1}{\frac{1 \times 9}{11} + \frac{1 \times 10}{15} + \frac{1 \times 9}{10}} = 0.4193$$

$$K_{p2}^1 = \frac{1}{\sum_j K_{aj}^0 A_j t_{2j}^{-\gamma}} = \frac{1}{K_{a1}^0 A_1 t_{21}^{-1} + K_{a2}^0 A_2 t_{22}^{-1} + K_{a3}^0 A_3 t_{23}^{-1}}$$

$$= \frac{1}{\frac{1\times 9}{12} + \frac{1\times 10}{14} + \frac{1\times 9}{13}} = 0.463\,7$$

$$K_{p3}^1 = \frac{1}{\sum_j K_{aj}^0 A_j t_{3j}^{-\gamma}} = \frac{1}{K_{a1}^0 A_1 t_{31}^{-1} + K_{a2}^0 A_2 t_{32}^{-1} + K_{a3}^0 A_3 t_{33}^{-1}}$$

$$= \frac{1}{\frac{1\times 9}{10} + \frac{1\times 10}{12} + \frac{1\times 9}{13}} = 0.412\,3$$

利用新求出的 K_{pi}^1 计算 K_{aj}^1：

$$K_{a1}^1 = \frac{1}{\sum_i K_{pi}^1 P_i t_{i1}^{-\gamma}} = \frac{1}{K_{p1}^1 P_1 t_{11}^{-1} + K_{p2}^1 P_2 t_{21}^{-1} + K_{p3}^1 P_3 t_{31}^{-1}}$$

$$= \frac{1}{\frac{0.4193\times 8}{11} + \frac{0.4637\times 12}{12} + \frac{0.4123\times 8}{10}} = 0.910\,4$$

$$K_{a2}^1 = \frac{1}{\sum_i K_{pi}^1 P_i t_{i2}^{-\gamma}} = \frac{1}{K_{p1}^1 P_1 t_{12}^{-1} + K_{p2}^1 P_2 t_{22}^{-1} + K_{p3}^1 P_3 t_{32}^{-1}}$$

$$= \frac{1}{\frac{0.4193\times 8}{15} + \frac{0.4637\times 12}{14} + \frac{0.4123\times 8}{12}} = 1.116\,2$$

$$K_{a3}^1 = \frac{1}{\sum_i K_{pi}^1 P_i t_{i3}^{-\gamma}} = \frac{1}{K_{p1}^1 P_1 t_{13}^{-1} + K_{p2}^1 P_2 t_{23}^{-1} + K_{p3}^1 P_3 t_{33}^{-1}}$$

$$= \frac{1}{\frac{0.4193\times 8}{10} + \frac{0.4637\times 12}{13} + \frac{0.4123\times 8}{13}} = 0.983\,1$$

利用新求出的 K_{aj}^1 计算 K_{pi}^2：

$$K_{p1}^2 = \frac{1}{\sum_j K_{aj}^1 A_j t_{1j}^{-\gamma}} = \frac{1}{K_{a1}^1 A_1 t_{11}^{-1} + K_{a2}^1 A_2 t_{12}^{-1} + K_{a3}^1 A_3 t_{13}^{-1}}$$

$$= \frac{1}{\frac{0.9104\times 9}{11} + \frac{1.1162\times 10}{15} + \frac{0.9831\times 9}{10}} = 0.421\,3$$

$$K_{p2}^2 = \frac{1}{\sum_j K_{aj}^1 A_j t_{2j}^{-\gamma}} = \frac{1}{K_{a1}^1 A_1 t_{21}^{-1} + K_{a2}^1 A_2 t_{22}^{-1} + K_{a3}^1 A_3 t_{23}^{-1}}$$

$$= \frac{1}{\frac{0.9104\times 9}{12} + \frac{1.1162\times 10}{14} + \frac{0.9831\times 9}{13}} = 0.462\,8$$

$$K_{p3}^2 = \frac{1}{\sum_j K_{aj}^1 A_j t_{3j}^{-\gamma}} = \frac{1}{K_{a1}^1 A_1 t_{31}^{-1} + K_{a2}^1 A_2 t_{32}^{-1} + K_{a3}^1 A_3 t_{33}^{-1}}$$

$$= \frac{1}{\dfrac{0.9104 \times 9}{10} + \dfrac{1.1162 \times 10}{12} + \dfrac{0.9831 \times 9}{13}} = 0.4115$$

利用新求出的 K_{pi}^2 计算 K_{aj}^2：

$$K_{a1}^2 = \frac{1}{\sum_i K_{pi}^2 P_i t_{i1}^{-\gamma}} = \frac{1}{K_{p1}^2 P_1 t_{11}^{-1} + K_{p2}^2 P_2 t_{21}^{-1} + K_{p3}^2 P_3 t_{31}^{-1}}$$

$$= \frac{1}{\dfrac{0.4213 \times 8}{11} + \dfrac{0.4628 \times 12}{12} + \dfrac{0.4115 \times 8}{10}} = 0.9104$$

$$K_{a2}^2 = \frac{1}{\sum_i K_{pi}^2 P_i t_{i2}^{-\gamma}} = \frac{1}{K_{p1}^2 P_1 t_{12}^{-1} + K_{p2}^2 P_2 t_{22}^{-1} + K_{p3}^2 P_3 t_{32}^{-1}}$$

$$= \frac{1}{\dfrac{0.4213 \times 8}{15} + \dfrac{0.46287 \times 12}{14} + \dfrac{0.4115 \times 8}{12}} = 1.1164$$

$$K_{a3}^2 = \frac{1}{\sum_i K_{pi}^2 P_i t_{i3}^{-\gamma}} = \frac{1}{K_{p1}^2 P_1 t_{13}^{-1} + K_{p2}^2 P_2 t_{23}^{-1} + K_{p3}^2 P_3 t_{33}^{-1}}$$

$$= \frac{1}{\dfrac{0.4213 \times 8}{10} + \dfrac{0.4628 \times 12}{13} + \dfrac{0.4115 \times 8}{13}} = 0.9828$$

由于

$$0.97 < K_{p1}^2/K_{p1}^1, K_{p2}^2/K_{p2}^1, K_{p3}^2/K_{p3}^1 < 1.03$$

$$0.97 < K_{a1}^2/K_{a1}^1, K_{a2}^2/K_{a2}^1, K_{a3}^2/K_{a3}^1 < 1.03$$

故求得 K_{pi} 和 K_{aj}，利用现状的发生交通量、吸引交通量和交通阻抗，计算模型的模拟值 T'_{ij} 如表 5-31 所示。

表 5-31　$\gamma = 1$ 时的现状出行分布量的模拟值

O	D			合计
	1	2	3	
1	2.5104	2.5084	2.9811	7.9997
2	3.7922	4.4289	3.7790	12.0001
3	2.6974	3.0628	2.2400	8.0002
合计	9.0000	10.0000	9.0000	28.0000

现状实际出行交通分布量的平均出行阻抗：

$$t = \frac{\sum_i \sum_j T_{ij}^0 \cdot t_{ij}^0}{\sum_i \sum_j T_{ij}^0} = \frac{4\times11 + 2\times15 + 2\times10 + \cdots + 3\times12 + 3\times13}{4+2+2+\cdots+3+3} = 12.3929$$

现状模拟出行交通分布量的平均出行阻抗：

$$t' = \frac{\sum_i \sum_j T_{ij}' \cdot t_{ij}^0}{\sum_i \sum_j T_{ij}'}$$

$$= \frac{2.5104\times11 + 2.5084\times15 + 2.9811\times10 + \cdots + 3.0628\times12 + 2.2400\times13}{2.5104 + 2.5084 + 2.9811 + \cdots + 3.0628 + 2.2400} = 12.3048$$

由于 $0.97 < t'/t = 0.9929 < 1.03$，故参数标定结束，输出 $\gamma = 1$ 即为所求，标定的双约束重力模型为

$$T_{ij} = K_{pi}K_{aj}P_i A_j t_{ij}^{-1}, \quad K_{pi} = \frac{1}{\sum_j K_{aj} A_j t_{ij}^{-1}}, \quad K_{aj} = \frac{1}{\sum_i K_{pi} P_i t_{ij}^{-1}}$$

令 $K_{a1}^0 = K_{a2}^0 = K_{a3}^0 = 1$，并利用将来的发生交通量、吸引交通量和交通阻抗，计算 K_{pi}^1：

$$K_{p1}^1 = \frac{1}{\sum_j K_{aj}^0 A_j^f t_{1j}^{-\gamma}} = \frac{1}{K_{a1}^0 A_1^f t_{11}^{-1} + K_{a2}^0 A_2^f t_{12}^{-1} + K_{a3}^0 A_3^f t_{13}^{-1}}$$

$$= \frac{1}{\dfrac{1\times25}{5} + \dfrac{1\times18}{8} + \dfrac{1\times22}{12}} = 0.1101$$

$$K_{p2}^1 = \frac{1}{\sum_j K_{aj}^0 A_j^f t_{2j}^{-\gamma}} = \frac{1}{K_{a1}^0 A_1^f t_{21}^{-1} + K_{a2}^0 A_2^f t_{22}^{-1} + K_{a3}^0 A_3^f t_{23}^{-1}}$$

$$= \frac{1}{\dfrac{1\times25}{8} + \dfrac{1\times18}{7} + \dfrac{1\times22}{11}} = 0.1299$$

$$K_{p3}^1 = \frac{1}{\sum_j K_{aj}^0 A_j^f t_{3j}^{-\gamma}} = \frac{1}{K_{a1}^0 A_1^f t_{31}^{-1} + K_{a2}^0 A_2^f t_{32}^{-1} + K_{a3}^0 A_3^f t_{33}^{-1}}$$

$$= \frac{1}{\dfrac{1\times25}{11} + \dfrac{1\times18}{10} + \dfrac{1\times22}{4}} = 0.1045$$

利用新求出的 K_{pi}^1 计算 K_{aj}^1：

$$K_{a1}^1 = \frac{1}{\sum_i K_{pi}^1 P_i^f t_{i1}^{-\gamma}} = \frac{1}{K_{p1}^1 P_1^f t_{11}^{-1} + K_{p2}^1 P_2^f t_{21}^{-1} + K_{p3}^1 P_3^f t_{31}^{-1}}$$

$$= \frac{1}{\dfrac{0.1101\times20}{5} + \dfrac{0.1299\times20}{8} + \dfrac{0.1045\times25}{11}} = 0.9974$$

$$K_{a2}^1 = \frac{1}{\sum\limits_i K_{pi}^1 P_i^f t_{i2}^{-\gamma}} = \frac{1}{K_{p1}^1 P_1^f t_{12}^{-1} + K_{p2}^1 P_2^f t_{22}^{-1} + K_{p3}^1 P_3^f t_{32}^{-1}}$$

$$= \frac{1}{\dfrac{0.1101 \times 20}{8} + \dfrac{0.1299 \times 20}{7} + \dfrac{0.1045 \times 25}{10}} = 1.1018$$

$$K_{a3}^1 = \frac{1}{\sum\limits_i K_{pi}^1 P_i^f t_{i3}^{-\gamma}} = \frac{1}{K_{p1}^1 P_1^f t_{13}^{-1} + K_{p2}^1 P_2^f t_{23}^{-1} + K_{p3}^1 P_3^f t_{33}^{-1}}$$

$$= \frac{1}{\dfrac{0.1101 \times 20}{12} + \dfrac{0.1299 \times 20}{11} + \dfrac{0.1045 \times 25}{4}} = 0.9323$$

利用新求出的 K_{aj}^1 计算 K_{pi}^2：

$$K_{p1}^2 = \frac{1}{\sum\limits_j K_{aj}^1 A_j^f t_{1j}^{-\gamma}} = \frac{1}{K_{a1}^1 A_1^f t_{11}^{-1} + K_{a2}^1 A_2^f t_{12}^{-1} + K_{a3}^1 A_3^f t_{13}^{-1}}$$

$$= \frac{1}{\dfrac{0.9974 \times 25}{5} + \dfrac{1.1018 \times 18}{8} + \dfrac{0.9323 \times 22}{12}} = 0.1090$$

$$K_{p2}^2 = \frac{1}{\sum\limits_j K_{aj}^1 A_j^f t_{2j}^{-\gamma}} = \frac{1}{K_{a1}^1 A_1^f t_{21}^{-1} + K_{a2}^1 A_2^f t_{22}^{-1} + K_{a3}^1 A_3^f t_{23}^{-1}}$$

$$= \frac{1}{\dfrac{0.9974 \times 25}{8} + \dfrac{1.1018 \times 18}{7} + \dfrac{0.9323 \times 22}{11}} = 0.1280$$

$$K_{p3}^2 = \frac{1}{\sum\limits_j K_{aj}^1 A_j^f t_{3j}^{-\gamma}} = \frac{1}{K_{a1}^1 A_1^f t_{31}^{-1} + K_{a2}^1 A_2^f t_{32}^{-1} + K_{a3}^1 A_3^f t_{33}^{-1}}$$

$$= \frac{1}{\dfrac{0.9974 \times 25}{11} + \dfrac{1.1018 \times 18}{10} + \dfrac{0.9323 \times 22}{4}} = 0.1066$$

利用新求出的 K_{pi}^2 计算 K_{aj}^2：

$$K_{a1}^2 = \frac{1}{\sum\limits_i K_{pi}^2 P_i^f t_{i1}^{-\gamma}} = \frac{1}{K_{p1}^2 P_1^f t_{11}^{-1} + K_{p2}^2 P_2^f t_{21}^{-1} + K_{p3}^2 P_3^f t_{31}^{-1}}$$

$$= \frac{1}{\dfrac{0.1090 \times 20}{5} + \dfrac{0.1280 \times 20}{8} + \dfrac{0.1066 \times 25}{11}} = 1.0018$$

$$K_{a2}^2 = \frac{1}{\sum\limits_i K_{pi}^2 P_i^f t_{i2}^{-\gamma}} = \frac{1}{K_{p1}^2 P_1^f t_{12}^{-1} + K_{p2}^2 P_2^f t_{22}^{-1} + K_{p3}^2 P_3^f t_{32}^{-1}}$$

$$= \frac{1}{\dfrac{0.1090 \times 20}{8} + \dfrac{0.1280 \times 20}{7} + \dfrac{0.1066 \times 25}{10}} = 1.1054$$

$$K_{a3}^2 = \frac{1}{\sum_i K_{pi}^2 P_i^f t_{i3}^{-\gamma}} = \frac{1}{K_{p1}^2 P_1^f t_{13}^{-1} + K_{p2}^2 P_2^f t_{23}^{-1} + K_{p3}^2 P_3^f t_{33}^{-1}}$$

$$= \frac{1}{\dfrac{0.109\,0 \times 20}{12} + \dfrac{0.128\,0 \times 20}{11} + \dfrac{0.106\,6 \times 25}{4}} = 0.925\,2$$

由于

$$0.97 < K_{p1}^2/K_{p1}^1, K_{p2}^2/K_{p2}^1, K_{p3}^2/K_{p3}^1 < 1.03$$

$$0.97 < K_{a1}^2/K_{a1}^1, K_{a2}^2/K_{a2}^1, K_{a3}^2/K_{a3}^1 < 1.03$$

故求得 K_{pi} 和 K_{aj}，并将将来的发生交通量、吸引交通量和交通阻抗代入模型，得到预测的将来出行分布交通量如下，最终结果如表 5-32 所示。

$$T_{11} = K_{p1}K_{a1}P_1^f A_1^f / t_{11}^1 = \frac{0.109\,0 \times 1.001\,8 \times 20 \times 25}{5} = 10.918\,3$$

$$T_{12} = K_{p1}K_{a2}P_1^f A_2^f / t_{12}^1 = \frac{0.109\,0 \times 1.105\,4 \times 20 \times 18}{8} = 5.421\,3$$

$$T_{13} = K_{p1}K_{a3}P_1^f A_3^f / t_{13}^1 = \frac{0.109\,0 \times 0.925\,2 \times 20 \times 22}{12} = 3.697\,5$$

$$T_{21} = K_{p2}K_{a1}P_2^f A_1^f / t_{21}^1 = \frac{0.128\,0 \times 1.001\,8 \times 20 \times 25}{8} = 8.012\,0$$

$$T_{22} = K_{p2}K_{a2}P_2^f A_2^f / t_{22}^1 = \frac{0.128\,0 \times 1.105\,4 \times 20 \times 18}{7} = 7.274\,5$$

$$T_{23} = K_{p2}K_{a3}P_2^f A_3^f / t_{23}^1 = \frac{0.128\,0 \times 0.925\,2 \times 20 \times 22}{11} = 4.736\,0$$

$$T_{31} = K_{p3}K_{a1}P_3^f A_1^f / t_{31}^1 = \frac{0.106\,6 \times 1.001\,8 \times 25 \times 25}{11} = 6.069\,7$$

$$T_{32} = K_{p3}K_{a2}P_3^f A_2^f / t_{32}^1 = \frac{0.106\,6 \times 1.105\,4 \times 25 \times 18}{10} = 5.304\,2$$

$$T_{33} = K_{p3}K_{a3}P_3^f A_3^f / t_{33}^1 = \frac{0.106\,6 \times 0.925\,2 \times 25 \times 22}{4} = 13.566\,5$$

表 5-32 将来的出行分布交通量预测结果预测的 OD 结果

O	D			合计
	1	2	3	
1	10.918 3	5.421 3	3.697 5	20.037 1
2	8.012 0	7.274 5	4.736 0	20.022 5
3	6.069 7	5.304 2	13.566 5	24.940 4
合计	25.000 0	18.000 0	22.000 0	65

四、小　结

重力模型法在一定程度上克服了增长系数法的一些缺陷，但这种方法本身也存在一定的缺陷，具体总结如下。

（一）模型的优点

（1）直观上容易理解。
（2）能考虑土地利用和交通供给设施变化（主要是路网）对人们的出行产生的影响。
（3）特定交通分区之间的现状 OD 交通量为零时，也能对其进行预测。
（4）能比较敏感的反映交通分区之间交通阻抗变化的情况。

（二）模型的缺点

（1）模型尽管能考虑到路网的变化和土地利用的对出行的影响，由于缺乏对人的出行行为的分析，与实际情况存在一定的偏差。
（2）两个交通分区之间的出行阻抗如果用时间来表示，通常用两个交通分区之间最短出行时间，但实际上人们的出行时间由于距离的不同在全区域内不是定值，而重力模型将其视为定值。
（3）交通分区之间的交通阻抗因交通方式和出行时间段的不同而异，而重力模型使用了同一阻抗值。
（4）求交通分区内部交通量时的交通阻抗值难以给出。
（5）交通分区之间的交通阻抗较小时，有夸大预测的可能性。
（6）利用重力模型计算出的交通分布量必须借助与其他方法进行收敛计算。

第四节　其他预测模型

一、介入机会模型

介入机会模型（Intervening Opportunity Model）是 Schneider 于 1959 年首先提出的，其基本思路是从某区发生的出行机会数与到达机会数成正比地按距离从近到远的顺序到达目的地。

各交通分区的通过、吸引概率如下。

$$
\begin{array}{c}
\xrightarrow{q_j} \qquad \xrightarrow{q_{j+1}} \\
\downarrow (1-\alpha x_{j-1}) \qquad \downarrow (1-\alpha x_j) \\
\downarrow \alpha x_{j-1} \qquad \downarrow \alpha x_j \\
(1) \cdots \rightarrow (j-1) \quad \cdots \rightarrow \cdots (j) \cdots \rightarrow \quad (n)
\end{array}
$$

式中，α——一次到达机会被吸引的概率；

x_j——j 分区的到达机会数；

q_{j+1}——出行机会通过 j 分区的概率。

$$q_{j+1} = q_j(1-\alpha x_j) \tag{5-68}$$

即，j 分区的通过概率等于通过 $j-1$ 分区的概率与不被 j 分区所吸引的概率之积。

$$S_j = \sum_{d=1}^{j-1} x_d \tag{5-69}$$

式中 S_j——从 1 分区开始通过的到达机会数累计。

j 分区的到达机会数与到达机会数累加的关系：

$$x_j = S_{j+1} - S_j \tag{5-70}$$

将式（5-70）代入式（5-68），得

$$q_{j+1} = q_j\left[1-\alpha(S_{j+1}-S_j)\right] \tag{5-71}$$

从而得出

$$-\alpha(S_{j+1}-S_j) = (q_{j+1}-q_j)/q_j$$

写成微分形式，得

$$-\alpha dS_j = dq_j/q_j \tag{5-72}$$

对（5-72）式积分，可得

$$-\alpha S_j + C = \ln q_j$$

其中，C 为常数。

等价于：

$$q_j = Ke^{-\alpha S_j} \tag{5-73}$$

则

$$T_{ij} = P_i(q_j - q_{j+1}) \tag{5-74}$$

所以

$$T_{ij} = KP_i(e^{-\alpha S_j} - e^{-\alpha S_{j+1}}) \tag{5-75}$$

设有 n 个交通分区，根据出行发生条件有：

$$\sum_{j=1}^{n} T_{ij} = KP_i(e^{-\alpha S_1} - e^{-\alpha S_2} + e^{-\alpha S_2} - e^{-\alpha S_3} + \ldots + e^{-\alpha S_n} - e^{-\alpha S_{n+1}})$$

即

$$\sum_{j=1}^{n} T_{ij} = KP_i(e^{-\alpha S_1} - e^{-\alpha S_{n+1}}) \tag{5-76}$$

由式（5-68）知 $S_1 = 0$，所以

即
$$P_i = KP_i(1-e^{-\alpha S_{n+1}})$$
$$K = 1/(1-e^{-\alpha S_{n+1}}) \tag{5-77}$$

将式（5-77）代入式（5-75），得到预测的将来出行分布交通量为

$$T_{ij} = \frac{P_i(e^{-\alpha S_j} - e^{-\alpha S_{j+1}})}{1-e^{-\alpha S_{n+1}}} \tag{5-78}$$

介入机会模型的特点：
（1）与重力模型相比，该模型更现实地表现了出行者的交通行为。
（2）吸引概率的值只能在全区取一个定值，缺乏对区域的个性特征进行考虑。

二、最大熵模型

该模型是基于最大熵原理而建立的，因借用热力学中"熵"的概念并以最大熵为求解目标而得名。其原理为 OD 分布形式应是使其发生的概率达到最大的一种，适用于在进行分析时受到资料的限制而必须以有限的数据来描述系统行为时的情况。

熵是源于物理学的基本概念，实际上是系统不确定性的一种度量。1957 年 Jaynes 为了构建随机变量的概率分布，在信息论创始人 Shannon 提出的"信息熵"基础上，提出了最大信息熵原理：在系统状态特征 x 取值的概率分布 P 中，挑选使信息熵在满足一定约束条件下能达到最大值的分布作为随机变量的分布。

用离散型随机变量 x 表示某一信息系统的状态特征，设 x 的取值为 $X = \{x_1, x_2, \cdots, x_n\}$，$(n \geq 1)$，每一取值对应的概率为 $P = \{p_1, p_2, \cdots, p_n\}$，$(0 \leq p_i \leq 1, i = 1, 2, \cdots, n)$，且 $\sum_{i=1}^{n} p_i = 1$，则该系统的信息熵如式（5-79）所示。

$$H(X) = -\sum_{i=1}^{n} p_i \ln(p_i) \tag{5-79}$$

将最大信息熵原理推广到一般熵原理，可作为决定系统概率分布的标准，并广泛应用于交通科学等多个领域中。一般熵原理即：一个确定的概率分布对应一个最大熵值。反过来讲，满足某些约束条件的最大熵状态必然唯一确定一个概率分布。

最大熵模型是随机概率模型之一。典型的最大熵模型有 Wilson 模型和佐佐木（Sasaki）模型等，本节对 Wilson 模型进行介绍。

Wilson 模型如式（5-80）所示。

$$E = \frac{T!}{\prod_i \prod_j T_{ij}!} \tag{5-80}$$

式中 T——研究对象区域的发生交通量。OD 交通量的组合数由求 E 的最大得到。

Wilson 模型的约束条件为

$$\sum_j T_{ij} = P_i \tag{5-81}$$

$$\sum_i T_{ij} = A_j \tag{5-82}$$

$$\sum_i \sum_j t_{ij} T_{ij} = C \tag{5-83}$$

式中，t_{ij}——交通分区 i、j 之间的交通阻抗；

C——总交通阻抗。

最大熵模型一般用对数拉格朗日方法求解：

$$\varphi = \ln E + \sum_i \lambda_i (P_i - \sum_j T_{ij}) + \sum_j \mu_j (A_j - \sum_i T_{ij}) + \gamma(C - \sum_i \sum_j t_{ij} T_{ij}) \tag{5-84}$$

式中：λ_i、μ_j、γ——拉格朗日系数。

$$\ln E = \ln T! - \sum_i \sum_j \ln T_{ij}! \tag{5-85}$$

应用 Starling 公式 $\ln x! = x \ln x - x$ 近似，得，

$$\ln E = \ln T! - \sum_i \sum_j (T_{ij} \ln T_{ij} - T_{ij}) \tag{5-86}$$

代入公式（5-84）并对 T_{ij} 求偏导，问题归纳为：

$$\min \sum_i \sum_j (T_{ij} \ln T_{ij} - T_{ij})$$

$$\text{s.t.} \begin{cases} \sum_j T_{ij} = P_i \\ \sum_i T_{ij} = A_j \\ \sum_i \sum_j t_{ij} T_{ij} = C \end{cases} \tag{5-87}$$

$$\frac{\partial \varphi}{\partial T_{ij}} = -\ln T_{ij} - 1 + 1 - \lambda_i - \mu_j - \gamma t_{ij}$$

令 $\frac{\partial \varphi}{\partial T_{ij}} = 0$，得

$$\ln T_{ij} + \lambda_i + \mu_j + \gamma t_{ij} = 0 \tag{5-88}$$

$$T_{ij} = e^{(-\lambda_i - \mu_j - \gamma t_{ij})} \tag{5-89}$$

因为，$\sum_j T_{ij} = \sum_j e^{(-\lambda_i - \mu_j - \gamma t_{ij})} = \sum_j e^{(-\mu_j - \gamma t_{ij})} \cdot e^{(-\lambda_i)} = P_i$，所以，

$$e^{(-\lambda_i)} = P_i / \sum_j e^{(-\mu_j - \gamma t_{ij})} \tag{5-90}$$

同样，

$$e^{(-\mu_j)} = A_j / \sum_i e^{(-\lambda_i - \gamma t_{ij})} \tag{5-91}$$

这里，令 $a_i = e^{(-\lambda_i)} / P_i$，$b_j = e^{(-\mu_j)} / A_j$，则公式（5-89）为

$$T_{ij} = a_i P_i \cdot b_j A_j e^{(-\gamma t_{ij})} \tag{5-92}$$

Wilson 模型的特点：

（1）能表现出出行者的微观行动；

（2）总交通阻抗是出行行为选择的结果，对其进行约束可能与现实结果有出入；

（3）各微观状态的概率相等，即个目的地的选择概率相等的假设没有考虑距离和行驶时间等因素。

复习思考题

1. 交通分布预测在交通规划中的地位和作用如何？
2. 交通分布预测方法主要有哪些类型？各自具有什么特点？
3. 试说明增长系数法的基本形式和分类。
4. 试说明重力模型法的基本形式和分类。
5. 根据表 5-33 给出的现状 OD 表和各交通分区未来的交通发生量与吸引量，试分别用平均增长系数法、底特律法、福莱特法和佛尼斯法，求将来 OD 交通量（单位：万次）。设定收敛标准为 $\varepsilon = 3\%$。

表 5-33　现状 OD 表及将来各分区交通量预测值

O	D			现状值	将来值
	1	2	3		
1	4	2	2	8	16
2	2	8	4	14	28
3	2	4	4	10	40
现状值	8	14	10	32	
将来值	16	28	40		84

6. 表 5-34 和表 5-35 给出了现状 OD 表和各交通分区未来的交通发生量与吸引量，表 5-36 和表 5-37 给出了各交通分区之间现状和未来的行驶时间。

（1）试标定发生量平衡约束重力模型（精度要求：$0.97 < t'/t < 1.03$）。

（2）利用以上模型求出未来的 OD 表，并用平均增长系数法进行守恒计算（增长系数在 0.95～1.05）。

表 5-34　现状 OD 表

O	D			合计
	1	2	3	
1	17	10	4	31
2	7	33	6	46
3	4	5	17	26
合计	28	48	27	103

表 5-35 将来的交通发生吸引量

O	D			合计
	1	2	3	
1				38.6
2				91.9
3				36
合计	39.3	90.3	36.9	166.5

表 5-36 现状行驶时间

O	D		
	1	2	3
1	7	17	22
2	17	15	23
3	22	23	7

表 5-37 未来行驶时间

O	D		
	1	2	3
1	4	9	11
2	9	8	12
3	11	12	4

7. 有2个居住区（1、2号，作为出行产生区）和3个就业分区（3、4、5号，作为出行吸引区），它们的现状分布表和出行阻抗表分别如表 5-38、表 5-39 所示，试确定双约束重力模型的参数。

表 5-38 现状 OD 分布表

O	D			P_i
	3	4	5	
1	150	100	50	300
2	400	100	200	700
A_j	550	200	250	1000

表 5-39 出行阻抗表

O	D		
	3	4	5
1	3	2	5
2	3	5	4

第六章 交通方式划分

第一节 概 述

交通方式划分（Mode Split）是交通需求四阶段预测中的第三阶段，是研究各交通分区间人们出行利用各种交通方式（如步行、自行车、小汽车、公交车、地铁、出租车等）的比例。交通方式划分阶段研究的重点是出行者的交通方式选择行为，它以居民出行调查数据为基础，建立模型预测基础设施或服务等条件变化时，交通方式间交通需求的变化。

如图 6-1 所示，$T_{ij(m)}$ 表示由起点交通分区 i 到终点交通分区 j 的出行中采用第 m 交通方式的交通量，$\eta_{ij(m)}$ 表示由起点交通分区 i 到终点交通分区 j 的出行中采用第 m 交通方式的比例，则

$$\eta_{ij(m)} = \frac{T_{ij(m)}}{T_{ij}} \qquad (6\text{-}1)$$

显然

$$\sum_m T_{ij(m)} = T_{ij} \qquad (6\text{-}2)$$

$$\sum_m \eta_{ij(m)} = 1 \qquad (6\text{-}3)$$

研究对象区域第 m 种交通方式的平均出行比例为

$$\eta_m = \frac{\sum_i \sum_j T_{ij(m)}}{\sum_i \sum_j T_{ij}} \qquad (6\text{-}4)$$

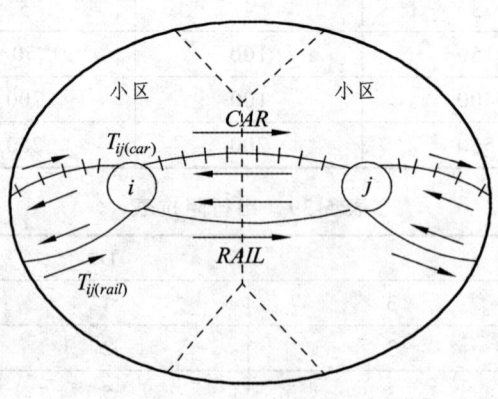

图 6-1 交通方式划分示意图

交通方式选择问题可以说是交通规划中的最重要的问题之一，如果城市的交通方式分担合理，城市有限的交通空间就能得到合理利用，交通拥挤就会得到缓解。因此交通方式划分预测将直接影响未来交通规划和政策的制定。

交通方式划分模型的建模思路有两种：其一是在假设历史的变化情况将来继续延续的前提下，研究交通需求的变化；其二是从城市规划的角度，为了实现所期望的交通方式划分，如何通过改扩建各种交通设施来引导人们出行，以及如何制订各种交通管理措施等。新交通方式（新型道路运输工具、轨道交通等）的交通需求预测问题属于后者，其难点在于如何量化出行行为选择因素及其具体应用。例如，某一因素对新交通方式的影响显著，进而把它引入新的交通方式划分模型中。

第二节 影响交通方式选择的因素

交通方式划分的影响因素较为复杂，出行者的收入、出行目的、交通发展政策、交通管制措施、出行产生和分布的实际情况，以及交通方式本身的运营情况都会影响到城市居民对交通工具的选择。一般影响交通方式选择的因素可以归结为出行者的特性、出行的特性、交通设施的特性和其他因素。

一、出行者的特性

人是交通方式选择的主体，因此交通方式的选择理所当然会因出行者特性的不同而异。出行者的特性包括性别、年龄、职业、收入、驾照持有与否、汽车保有量等。

1. 性别、年龄

从性别来看，一般男性比女性汽车利用率高，女性较男性的公共交通方式的利用率高。从年龄来看，一般 30~50 岁的人汽车利用率高，其他年龄段公共汽车利用率高。

2. 职　业

人们的职业是多种多样的，职业的不同对交通方式划分产生敏感影响。一般而言，业务员、推销员的汽车使用率高。

3. 收　入

收入在很大程度上影响着人们对于交通方式的选择。使用小汽车，除了购买汽车的费用，还需要付税金、保险金，此外还有汽油、润滑油等使用费用。因此，收入高者偏向于使用小汽车或乘坐出租车，收入低者则更偏向于使用公共交通工具或者自行车。

4. 是否拥有或者是否有可以利用的小汽车

这一点与社会经济发展有着密不可分的关系。在日本、美国等发达国家，汽车是人们生活中必不可少的交通工具，几乎每个家庭都拥有小汽车。相反，在发展中国家，小汽车的拥有量相对较少。一般拥有小汽车的人出行比较依赖小汽车，因此他们出行时公共交通方式的利用率低。

5. 是否持有驾照

在我国，18岁以上身体符合相应条件的人在通过驾照考试后都可以获得驾驶执照。没有驾照的出行者若要采用机动化交通方式出行，只能选择公共交通方式、出租车或者乘坐别人的汽车，单独出行时则无法利用小汽车。

6. 家庭结构

出行者来自各自的家庭，因此出行会受到家庭结构的约束，常见的家庭结构有无孩的年轻夫妇、有孩的年轻夫妇、退休人员、单身等，家庭结构不同，在出行方式选择时也会有不同的倾向性。一般来说，如果家里有老人、小孩一起出行的话，一般更倾向于使用小汽车。特别是老人的就医需求、小孩就医和就学的需求相对比较多，无法独立完成需求，需要接送等，因此这样的家庭利用汽车的机会也比较多。

二、出行的特性

出行特性的影响主要是指在一次出行的固有特性中，对交通方式选择影响的部分。

1. 出行目的

出行目的包括上班、上学、购物、娱乐、业务等，出行目的不同是对交通方式选择影响较大的因素，因为出行目的的不同，对交通方式的服务质量要求也不同。通常来说，业务出行小汽车和出租车的利用率比较高；上下班上下学出行注重快速准时、费用合理，常选择公交和自行车；购物和娱乐出行注重方便性和随意性，常选择小汽车、出租车等出行方式。

2. 出行时段

出行时段是指在一天中的哪个时间出行。人们的活动是以一天为一个周期的，某些性质的出行在时间上也具有集中的倾向，如早晚高峰的上班出行，周末的娱乐、购物出行等。出行时段不同，道路的交通阻塞情况也存在很大差异，如高峰时段与非高峰时段，工作日与周末，因此，也应该分析交通方式选择因时段不同的变化。此外，出行时段不同，也很大程度上决定了可以选择的出行方式，从而影响出行方式的选择。比如在凌晨出行，则难以使用公共交通方式，只能选择小汽车或出租车。

3. 出行距离

每种交通方式都有它的适用距离。短距离出行，往往采用步行或自行车的出行方式，随着出行距离的增加，采用公共汽车、小汽车、轨道交通的比例会逐渐增加。图6-2表示各种交通方式的合理出行距离。

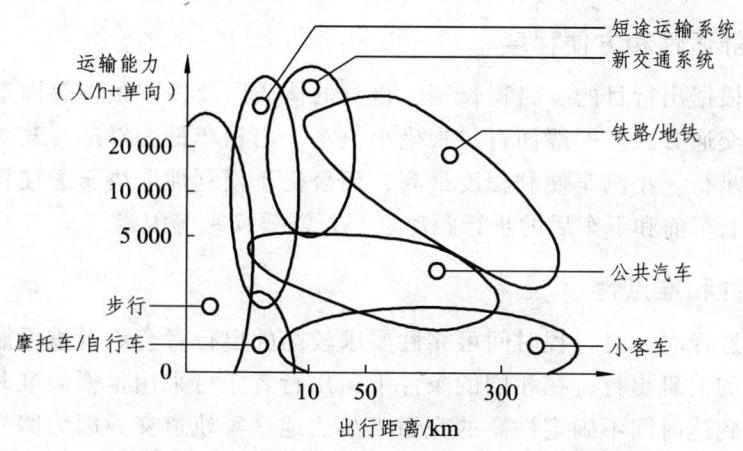

图 6-2 各种交通方式的合理出行距离

三、交通设施的特性

交通设施特性主要指不同出行方式的运行特征及相关设施的情况。

（一）出行时间

出行时间是指从出行起点到终点所需要的全部行程时间。出行时间的长短常常是选择某种交通方式首先考虑的要素条件，通常人们更倾向于选择出行时间短的交通方式。不同交通方式的出行时间的构成也不相同。如采用公交车或者地铁出行的时间组成包括步行时间、候车时间、车内时间、换乘时间等，而采用小汽车出行的时间组成包括步行时间、车内时间、找停车位及停车时间等。通常小汽车出行无须候车，步行时间较短，但如果发生交通堵塞，则车内时间会大大延长。而利用地铁等轨道交通出行的话，虽然步行时间可能较长，且需要候车甚至换乘，但速度快，车内时间短。不同的时间构成给出行者带来的效应是不一样的，如步行时间、换乘次数、候车时间的增加会带来肢体和精神上的疲劳，这些因素在交通方式选择分析中也是需要考虑的。

（二）出行费用

与出行时间类似，出行费用也是影响交通方式选择的主要因素之一。一般而言，要减少出行时间，往往需要付出更高的出行费用。因此出行费用通常要与出行时间联系起来统一考虑。根据美国伊利诺工业大学研究所的研究成果，公共交通方式的乘客中，42%的人将交通费用作为选择的主要因素，而家用轿车的利用者中，不足1%。另外，交通费用作为主要原因考虑时，没有因为年龄的不同而发生显著的变化。

（三）可供停车的场地和停车费用

在城市 CBD 区域，由于停车位数量不足以及较高的停车费用，往往可以间接地限制部分选择小汽车的出行方式。

（四）出行舒适性和方便程度

出行者主要根据出行目的、路程长短、自身的体质以及经济条件等因素来选择舒适性和方便性不同的交通方式。一般而言，乘坐小汽车、出租车最为舒适，其次是公共交通，再次为自行车和步行。小汽车便利程度最高，而公交车便利性取决于去往目的地是否有相应的公交线路、上车前和下车后的步行距离、是否需要换乘等因素。

（五）可靠性和准点性

在交通方式选择时，对行程时间可靠性要求较高的出行者会更看重可靠的交通方式。如在早高峰期间的上班出行，在相同的条件下，出行者宁可采用稍慢但准时的交通工具，而不采用省时但到达时间不确定性高的交通工具。地铁等轨道交通因为路权专用而不受交通拥堵的影响，几乎可以完全按照时刻表来运行，可靠性和准时性都较好；而常规地面公共交通由于共享路权受交通拥堵的影响导致准时性差，很大程度上影响了人们对它的选择。

（六）安全性

不言而喻，安全性是交通方式选择的主要影响因素之一。无论多么好的交通工具，如果安全性差，乘客的人身安全得不到保障，就不会有人选择它。然而，因为交通事故本身有突发性，因此人们在选择交通工具时，明确地考虑安全性的时候比较少。一般而言，二轮工具因为其稳定性差、在交通事故中造成伤亡的概率大，其安全性指标较差。但是目前，在交通方式划分模型应用中，还鲜有纳入安全性指标。

四、其他因素

1. 地区特性

地区特性与交通方式选择有着较强的关系，地区特性指标主要包括居住人口密度、人口规模、交通设施水平、地形、气候、停车费用等。地区内人口密度高，公共交通利用率相对就高；城市规模大，交通设施水平就高，公共汽车利用率也高；山川、河流多的地区，汽车、公共汽车利用率就高；雨天、雪天多的地区公共交通方式利用率高。

2. 交通政策

不同的交通政策，将形成不同的交通出行结构。以大力发展公共交通为政策的城市，由于政策的引导、公共交通的设施供给水平和服务水平较高，会更吸引人们在出行中选择公共交通方式。与之相反，对公共交通在政策上没有倾斜、任由小汽车发展的城市，人们的出行会更依赖于小汽车。

第三节　交通方式划分预测方法分类

预测交通方式交通量的通常做法是先根据方式划分模型预测各交通方式的分担率，然后再乘以发生交通量、吸引交通量或者交通分布量，从而得到各个交通方式的分担交通量。

交通方式划分模型有很多种，模型分类体系较为复杂。

一、根据交通方式划分在四阶段中所处的位置进行分类

交通方式划分在四阶段预测过程中所处的位置具有较大的灵活性，四阶段法也因为交通方式的划分的位置不同而出现不同的组合方式。按交通方式的划分在四阶段模型中的位置不同，可分为四种（见图 6-3、表 6-1）。

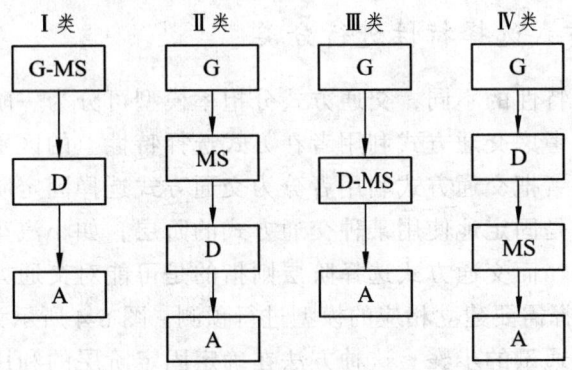

图 6-3　交通方式划分的四种可能位置

表 6-1　交通需求预测的四阶段法（第四种组合）

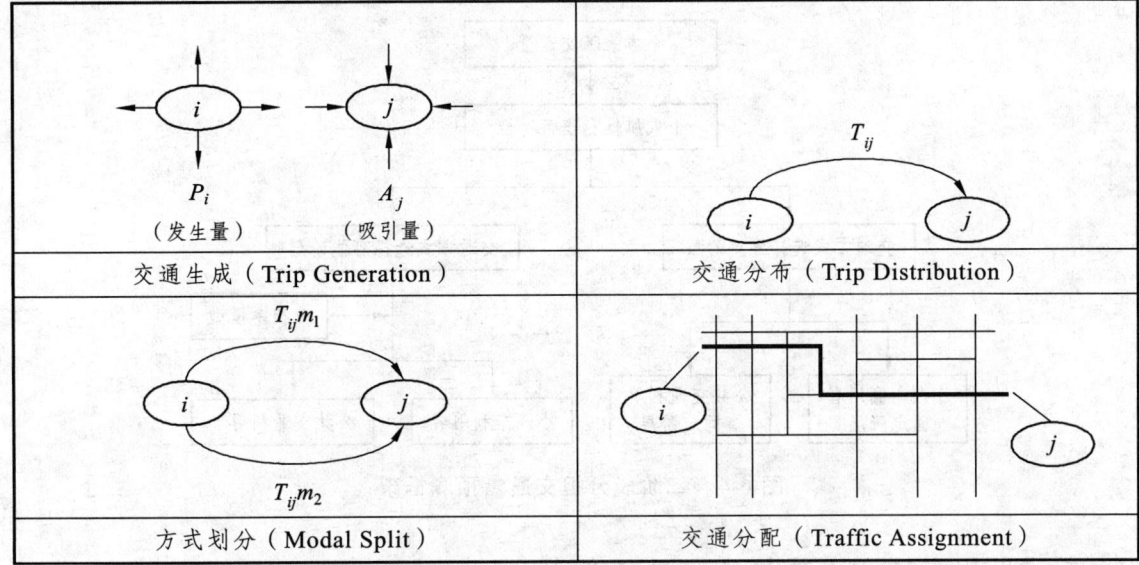

第一种组合是将交通方式划分与交通生成模型组合在一起，即在出行生成阶段就按不同的交通方式预测出行量。这一类交通方式划分称为直接生成法。第二种组合将交通方式划分置于交通生成与交通分布之间，根据交通分区的土地使用以及社会经济特征，模型可以确定在总出行生成量中将要使用的各种不同交通方式所占的百分比。由于这种模型划分的是出行端点（即产生和吸引），而非规划交通流，故又称为出行端点模型（Trip End Model）。这类模型使用简单，所需数据相对较少，但对交通政策的改变不敏感。第三种组合是把交通方式划分模型与出行分布结合在一起，即把交通方式划分作为出行分布过程的一部分，

与出行分布同时进行,并可以从出行分布的结果中对比不同交通方式的效果,这类模型属于联合模型的一种。第四种组合是在交通出行分布和交通分配之间进行,这类模型可以结合考虑影响整个系统的服务水平的因素(如相对行程时间、行程费用、出行者的经济状况以及相对的服务水平等)进行交通方式的划分。由于这种模型的交通方式划分是在交通分布后进行的,划分的是交通分区之间的出行量,故又称为出行交换模型(Trip Interchange Model),这类模型是这四种组合中应用的最为普遍的。

二、根据交通方式选择特性进行分类

根据交通方式选择特性的不同,交通方式分担率模型可分为一阶段分担率模型和二阶段分担率模型。前者不考虑交通方式利用者在方式选择特性上的区别,而是同等看待,以整体来考虑分担率。后者把交通方式利用者分为交通方式选择固定阶层和选择阶层,交通方式选择固定阶层指的是固定地使用某种交通方式的阶层,如小汽车利用者固定阶层或公共交通利用者固定阶层,而交通方式选择阶层则指的是可能对交通方式进行选择的阶层,这类人群的交通方式选择需要建立相应的模型进行预测。图 6-4 所示为二阶段分担率模型预测不同的交通方式的交通量的步骤。这种方法在确定固定阶层的利用方式时,与出行末端模型一样,完全不考虑地区间的交通服务水平,也就是说在发生、吸引交通量的阶段,把选择阶层和固定阶层分离开,进行方式选择预测。

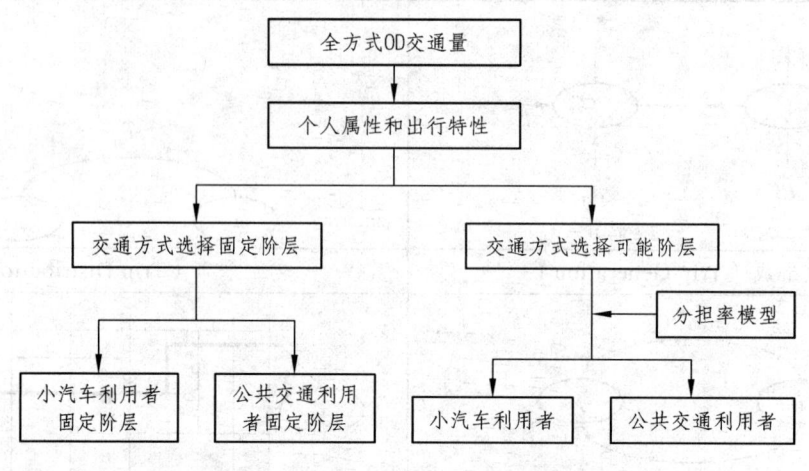

图 6-4　二阶段分担交通量预测框架

三、根据交通方式选择步骤进行分类

根据交通方式选择步骤的不同,交通分担率模型可分为双项选择法和多项选择法。多项选择法同时考虑各种交通方式,建立模型预测各种交通方式的出行比例。虽然该方法能用包含多种交通方式的选择率公式一次求出选择率,但由于影响因素多,模型复杂,未必能准确描述出行者方式选择行为的决策过程。而双项选择法一次只考虑两种出行方式,建立模型预测两种出行方式的比例,经过多次细化,最终给出多种交通方式的出行比例。双项选择法的预测步骤如图 6-5 所示。

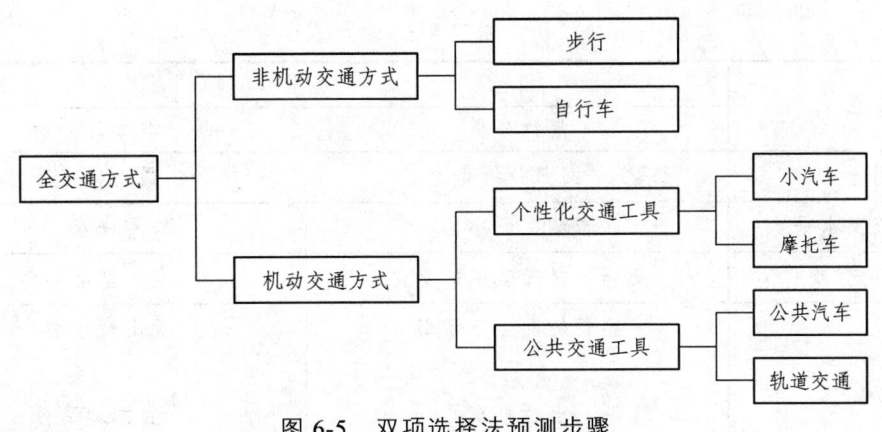

图 6-5 双项选择法预测步骤

四、根据交通方式选择的基本单位进行分类

根据交通方式选择的基本单位不同，交通分担率模型可分为集计模型（Aggregate Model）和非集计模型（Disaggregate Model）。

集计模型是将个人的交通方式选择数据以交通分区为单位进行统计处理、分析，从而得到以交通分区为分析单位的方式选择模型。在传统的交通规划或交通需求预测中，通常首先将对象地区划分为若干个交通分区，然后以这些交通分区为基本单位，按照出行的发生与吸引、出行的分布、交通方式划分和交通分配的四阶段，进行模型化预测的。因此，在建立模型或将样本放大时，需要以交通分区为单位对数据进行集计处理。通过上述集计处理得到的数据称为集计数据，而用集计数据所建立的模型称为集计模型。

与此对应，非集计模型是与交通需求预测四阶段法的集计模型相对应而命名的，又称为非集计行为分析（Disaggregate Behavior Analysis）或非集计选择分析（Disaggregate Choice Analysis）。非集计模型是以个人为单位构造模型来确定各交通方式的选择概率，然后再将每个人的方式选择结果集计起来，预测方式划分交通量的模型。非集计模型进行交通需求预测，可以分析出行者个人（或家庭）在是否出行、出行目的地、采用何种交通方式、选择哪条径路等方面的选择情况，分析出行者个人（或家庭）在可能的备选方案集合中如何选择的问题，将得到的个人行动结果加载到交通小区、交通方式、路径上而进行交通需求预测。在非集计分析中，采用先使用调查的个人行动数据建模，预测时再统计个人行动结果的方式。

与集计分析相比，非集计分析在分析的单位、模型预测方法、应用层面、政策体现、数据的效率和说明变量等方面不同。集计分析与非集计分析的区别如表 6-2 所示。

表 6-2 集计分析与非集计分析的区别

项目	类别	
	集计分析	非集计分析
调查单位	各次出行	各次出行
分析单位	交通小区	个人（或家庭）
因变量	小区统计值（连续量）	个人的选择（离散量）
自变量	各小区的数据	各个人的数据

续表

项目	类别	
	集计分析	非集计分析
预测方法	回归分析等	最大似然法
适用范围水平	预测交通小区	任意
政策的体现	交通小区代表值的变化	个人变量值的变化
交通现象的把握方法	出行的发生与吸引 ↓ 出行分布 ↓ 交通方式划分 ↓ 径路分配	出行频率 ↓ 目的地选择 ↓ 交通方式选择 ↓ 径路选择

第四节 实用模型介绍

下面介绍几种常用的方式划分预测模型，包括分担率曲线法、回归模型法、重力模型的转换模型，这些都属于集计模型。另外介绍两种常见的非集计模型，即 Logit 模型和 Probit 模型。

一、分担率曲线法

分担率曲线法是根据大量的调查统计资料绘出的各种交通方式的分担率与其影响因素间关系的曲线，从而可以利用该分担率曲线直接分析出各交通方式的分担率。分担率曲线法通常考虑的影响因素包括地区间距离、地区间交通方式所需出行时间比或者所需出行时间差、出行者的经济条件、出行目的等。

图 6-6 展示了单因素影响下的分担率曲线。随着方式 2 和方式 1 费用差的增加，选择方式 1 的比例在增加，而选择方式 2 的比例在减小。图 6-7 展示了双因素影响下的分担率曲线。对于同一等级收入人群而言，随着两种交通方式行时比的增加，选择公交的比例都是下降的，而在同一交通方式行时比下，低收入人群选择公交的比例较高收入人群高。

分担率曲线法是目前国外广泛使用的交通方式预测方法，它使用简单、直观，利用分担率曲线法可以直接查得各种交通方式在城市交通分区之间出行量中所占的比例。但是要绘制这些曲线并非易事，需要大量的调查资料，进行大量的统计分析。同时由于它是根据现状调查资料绘出的，时效性较差，只适用于相关因素变化相对较小的情况。随着时间的推移，若研究地区发生较大的变化，原来绘制的分担率曲线将不再适用。该方法的可移植性也差，根据一个地区的情况绘制的分担率曲线不可用于其他地区。此外，分担率曲线法只能反映两方式之间的相对划分比例，同一张图中的曲线所能反映的因素单一，在我国这种交通方式众多、影响因素复杂的情况下，绘出全面反映各交通方式之间分担关系的分担率曲线，所需要的资料是十分巨大的，因此，分担率曲线法很难表现复杂的分担率的变化。

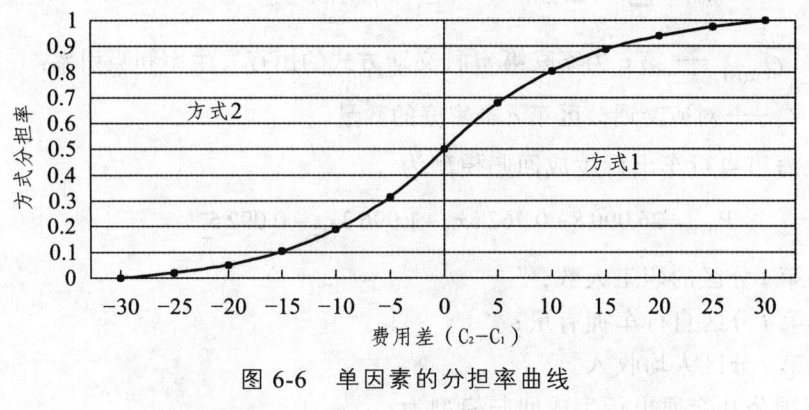

图 6-6 单因素的分担率曲线

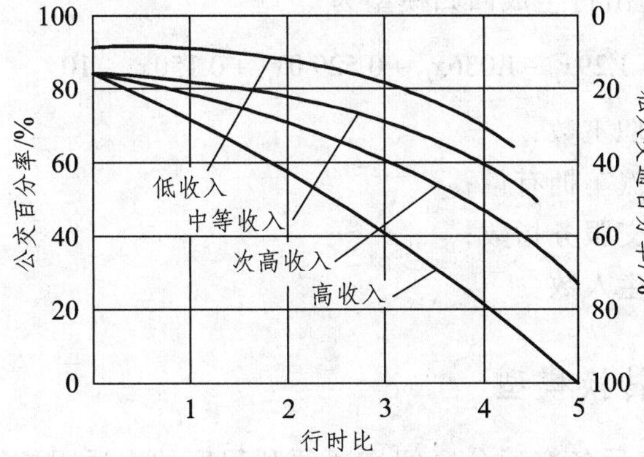

图 6-7 双因素的分担率曲线

二、回归模型法

回归模型法多用于交通生成和方式划分组合模型，按照不同交通方式来统计各交通分区的发生交通量和吸引交通量，通过建立各交通方式交通量与其相关因素间的回归方程，来作为交通方式预测模型。

对于每个交通分区，各交通方式的发生交通量和吸引交通量为

$$P_{i(m)}, A_{j(m)} (i,j=1,2,\cdots,n)(m=1,2,\cdots) \tag{6-5}$$

按不同的出行方式建立回归模型：

$$P_{i(m)} = \alpha_{1(m)} + \sum_k \beta_{1k(m)} \times x_{ik} \tag{6-6a}$$

$$A_{j(m)} = \alpha_{2(m)} + \sum_k \beta_{2k(m)} \times x_{jk} \tag{6-6b}$$

或

$$P_{i(m)} = \sum_c N_{ci} \overline{Q}_{c1(m)} \quad (6\text{-}7a)$$

$$A_{j(m)} = \sum_c N_{cj} \overline{Q}_{c2(m)} \quad (6\text{-}7b)$$

式中，$\overline{Q}_{c1(m)}$，$\overline{Q}_{c2(m)}$——第 c 类家庭第 m 种交通方式的出行发生率和吸引率；

N_{ci}，N_{cj}——对应交通分区第 c 类家庭的数量。

例如，上海市自行车出行生成回归模型为

$$P_{i(\text{自})} = 26.0908 + 0.7625 x_{i1} + 1.9963 x_{i2} - 0.0925 \quad (6\text{-}8)$$

式中 x_{i1}——第 i 分区的职工人数；

x_{i2}——第 i 分区自行车拥有量；

x_{i3}——第 i 分区人均收入。

又如，英国公共交通出行生成回归模型为

$$P_{i(bus)} = 1.29 x_{i1} - 1.036 x_{i2} + 0.5290 x_{i3} + 0.150 x_{i4} - 10 \quad (6\text{-}9)$$

式中 x_{i1}——第 i 分区的职工数；

x_{i2}——第 i 分区小汽车拥有量；

x_{i3}——第 i 分区公交服务指数；

x_{i4}——第 i 分区学生人数。

三、重力模型的转换模型

如果将重力模型中表示各交通分区间交通便利程度的交通阻抗转变为表示各交通分区间各种方式便利程度的交通方式阻抗，则可得出交通分布与方式划分的组合重力模型，这里称为重力模型的转换模型。在模型中，若各种交通方式的阻抗分别计算，则应得到各种方式的出行分布矩阵。

下面以发生量平衡约束重力模型为例加以说明，模型推导过程如下。

记交通分区 i，j 之间第 m 种方式的阻抗为 t_{ijm}，阻抗函数为 $f(t_{ijm})$，根据重力模型的基本形式及交通量守恒条件，有

$$T_{ijm} = K \frac{P_i A_j}{f(t_{ijm})} \quad (6\text{-}10a)$$

$$\sum_m T_{ijm} = T_{ij} \quad (6\text{-}10b)$$

根据发生量平衡约束条件

$$\sum_j T_{ij} = P_i \quad (6\text{-}11)$$

有

$$P_i = \sum_j T_{ij} = \sum_j \sum_m T_{ijm} = \sum_j \sum_m K \frac{P_i A_j}{f(t_{ijm})} = K P_i \sum_j \sum_m A_j / f(t_{ijm}) \quad (6\text{-}12)$$

$$K = \frac{1}{\sum_j \sum_m A_j / f(t_{ijm})} \quad (6\text{-}13)$$

$$T_{ijm} = P_i \frac{A_j / f(t_{ijm})}{\sum_j \sum_m A_j / f(t_{ijm})} \quad (6\text{-}14)$$

当阻抗函数取幂函数时，模型形式转换为：

$$T_{ijm} = P_i \frac{A_j t_{ijm}^{-\gamma}}{\sum_j \sum_m A_j t_{ijm}^{-\gamma}} \quad (6\text{-}15)$$

式中　T_{ijm}——从交通分区 i 到交通分区 j，第 m 种交通方式的交通量；

　　　P_i——交通分区 i 的发生交通量；

　　　A_j——交通分区 j 的吸引交通量；

　　　t_{ijm}——从交通分区 i 到交通分区 j，第 m 种交通方式的阻抗；

　　　γ——待定系数。

记交通分区 i、j 之间第 m 种方式出行比例为 η_{ijm}，根据上式可得出如下形式的重力模型交通方式预测模型：

$$\eta_{ijm} = \frac{T_{ijm}}{T_{ij}} = \frac{T_{ijm}}{\sum_m T_{ijm}} = \frac{KP_i A_j / f(t_{ijm})}{\sum_m KP_i A_j / f(t_{ijm})} = \frac{1/f(t_{ijm})}{\sum_m 1/f(t_{ijm})} \quad (6\text{-}16)$$

当 $f(t_{ijm}) = t_{ijm}^{\gamma}$ 时，有

$$\eta_{ijm} = \frac{t_{ijm}^{-\gamma}}{\sum_m t_{ijm}^{-\gamma}} \quad (6\text{-}17a)$$

当 $f(t_{ijm}) = e^{\gamma t_{ijm}}$ 时，有

$$\eta_{ijm} = \frac{e^{-\gamma t_{ijm}}}{\sum_m e^{-\gamma t_{ijm}}} \quad (6\text{-}17b)$$

特别地，当只考虑两种方式时，$m = 1$ 对应公交出行方式，$m = 2$ 对应个体出行方式，则有

$$\eta_{(1)} = \frac{t_{ij1}^{-\gamma}}{t_{ij1}^{-\gamma} + t_{ij2}^{-\gamma}} = \frac{1}{1 + (t_{ij2}/t_{ij1})^{-\gamma}} \quad (6\text{-}18a)$$

或

$$\eta_{(1)} = \frac{e^{-\gamma t_{ij1}}}{e^{-\gamma t_{ij1}} + e^{-\gamma t_{ij2}}} = \frac{1}{1 + e^{-\gamma(t_{ij2} - t_{ij1})}} \quad (6\text{-}18b)$$

$$\eta_{(2)} = 1 - \eta_{(1)} \quad (6\text{-}19)$$

四、非集计模型

非集计模型的开发研究始于 20 世纪 60 年代初期，进入 20 世纪 70 年代以后，计量经济学家 Danniel L. McFadden 等人在理论研究上取得了很大的进展，提出了随机效用模型

(Rando m Utility Model, RUM)的 Logit 模型,后由 Moshe Ben-Akiva 引入交通需求预测研究领域。

非集计方法将研究的角度从某一特征的出行者群体选择行为的统计平均转向出行者个体选择行为,它以单个出行者作为研究对象,充分利用每个调查数据,求出描述个体行为的概率值。相对于集计方法而言,非集计模型复杂、要求数据量小、预测精度高、解释性好、具有较强的时空移植能力。所以现代城市交通规划中,一般多采用非集计模型的方法进行交通方式划分。

非集计模型是基于随机效用理论,假设个人选择的交通方式可以采用效用来反映,每个出行者都会选择他认为效用最大的方式出行。效用可以用数学函数来表示,备选方案 k 的随机效用函数 $U(k)$ 为

$$U(k) = V(k) + e(k) \tag{6-20}$$

式中　$V(k)$——方案 k 效用的固定项;

　　　$e(k)$——方案 k 效用的随机项。

固定效用用来表示备选方案的可测特征,可由行驶时间、费用等方案特性,以及年龄、职业等个人属性表示,通常用线型函数表示。固定效用有时也称为"观测效用"。

随机效用是考虑到存在无法量化或者无法观测的特征对效用的影响,故用一个随机变量 $e(k)$ 来表示,并假设 $e(k)$ 服从某种概率分布。由于随机效用是个人在选择时所具有的感觉上的评价值,从而有时也称其为"感知效用"。

根据效用最大化原则,方案 k 被选中的概率即为方案 k 的效用 $U(k)$ 大于其他方案效用的概率。因此,方案 k 的选择概率 $p(k)$ 可由下式表示。

$$p(k) = [U(k) > U(j), \forall j(\neq k) \in K] \tag{6-21}$$

式中　K——方案集。

将式(6-20)代入式(6-21),可得到

$$\begin{aligned} p(k) &= p[e(j) < V(k) - V(j) + e(k), \forall j(\neq k) \in K] \\ &= \int_{e(k)} F[V(k) - V(j) + e(k), \forall j(\neq k) \in K] f_k(x) \, dx \end{aligned} \tag{6-22}$$

式中　$F(x)$——概率分布函数;

　　　$f(x)$——概率变量 $x = e(k)$ 的概率密度函数。

(6-22)式的含义是:首先,假设 $e(k)$ 固定,求方案 j 相对应的 $e(j)$ 的同时概率分布函数值;其次,$e(k)$ 概率变化时,与其概率密度相乘,再进行积分。

假设效用的随机项服从不同的概率分布,就得到了不同的非集计模型,常用的模型有 Logit 模型和 Probit 模型。

1. Logit 模型

Logit 模型假设效用函数的随机项 $e(k)$ 服从相互独立的 Gumbel 分布,则根据效用最大化原则可以推导出多元 Logit 模型,其选择概率公式为

$$P(k) = \frac{e^{V(k)}}{\sum_{j \in K} e^{V(j)}} \tag{6-23}$$

Logit 模型概率计算及参数推算比 Probit 模型简单，并且适用性广泛。但是由于在推导 Logit 模型时用到了基本假设条件，即随机项 $e(k)$ 服从相互独立的 Gumbel 分布，使得模型在现实世界的某些情况下是与实际情形不完全相符合的，从而会导致 Logit 的模型存在以下常见的问题。

（1）Logit 模型的 IIA 特性。

采用 Logit 模型时，两种交通方式之间的选择概率关系可表示为

$$\frac{p(k)}{p(j)} = \frac{e^{V(k)}}{e^{V(j)}} \tag{6-24}$$

式（6-24）表明，两种交通方式间的相对优劣仅取决于这两种交通方式自身的特性，而与其他交通方式的特性无关。通常称该性质为 Logit 模型的 IIA 特性（Independence of Irrelevant Alternative），IIA 特性源于效用随机项之间相互独立的假定，属于 Logit 模型的弱点之一。

以著名的红蓝巴士悖论为例。假设原本提供某人选择的交通方式有小汽车和公共汽车两种交通方式（假定所有的公共汽车均为红色），而该出行者选择小汽车的效用函数 V_i 和公共汽车的效用函数 V_j 相等，则选择上述两种交通方式概率各为 0.5，其选择概率之比则为

$$\frac{p^{car}}{p^{red}} = \frac{e^{V_i}}{e^{V_j}} = 1:1 \tag{6-25}$$

这时假定把一半的红色公共汽车变成蓝色。考虑到蓝色公交和红色公交在票价、旅行时间等参数上均无差别，因此，蓝色公交和红色公交的效用函数相等，这里将蓝色巴士的效用函数记为 V_j'，则有 $V_j' = V_j$。于是，根据 Logit 模型可知，蓝色公交和红色公交选择概率之比为

$$\frac{p^{blue}}{p^{red}} = \frac{e^{V_j'}}{e^{V_j}} = 1:1 \tag{6-26}$$

与此同时，小汽车与红色公交的效用函数并无改变，小汽车与红色公交的划分率之比也仍然保持为 1:1。于是小汽车、红色公交与蓝色公交的划分率比值为 1:1:1，其被选择的概率各为 1/3。这显然是与实际情况不相符合的，因为通常人们在选择交通方式时，不会考虑公交车辆的颜色。因此小汽车与公共交通的选择概率仍然应该是各 0.5，红色公交和蓝色公交的选择概率各占公共交通选择概率中的 50%。

导致该谬误出现的原因就是 Logit 模型无法考虑到不同方式之间的相关性，在实际操作中，如果发现某 Logit 模型具有 IIA 的特性，明显不符合实际特征时，可采用嵌套 Logit 模型或者 Probit 模型来计算。

（2）Logit 模型的同概率分布问题。

由式（6-24）可知，Logit 模型的另外一个缺陷是不同交通方式间的选择的概率只由方式间效用函数的差值决定，即

$$p(k) = \frac{e^{V(k)}}{\sum_j e^{V(j)}} = \frac{1}{1+\sum_{j\neq i}(e^{V(j)}-e^{V(i)})} \tag{6-27}$$

假设有图 6-8（a）、图 6-8（b）所示的两种情况，上述两种情况下，在某一 OD 对间均有两种交通方式可供其选择，分别为小汽车和公共汽车。其中图 6-8（a）中公共出行方式的出行时间为 10 min，小汽车出行方式的出行时间为 5 min；图 6-8（b）中公共交通方式的出行时间为 100 min，小汽车出行方式的出行时间为 95 min。能够看出，在两种不同情况下，小汽车和公共汽车出行时间的差值均为 5 min。

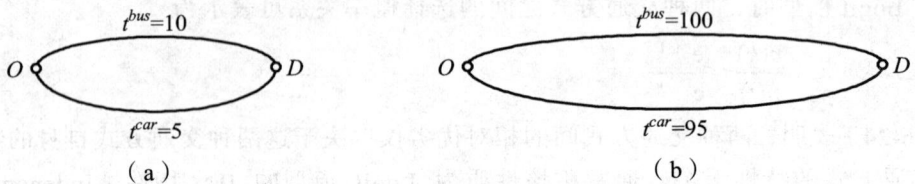

图 6-8　效用差相等的两组出行方式对比图

假设小汽车和公共汽车的效用函数均为 $V = -t$，那么对上述两种情况进行计算可知：

在图 6-8（a）情况下小汽车出行的选择概率为 $\frac{e^{-5}}{e^{-5}+e^{-10}} = \frac{1}{1+e^{-5}} = 0.9933$，也就是说大部分出行者在该情况下会使用小汽车作为出行工具。也就是说当小汽车的出行时间如果与公共汽车相比降低 50% 的时候，大部分出行者都会选择以小汽车作为出行工具，而这与实际情况基本相符合。

同样根据 Logit 模型，在图 6-8（b）情况下，小汽车出行的选择概率应为 $\frac{e^{-95}}{e^{-95}+e^{-100}} = \frac{1}{1+e^{-5}} = 0.9933$。可以发现，在这种情况下 Logit 模型给出的结果表示仍有 99% 以上出行者会选用小汽车作为其出行工具。鉴于出行者在实际出行过程中不会感受到 95 min 与 100 min 有明显差别，可见上述 Logit 模型的计算结果与实际的符合程度较差。

上述问题产生的原因是在实际过程中，由于出行距离和出行时间的增加，出行者在进行决策时的误差也会变大，而 Logit 模型假设中效用函数随机项 $e(k)$ 也就是表示各路段出行时间的误差项服从相同的 Gumbel 分布，而这种同概率分布的假设也就影响了 Logit 模型适用性。

【例题 6-1】在仅有公共汽车和私人汽车两种交通方式的地区，假设有下述 Logit 交通方式选择模型，试用表 6-3~6-13 所示行驶时间和费用以及分担率，求出这两种交通方式的将来 OD 分布交通量。

$$V_{ij}^{CAR} = \alpha t_{ij}^{CAR} + \beta c_{ij}^{CAR} + \gamma \tag{6-28a}$$

$$V_{ij}^{BUS} = \alpha t_{ij}^{BUS} + \beta c_{ij}^{BUS} \tag{6-28b}$$

$$p_{ij}^{CAR} = \frac{\exp(V_{ij}^{CAR})}{\exp(V_{ij}^{BUS}) + \exp(V_{ij}^{CAR})} \tag{6-28c}$$

$$p_{ij}^{\text{BUS}} = \frac{\exp(V_{ij}^{\text{BUS}})}{\exp(V_{ij}^{\text{BUS}}) + \exp(V_{ij}^{\text{CAR}})} \qquad (6\text{-}28\text{d})$$

表 6-3　现状公共汽车的行驶时间　　　　　　　　　　单位：min

t_{ij}^{BUS}	1	2	3
1	5.0	11.0	13.0
2	10.0	12.0	12.0
3	14.0	16.0	7.0

表 6-4　现状小汽车的行驶时间　　　　　　　　　　单位：min

t_{ij}^{CAR}	1	2	3
1	3.0	8.0	10.0
2	8.0	7.0	11.0
3	10.0	11.0	3.0

表 6-5　现状公共汽车的票价　　　　　　　　　　单位：元

C_{ij}^{BUS}	1	2	3
1	13.0	14.0	18.0
2	14.0	13.0	22.0
3	18.0	22.0	13.0

表 6-6　现状小汽车的费用　　　　　　　　　　单位：元

C_{ij}^{CAR}	1	2	3
1	2.1	4.5	5.8
2	4.5	4.2	6.0
3	5.8	6.0	1.9

表 6-7　现状公共汽车的分担率

p_{ij}^{BUS}	1	2	3
1	0.273	0.265	0.253
2	0.282	0.248	0.255
3	0.239	0.192	0.244

表 6-8　现状小汽车的分担率

p_{ij}^{CAR}	1	2	3
1	0.727	0.735	0.747
2	0.718	0.752	0.745
3	0.761	0.808	0.756

表 6-9　将来公共汽车的行驶时间　　　　　　　　　　　　　　　　　单位：min

t_{ij}^{BUS}	1	2	3
1	5.0	10.0	12.0
2	10.0	9.0	13.0
3	12.0	13.0	5.0

表 6-10　将来小汽车的行驶时间　　　　　　　　　　　　　　　　　单位：min

t_{ij}^{CAR}	1	2	3
1	3.0	8.0	10.0
2	8.0	7.0	11.0
3	10.0	11.0	3.0

表 6-11　将来公共汽车的票价　　　　　　　　　　　　　　　　　　单位：元

C_{ij}^{BUS}	1	2	3
1	16.0	17.0	22.0
2	17.0	16.0	28.0
3	22.0	28.0	16.0

表 6-12　将来小汽车的费用　　　　　　　　　　　　　　　　　　　单位：元

C_{ij}^{CAR}	1	2	3
1	2.6	5.6	7.3
2	5.6	5.2	7.5
3	7.3	7.5	2.4

表 6-13　将来 OD 出行分布表

O	D			P_i
	1	2	3	
1	17.78	16.30	4.28	38.36
2	16.46	63.09	12.12	91.67
3	3.95	11.08	21.44	36.46
A_j	38.19	90.47	37.83	166.50

【解】在非集计分析中，为了预测交通参与者个人的选择行为，需要输入个人的数据，即在进行交通需求预测时，需要对象区域的个人数据，但是利用抽样结果预测个人的将来值尚有困难，因此，本例题从简单实用的角度展示如何利用 Logit 模型进行集计交通方式划分。

（1）参数拟合。

本例题将 Logit 模型应用于交通方式选择，其选择因素数据为集（统）计数据。由式（6-28c）和式（6-28d）相除并取对数，可得

$$\ln(\frac{p_{ij}^{CAR}}{p_{ij}^{BUS}}) = \alpha(t_{ij}^{CAR} - t_{ij}^{BUS}) + \beta(c_{ij}^{CAR} - c_{ij}^{BUS}) + \gamma \qquad (6-29)$$

采用 $y = \alpha x_1 + \beta x_2 + \gamma$ 的形式进行回归分析,利用现状出行分担率、两种方式的行驶时间和费用数据,采用最小二乘法拟合参数 α、β 和 γ 的值如下:

$\alpha = -0.0796$;$\beta = -0.00387$;$\gamma = 0.390$。

(2)将来分担率和交通方式 OD 表。

用上述拟合的 Logit 模型和表 6-9、表 6-10、表 6-11、表 6-12 中的数据,分别计算将来公共汽车和小汽车的效用,得到表 6-14 和表 6-15。

表 6-14 将来公共汽车的效用值

V_{ij}^{BUS}	1	2	3
1	−0.46	−0.86	−1.04
2	−0.86	−0.78	−1.14
3	−1.04	−1.14	−0.46

表 6-15 将来小汽车的效用值

V_{ij}^{CAR}	1	2	3
1	0.14	−0.27	−0.43
2	−0.27	−0.19	−0.52
3	−0.43	−0.52	0.14

将表 6-14 和表 6-15 中的值代入公式(6-28c)和式(6-28d)中,得到将来两种交通方式分担率,如表 6-16 和表 6-17 所示。

表 6-16 将来公共汽车的分担率

p_{ij}^{BUS}	1	2	3
1	0.354	0.356	0.353
2	0.356	0.356	0.348
3	0.353	0.348	0.354

表 6-17 将来小汽车的分担率

p_{ij}^{CAR}	1	2	3
1	0.646	0.644	0.647
2	0.644	0.644	0.652
3	0.647	0.652	0.646

进而,将表 6-16 和表 6-17 应用于将来 OD 出行分布表 6-13,分别得到两种交通方式将

来的 OD 出行分布表，如表 6-18 和表 6-19 所示。

表 6-18　公共汽车交通方式将来的 OD 出行分布表

q_{ij}^{BUS}	1	2	3	合计
1	6.30	5.80	1.51	13.61
2	5.86	22.49	4.22	32.57
3	1.39	3.85	7.59	12.83
合计	13.55	32.14	13.32	59.01

表 6-19　小汽车交通方式将来的 OD 出行分布表

q_{ij}^{CAR}	1	2	3	合计
1	11.49	10.50	2.77	24.76
2	10.61	40.60	7.90	59.11
3	2.55	7.23	13.85	23.63
合计	24.65	58.33	24.52	107.5

通过例题可以看出，我们利用交通方式划分从将来 OD 出行分布表得到未来不同交通方式 OD 出行分布表，为交通分配提供了基础数据。

2. Probit 模型

如果假设随机项 $e(k)$ 服从于平均值为 0，具有有限的方差协方差矩阵的多变量正态分布 MVN（Multivariance Normal Distribution），可得到 Probit 模型。

$$\begin{bmatrix} U(1) \\ U(2) \\ \vdots \\ U(K) \end{bmatrix} \sim \text{MVN} \begin{bmatrix} V(1) \\ V(2) \\ \vdots \\ V(K) \end{bmatrix}, \begin{bmatrix} \sigma_1^2 & \sigma_{12} & \cdots & \sigma_{1k} \\ \sigma_{21} & \sigma_2^2 & \cdots & \sigma_{2k} \\ \vdots & \vdots & & \vdots \\ \sigma_{k1} & \sigma_{k2} & \cdots & \sigma_k^2 \end{bmatrix} \quad (6-30)$$

式中　σ_k^2——方差；
　　　σ_{ij}——协方差。

使用 Probit 模型时，给定固定效益 $V(k)$ 和随机项的方差协方差矩阵，便能计算选择概率。首先，介绍两个方案时概率的求解方法。方案 1 的选择概率由式（6-31a）、式（6-31b）描述。其概率可通过式（6-30）的分布函数值来求解。

$$p(1) = P[U(1) > U(2)] \quad (6-31a)$$

$$p(1) = \varphi \left[\frac{V(1) - V(2)}{\sqrt{\sigma_1^2 + \sigma_2^2 - 2\sigma_{12}}} \right] \quad (6-31b)$$

当方案为 3 个时，例如，方案 3 的选择概率可通过下式求解：

$$p(3) = p(\max\{U(1), U(2)\} < U(3)) \tag{6-32}$$

该分布函数的形式变得很复杂。方案增加时，与方案为 3 个时的情况相同，可以逐次反复使用求解最大效益的关系式，一般形式可以表示如下：

$$\begin{aligned}&\max\{U(1),\ U(2),...,\ U(k)\}\\&=\max\{\max...\max\{\max\{U(1),\ U(2)\}, U(3)\},..., U(k)\}\end{aligned} \tag{6-33}$$

当方案超过 3 个时，Probit 模型的计算非常繁杂，因此很少被使用，一般采用更实用的 Logit 模型。

将式（6-31b）中的方差协方差的值固定，仅确定效益的值发生变化，可得到下图所示方案 1 的选择概率。如果采用确定性选择，则当 $V(1) > V(2)$ 时，选择方案 1；当 $V(1) < V(2)$ 时，选择方案 2，即全有全无（All or Nothing）型选择。而采用概率选择时，其选择概率随 $V(1) \sim V(2)$ 的值而发生连续变化。也就是说即使方案 1 的确定效益 $V(1)$ 比方案 2 的确定效益 $V(2)$ 小，方案 1 仍以某一概率被选择。其原因是，表示难以测定和信息不足等因素的效用随机项发挥了作用，这也是概率选择模型的特征之一。

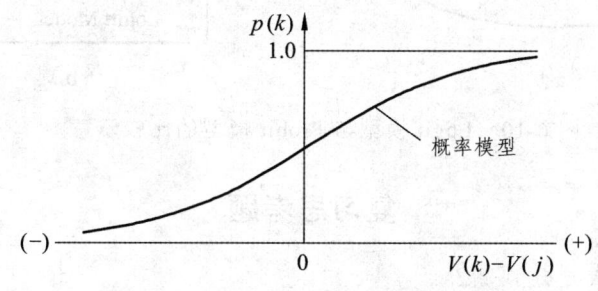

图 6-9 确定选择与概率选择的概率

3. 二者的比较

假设有两条选择径路，各径路的固定效益与其方差、协方差矩阵通过下式给定。

$$\begin{bmatrix} U(1) \\ U(2) \end{bmatrix} \sim \text{MVN}\left[\begin{bmatrix} -12 \\ -10 \end{bmatrix}, \begin{bmatrix} 2 & 1 \\ 1 & 2 \end{bmatrix} \right] \tag{6-34}$$

根据式（6-23），采用 Logit 模型求解各径路的选择概率时可得：

$$p(1) = 0.119，\quad p(2) = 0.881$$

根据式（6-31b），采用 Probit 模型求解各径路的选择概率时可得：

$$p(1) = 0.159，\quad p(2) = 0.841$$

由此结果可知，Logit 模型与 Probit 模型相比，会过大地估计选择概率大的径路（备选方案），会过小地推算选择概率小的径路。其原因在于模型中关于随机项的假设，即 Logit 模型假设径路的随机误差相互独立，而 Probit 模型假设随机误差具有相关关系。简单地说，表示概率分布值的式（6-31b）的分母中，协方差在 Logit 模型中为 0，而在 Probit 模型中为

2。但是，更确切地说，由于 Logit 模型与 Probit 模型的随机项的概率分布形式不同，其选择概率的差别不是仅仅由于协方差的有无而引起的。图 6-10（a）表示了距离相等时的 3 条径路的选择示例，图中表示径路部分相重合时，Logit 模型与 Probit 模型结果的差异。如图 6-10（b）所示，图中径路的独立部分（不重合的部分）的比率 d 为 1 时，即 3 条径路完全不重合时，两模型中径路 1 的选择概率都为 0.33，其结果相同。但是，径路的独立部分的比率 d 为 0 时，Probit 模型将径路 2 和径路 3 视为同一径路，对象径路成为 2 条；其结果，径路 1 的选择概率为 0.5。与此相对，Logit 模型将完全重合的径路作为别的径路进行处理，故对象径路依然为 3 条，径路 1 的选择概率为 0.33。

由上述可知，径路重合部分增大时，由于随机误差的相关性增大，Probit 模型与 Logit 模型的计算值产生很大差别。因此，径路重合部分多时，应该使用 Probit 模型，使用计算比较简单的嵌套 Logit 模型也能求得近似解。

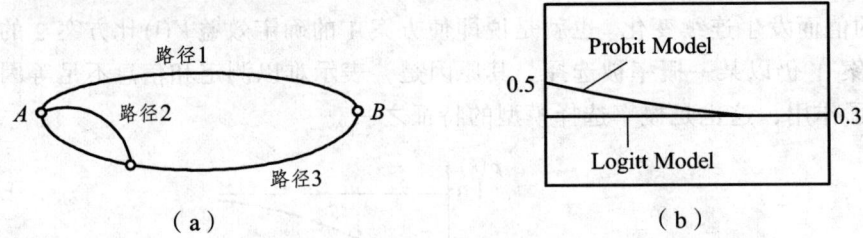

图 6-10　Logit 模型与 Probit 模型的比较示意图

复习思考题

1. 什么是交通方式划分预测？
2. 简述影响出行者交通方式选择的因素。
3. 简述交通方式分担率模型有哪几种？它们具有什么特点？
4. 简述 Logit 模型的 IIA 特性。
5. 试详细计算例题 6-1 中 Logit 模型参数 α、β、γ 的值。
6. Logit 模型和 Probit 模型有何差异？

第七章 交通分配

第一节 概 述

交通分配是交通需求四阶段预测中的第四阶段,是将预测得出的 OD 交通量根据已知的道路网描述,按照一定的规则符合实际地分配到路网中的各条道路上,进而求出路网中各路段的交通流量的工作过程。

如图 7-1 所示,交通分配就是将预测出的交通分区 i 到交通分区 j 的交通量 T_{ij} 分配到道路网络中的各条道路上,进而计算道路网络中各路段 a 的流量 x_a。交通分配预测实际上也就是研究出行者从交通分区 i 到交通分区 j 的路径选择行为,在一般道路交通网络中,两点之间有多条路径,如何将 OD 交通量合理地分配到各条路径上是交通分配要解决的关键问题。

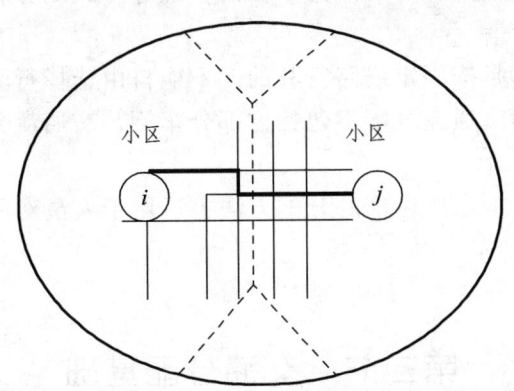

图 7-1 交通分配示意图

根据分配得到的路段交通流量和所产生的 OD 费用矩阵,可以对城市交通网络的使用状况进行分析和评价,是制定交通规划、建设与管理方案的主要依据之一。进一步具体而言,交通分配可用于以下几个情况:

(1)将现状 OD 交通量分配到现状交通网络上,分析目前交通网络的运行状况,如果有某些路段的交通量观测值,还可以将这些观测值与在相应路段的分配结果进行比较,以检验模型的精度。

(2)将规划年 OD 交通量预测值分配到现状交通网络上,以发现对规划年的交通需求而言,现状交通网络的缺陷,为交通网络的规划设计提供数据。

(3)将规划年 OD 交通量预测值分配到规划交通网络上,以评价交通网络规划方案的合理性。

进行交通流分配时,需要以下基本数据:

（1）出行分布矩阵，即表示出行需求的 OD 交通量。在拥挤的城市道路网中通常采用高峰期 OD 交通量，在城市间公路网中通常采用年平均日交通量（AADT）的 OD 交通量。

（2）交通网络，即交通网络的拓扑结构、路段及交叉口特征和属性数据，同时还包括其时间—流量函数。

（3）路径选择规则，即按照怎样的规则进行交通分配。就交通分配的特点来说，交通工具的运行线路可以分为两类，线路固定类型和线路不固定类型。线路固定类型有公共交通网和轨道交通网，这些是集体旅客运输；线路不固定类型有城市道路网、公路网，这一般是指个体旅客运输或货物运输。这类网络中，车辆是自由选择运行经路的。对于前者，虽然交通工具（如公共汽车）的线路是限定的，但作为个体的旅客来说，如果某两点之间有多条线路或多种交通工具，可以选择不同线路上的交通工具、或同一线路上的运行速度或交通费用不同的交通工具。因此，从这个意义上来说，这仍然是一个自由选择运行路径的问题，只不过这时路径的意义也更广泛些，其中路径选择包含对交通工具的选择。

对于城市道路网来说，需要特别指出如下三方面的内容。

（1）由于道路的主要承载对象是车辆，交通流分配中的出行分布量一般是指机动车，以标准小汽车（Passenger Count Unit，PCU）为单位。交通需求预测的第一步是预测发生量与吸引量，这个预测值一般是以"人"为单位的，经过方式划分，将以人为单位的出行量转化成以车为单位的出行量。

（2）由于公共汽电车是按固定线路行驶的，不能自由选择行驶路径，故在没有特殊说明的情况下，这里提到的交通流分配不包括这部分车辆，交通流分配的对象只是走行路线不固定的机动车辆的分布量。

（3）值得注意的是，本章所讨论的分配方法也适用于人员对固定线路的公共交通路径和工具的选择。

第二节　交通分配基础

一、交通网络的表示

在进行交通分配时，首先必须把实际交通网络抽象成由节点和边组成的拓扑图，然后使用图论中的方法进行分析。拓扑图中的节点一般代表道路网中道路的交叉点以及交通分区的重心，边则代表在两点之间存在一条道路，但是这种边既不代表道路的形状也不代表道路的长度。拓扑图相对于实际的路网图有以下几个特点：

（1）忽略了路网结构无关的内容，包括支路等；

（2）改变了道路的长短曲直及交叉口的位置；

（3）保留了道路与交叉口之间的连通关系。

交通网络分析中的计算量很大，一般通过计算机来实现，因此需要用计算机能够识别的方法对交通网络进行表示和处理。用矩阵表示拓扑图对研究图的性质及应用常常是比较方便的，图的矩阵表示方法有权矩阵、邻接矩阵、关联矩阵、回路矩阵、割集矩阵等，这里只介绍其中两种常用矩阵。

对于一个无向图，记节点的集合为 $V = \{V_1, V_2, ..., V_i, ...\}$，边的集合为 $E = \{e_1, e_2, ..., e_k, ...\}$，则线图可以表示为 $G = \{V, E\}$。

（一）邻接矩阵

拓扑图中顶点间的连通情况可以通过一个邻接矩阵来描述，邻接矩阵中的元素定义为

$$C_{ij} = \begin{cases} 1 & 顶点V_i, V_j 之间至少有一条边直接相连 \\ 0 & 顶点V_i, V_j 之间无边直接相连 \end{cases} \quad (7\text{-}1)$$

如果交通网络中每条边都是双向的（即 G 为无向图时），那么它所对应的邻接矩阵为对称矩阵。如果交通网络中每条边都是单向的（即 G 为有向图时），那么它所对应的邻接矩阵不一定对称。

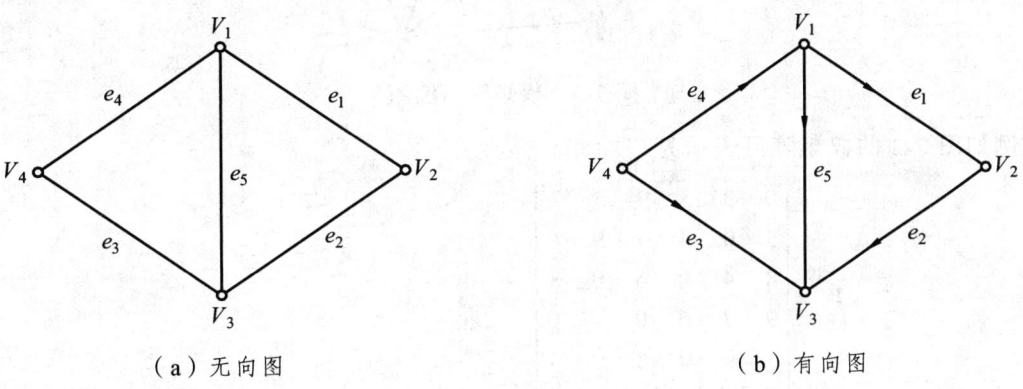

（a）无向图　　　　　　　　　　　（b）有向图

图 7-2　邻接矩阵示意图

例如无向图 7-2（a）的邻接矩阵可表示为

$$C = \begin{bmatrix} 0 & 1 & 1 & 1 \\ 1 & 0 & 1 & 0 \\ 1 & 1 & 0 & 1 \\ 1 & 0 & 1 & 0 \end{bmatrix}$$

有向图 7-2（b）的邻接矩阵可表示为

$$C = \begin{bmatrix} 0 & 1 & 1 & 0 \\ 0 & 0 & 1 & 0 \\ 0 & 0 & 0 & 0 \\ 0 & 1 & 0 & 1 \end{bmatrix}$$

由上例可知，邻接矩阵能够描述网络拓扑图顶点之间的连通情况，它是一个方阵，其元素为 1 或 0，方阵的阶数为顶点的个数，一个具有 n 个交通节点的交通网络，其邻接矩阵的元素为 $n \times n$ 个。

（二）权矩阵

网络拓扑图中边的权值为实际路段的距离、行程时间或出行广义费用。节点与节点之

间的数量关系通过权矩阵 W 来反映。权矩阵中的元素定义为

$$w_{ij} = \begin{cases} 0 & i = j \\ \infty & \text{两节点之间无边连接} \\ \text{给定权} & \text{两节点之间有边连接} \end{cases} \quad (7-2)$$

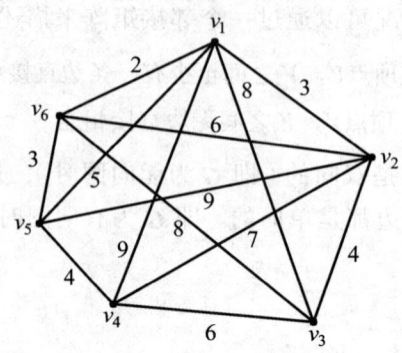

图 7-3 权矩阵示例图

例如图 7-3 的权矩阵可表示为

$$W = \begin{bmatrix} 0 & 3 & 8 & 9 & 5 & 2 \\ 3 & 0 & 4 & 7 & 9 & 6 \\ 8 & 4 & 0 & 6 & 0 & 8 \\ 9 & 7 & 6 & 0 & 4 & 0 \\ 5 & 9 & 0 & 4 & 0 & 3 \\ 2 & 6 & 8 & 0 & 3 & 0 \end{bmatrix}$$

二、交通阻抗

交通阻抗（或者称为路阻）是交通分配中经常提到的概念，也是一项重要指标，它直接影响到交通流路径选择和流量分配。

交通网络上的路阻，应包含反映交通时间、交通安全、交通成本、舒适程度、便捷性和准时性等许多因素。根据这些因素建立一个科学严密、解释性强的函数模型是非常困难的。经过大量的理论分析和工程实践，人们得出影响路阻的主要因素是时间，因此交通时间常常被作为计算路阻的主要标准。

交通阻抗分为路段阻抗和节点阻抗，节点阻抗较为复杂，这里主要讨论路段阻抗。

一般来说，路段所需的走行时间并不是常数，而是随着该路段上交通流量的增加而增加，而且往往还受相邻的其他道路上的交通流量的影响。将表示路段走行时间和路段流量关系的函数称为阻抗函数。在普通的交通分配模型中，为了使问题简化，只考虑自身的交通流量对其所需时间的影响而忽略其他道路的影响。因此，普通的阻抗函数可表达为

$$t_a = f(t_{a0}, x_a / C_a) \quad (7-3)$$

式中 t_a——路段 a 上的阻抗；

t_{a0}——路段 a 的零流阻抗,即路段上流量为零时车辆行驶所需要的时间;

x_a——路段 a 上的交通量;

C_a——路段 a 的交通容量,即单位时间内路段实际可通过的车辆数;

路段阻抗函数一般应该具有如下特点:

(1)当 $x_a=0$ 时,$t_a=t_{a0}$;

(2)当 x_a 增加时,t_a 也随之增加,即单调递增性;

(3)当 x_a 趋近于 C_a 时,t_a 趋近于无穷大,即符合限制性。

对于路段阻抗函数的研究,既有通过实测数据进行回归分析的,也有进行理论研究的。其中被广泛应用的是由美国道路局开发的函数,被称为 BPR 函数(见图 7-4),其形式为

$$t_a(x_a) = t_{a0}\left[1 + \alpha\left(\frac{x_a}{C_a}\right)^\beta\right] \tag{7-4}$$

式中,α、β 为系数。

在美国公路局交通流分配程序中,α、β 参数的取值分别为 $\alpha=0.15$、$\beta=4$,也可由实际数据用回归分析求得。

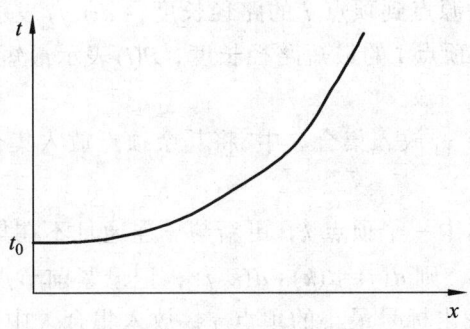

图 7-4 BPR 函数

BPR 函数虽然只满足一般阻抗函数特性前两条,不满足第三条,但在理论研究和实际道路网的交通分配中被普遍采用。究其原因,一方面,当分配给某一路段的交通量大于其通过能力时,该函数应该反馈一个行驶时间,否则一个无穷大的数可能会导致计算机死机;另一方面,函数应该允许存在一定的"超载",即当流量等于或超过通过能力时,行驶时间不应该为无穷大,事实上,短时间的超负荷运行在实际中的确存在,不一定会产生无限延误。

节点阻抗是指车辆在交通网络节点处的阻抗,主要指在交叉口。交叉口阻抗与交叉口形式、信号控制系统的配时、交叉口的通过能力等因素有关。在城市交通网络的实际出行时间中,除路段行驶时间外,交叉口延误占有较大比重,特别是在交通高峰期间,交叉口拥挤堵塞比较严重时,交叉口延误可能会超过路段行驶时间。

但由于交叉口延误计算较为复杂,而且交叉口不同流向的延误也不尽相同,目前图论等应用数学中很难有合理、适用的关于节点方位和路径走向的数学描述,因而在求最短径路的算法中就不能一般地表达不同流向车辆在交叉口的不同延误。这个问题一直没能得到很好的解决,因此已有的城市道路交通流分配理论一直忽略节点阻抗问题,只借用从城市间公路上获得的行驶时间 BPR 函数作为城市道路网上的阻抗函数,且只计算路段上的阻抗。

三、路径与最短路径

对交通网络中任一 OD 点对而言，从交通发生点 O 到交通吸引点 D 的一串连通的路段的有序排列叫作这一 OD 点对之间的路径。任一 OD 点对之间可以有多条路径，其中各路段阻抗之和最小的路径叫作最短路径。

最短路径算法是交通分配中最基本也最重要的算法，几乎所有交通分配方法都是将它作为一个基本子过程反复调用。最短路径算法的设计问题是图论、运筹学和交通规划领域的学者们最为关注的问题，因此已经设计出了多种方法，如 Dijkstra 算法 Bellman-Ford 算法、Floyd 算法和 SPFA 算法等。这里以最常用的 Dijkstra 算法为例加以详细说明。

Dijkstra（迪杰斯特拉）算法是由荷兰计算机科学家狄克斯特拉于 1959 年提出的，因此又叫狄克斯特拉算法。算法的主要特点是以源点为中心向外层层扩展，直到扩展到终点为止，最终得到一个最短路径树，可以解决赋权有向图或者无向图的单源最短路径问题，即寻找从源点到网络中其他各顶点的最短路径。

为方便起见，设源点为顶点 1，并声明两个集合，集合 S 是永久标号集合，用于保存已经找到了最短路径的顶点，集合 T 是临时标号集合，用于记录还未求出最短路径的顶点。用 $d(i)$ 表示当前所找到的从源点到顶点 i 的路径长度，$d(i,j)$ 表示顶点 i 和顶点 j 之间的路段长度，$D(i)$ 表示从源点到顶点 i 的最短路径长度，$P(i)$ 表示最短路径中顶点 i 的紧前节点。

算法的步骤如下：

第 1 步：初始时，将源点 v_1 放入集合 S 中，将其余顶点放入集合 T 中，并令 $D(1)=d(1)=0$，其余顶点 $d(i)=\infty$（$i\neq 1$）；

第 2 步：从集合 S 中选中一个顶点 k，更新与 k 连通且不在集合 S 中的所有顶点 j 的标号，即若 $d(k)+d(k,j)<d(j)$，则 $d(j)=d(k)+d(k,j)$，记录紧前节点 $P(j)=k$；

第 3 步：从集合 T 中找出标号最小的顶点 j，放入集合 S 中，并令 $D(j)=d(j)$；

第 4 步：不断重复第 2 步和第 3 步，直到所有的顶点都放入集合 S 中，算法结束。

【例题 7-1】以图 7-5 的网络为例，采用 Dijkstra 算法求解由 v_1 到其他所有顶点的最短路径。

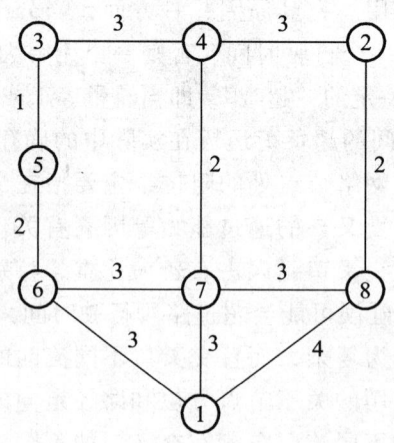

图 7-5 Dijkstra 算法示例图

【解】（1）令 $S=\{v_1\}$，$T=\{v_2,v_3,v_4,v_5,v_6,v_7,v_8\}$，令标号 $D(1)=d(1)=0$，$d(2)=d(3)=d(4)=d(5)=$

$d(6)=d(7)=d(8)=\infty$。

（2）从集合 S 中选中顶点 1，更新顶点 6、7、8 的标号：

对于顶点 6，$d(1)+d(1,6) = 0+3 = 3 < d(6) = \infty$，故顶点 6 标号更新为 $d(6)=3$，$P(6)=1$；

对于顶点 7，$d(1)+d(1,7) = 0+3 = 3 < d(7) = \infty$，故顶点 7 标号更新为 $d(7)=3$，$P(7)=1$；

对于顶点 8，$d(1)+d(1,8) = 0+4 = 4 < d(8) = \infty$，故顶点 8 标号更新为 $d(8)=4$，$P(8)=1$；

（3）集合 T 中标号最小的是顶点 6 和 7，随机选择顶点 6 放入集合 S 中，令 $D(6) = d(6) = 3$。

（4）从集合 S 中选中顶点 6，更新顶点 5 和 7 的标号：

对于顶点 5，$d(6)+d(5,6) = 3+2 = 5 < d(5) = \infty$，故顶点 5 标号更新为 $NPV \geqslant 0$，$P(5) = 6$；
对于顶点 7，$d(6)+d(6,7) = 3+3 = 6 > d(7) = 3$，故顶点 7 标号保持不变。

（5）集合 T 中标号最小的是顶点 7，将顶点 7 放入集合 S 中，令 $D(7) = d(7)=3$。

（6）从集合 S 中选中顶点 7，更新顶点 4 和 8 的标号，依次类推，根据同样的方法分别确定了 v_8、v_4、v_5、v_2、v_3 的标号，计算过程结果如表 7-1 所示。

表 7-1　Dijkstra 算法计算过程

步骤	S					T							P						
1	v_1					v_2	v_3	v_4	v_5	v_6	v_7	v_8	v_1	v_2	v_3	v_4	v_5	v_6	v_7	v_8
	0					∞	∞	∞	∞	∞	∞	∞	/	/	/	/	/	/	/	/
2	v_1					v_2	v_3	v_4	v_5	v_6	v_7	v_8	v_1	v_2	v_3	v_4	v_5	v_6	v_7	v_8
	0					∞	∞	∞	∞	3	3	4	/	/	/	/	/	1	1	1
3	v_1	v_6				v_2	v_3	v_4	v_5		v_7	v_8	v_1	v_2	v_3	v_4	v_5	v_6	v_7	v_8
	0	3				∞	∞	∞	∞		3	4	/	/	/	/	/	1	1	1
4	v_1	v_6				v_2	v_3	v_4	v_5		v_7	v_8	v_1	v_2	v_3	v_4	v_5	v_6	v_7	v_8
	0	3				∞	∞	∞	5		3	4	/	/	/	/	6	1	1	1
5	v_1	v_6	v_7			v_2	v_3	v_4	v_5			v_8	v_1	v_2	v_3	v_4	v_5	v_6	v_7	v_8
	0	3	3			∞	∞	∞	5			4	/	/	/	/	6	1	1	1
6	v_1	v_6	v_7			v_2	v_3	v_4	v_5			v_8	v_1	v_2	v_3	v_4	v_5	v_6	v_7	v_8
	0	3	3			∞	∞	5	5			4	/	/	/	7	6	1	1	1
7	v_1	v_6	v_7	v_8		v_2	v_3	v_4	v_5				v_1	v_2	v_3	v_4	v_5	v_6	v_7	v_8
	0	3	3	4		∞	∞	5	5				/	/	/	7	6	1	1	1
8	v_1	v_6	v_7	v_8		v_2	v_3	v_4	v_5				v_1	v_2	v_3	v_4	v_5	v_6	v_7	v_8
	0	3	3	4		6	∞	5	5				/	8	/	7	6	1	1	1
9	v_1	v_6	v_7	v_8	v_4	v_2	v_3		v_5				v_1	v_2	v_3	v_4	v_5	v_6	v_7	v_8
	0	3	3	4	5	6	∞		5				/	8	/	7	6	1	1	1
10	v_1	v_6	v_7	v_8	v_4	v_2	v_3		v_5				v_1	v_2	v_3	v_4	v_5	v_6	v_7	v_8
	0	3	3	4	5	6	8		5				/	8	4	7	6	1	1	1
11	v_1	v_6	v_7	v_8	v_4	v_5	v_2	v_3					v_1	v_2	v_3	v_4	v_5	v_6	v_7	v_8
	0	3	3	4	5	5	6	8					/	8	4	7	6	1	1	1

续表

步骤	S							T			P							
12	v_1	v_6	v_7	v_8	v_4	v_5		v_2	v_3		v_1	v_2	v_3	v_4	v_5	v_6	v_7	v_8
	0	3	3	4	5	5		6	6		/	8	5	7	6	1	1	1
13	v_1	v_6	v_7	v_8	v_4	v_5	v_2	v_3			v_1	v_2	v_3	v_4	v_5	v_6	v_7	v_8
	0	3	3	4	5	5	6	6			/	8	5	7	6	1	1	1
14	v_1	v_6	v_7	v_8	v_4	v_5	v_2	v_3			v_1	v_2	v_3	v_4	v_5	v_6	v_7	v_8
	0	3	3	4	5	5	6	6			/	8	5	7	6	1	1	1

综上所述，可知 v_1 到 v_2 的最短路径长度为 6，根据记录的紧前节点，其最短路径为 $v_1 \rightarrow v_8 \rightarrow v_2$。

四、交通分配方法概述

人们最初进行交通分配的研究时，多采用全有全无的最短路径方法，该方法处理的是非常理想化的城市交通网络，假设网络上没有交通拥挤的现象，路阻是固定不变的，同一个 OD 点对之间的流量都分配在"一条径路"，即最短路径上。随着实际应用和理论研究的深入，研究人员发现该最短路径方法对于城市之间非拥挤公路网的规划设计过程中的交通流分配是比较合适的，但对于既有的城市内部拥挤的交通网络，该方法的结果与网络实际情况的出入甚大。实际网络中，路网上存在着较严重的拥挤，路阻是随着交通流量的增加而递增的，出行的流量会在"多条径路"中权衡选择。所以 1952 年，著名交通问题专家 Wardrop 提出了网络平衡分配的第一、第二定理，人们开始采用系统分析方法和平衡分析方法来研究交通拥挤时的交通流分配，带来了交通流分配理论的一次大的飞跃。人们进行了确定性的分配研究，其前提是假设出行者能够精确计算出每条径路的阻抗，从而能做出完全正确的选择决定，且每个出行者的计算能力和水平是相同的。可见确定性分配反映了网络的拥挤特性，反映了路阻随流量变化的实际，该方法是一次理论的进步。但是，通过进一步研究实际网络中出行者的出行行为发现，现实中出行者对路段阻抗的掌握只能是估计而得。因为出行者的计算能力和水平是各异的，对同一路段不同出行者的估计值不会完全相同。1977 年，对交通流分配理论最积极的美国加州大学伯克利分校的 Daganzo 教授以及麻省理工学院的 Sheffi 教授提出了随机性分配的理论，其前提是认为出行者对路段阻抗的估计值与实际值之间的差别是一个随机变量，出行者会在"多条径路"中选择，同一起讫点的流量会通过不同的径路到达目的地。随机性分配理论和方法的提出，在拟合、反映现实交通网络实际的进程中又推进了一大步。然而，随着近年来交通拥挤的进一步加重和拥挤在时间和空间范围上的扩大及智能交通系统研究的进展，人们由注意新路网的规划设计逐步转向重视既有路网的管路控制，更加意识到路网上的拥挤性、路径选择的随机性、交通需求的动态性是同时存在并相互作用的，其机理是纷繁复杂的。确定性分配能够较好地反映网络的拥挤性，随机性分配能够较好地反映出行选择行为的随机性，但要真正地符合路网实际情况，还有更重要、更基本的交通需求的时变性需要反映出来。也就是说，需要一种交通流分配方法能够将路网上交通流的拥挤性、路径选择的随机性、交通需求的时变性综合集成地刻画反映出来，这正是研究交通问题的人们一直在积极探索的领域。

通常认为交通分配模型分两大类：非平衡分配和平衡分配。而根据是否考虑路段走行时间随交通量而变化，将交通分配方法分为有无容量限制的方法；根据是否将路段走行时间看成随机变量，将交通分配方法分为确定型交通分配方法和随机型交通分配方法；根据交通分配原则的不同，可以将交通分配方法分为用户最优交通分配方法和系统最优交通分配方法。

第三节 非平衡分配方法

非平衡分配方法按其分配方式可分为变化路阻和固定路阻两类，按路径选择方式可分为单一路径和多路径两类，概括起来如表 7-2 所示。

表 7-2 非平衡分配方法分类

分配形态	分配方式	
	固定路阻	变化路阻
单一路径	全有全无分配	容量限制分配
多路径	多路径分配	容量限制多路径分配

一、全有全无分配

全有全无分配方法（All-or-nothing Assignment Method，简称 0-1 分配法）是最简单的分配方法，也称为最短路径分配。该方法不考虑路网的拥挤效果，取路阻为常数，即假设车辆的路段行驶速度、交叉口延误不受交通负荷的影响。每一个 OD 点对之间的交通量全部分配在连接该 OD 点对的最短路径上，其他路径上分配的交通量为零。

全有全无分配的计算步骤如下：

第 1 步：初始化，使路网中所有路段的流量为 0，并求出各路段自由流状态时的阻抗；

第 2 步：计算路网中每个出发地 O 到每个目的地 D 的最短路径；

第 3 步：将 O、D 间的 OD 交通量全部分配到相应的最短路径上。

第 4 步：计算各路段的流量。

【例题 7-2】如图 7-6 所示，交通网络的 OD 交通量为 $q=300$ 辆，各路段的交通阻抗函数分别如下：

$$c_1 = 5+0.10x_1, \quad c_2 = 10+0.025x_2, \quad c_3 = 15+0.025x_3$$

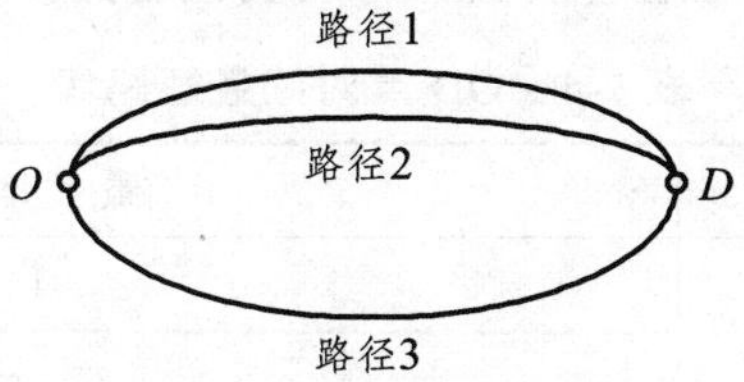

图 7-6 交通网络示意图

试用全有全无分配法求出分配结果。

【解】由路段阻抗函数可知,在路段交通量为零时,路径 1 最短。根据全有全无原则,交通量全部分配到路径 1 上,得到各路段流量为

$$x_1 = 300,\ x_2 = x_3 = 0$$

各路段阻抗为

$$c_1 = 5 + 0.10 \times 300 = 35,\ c_2 = 10,\ c_3 = 15$$

因为,$c_2,c_3 < c_1 = 35$,根据 Wardrop 原理,网络没有达到平衡状态,没有得到均衡解。

【例题 7-3】交通网络及路段行驶时间如图 7-7 所示,交通节点 1、3、7、9 分别为 A、B、C、D 四个交通区的作用点,四个交通区的出行 OD 矩阵如表 7-3 所示。试用最短路法分配该 OD 矩阵。

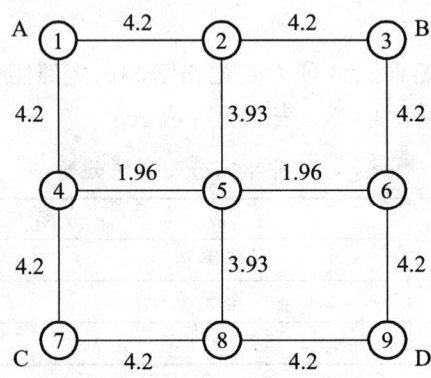

图 7-7 交通网络示意图

表 7-3 OD 矩阵　　　　　　　　　　　　单位：辆/h

起点	终点			
	A	B	C	D
A	0	200	200	500
B	200	0	500	100
C	200	500	0	250
D	500	100	250	0

【解】(1) 确定路段阻抗。根据图 7-7,可以确定每个路段阻抗。

(2) 计算最短路。根据最短路径算法计算出 OD 点对间的最短路线,如表 7-4 所示。

(3) 分配流量。根据表 7-4 中的 OD 点对的最短路线进行分配流量。

(4) 求路段流量。根据各路径流量分配结果可得到各路段流量,如图 7-8 所示。

表 7-4 OD 点对间最短路线

OD 点对	最短路线节点号
A—B	1—2—3
A—C	1—4—7

续表

OD 点对	最短路线节点号
A—D	1—4—5—6—9
B—A	3—2—1
B—C	3—6—5—4—7
B—D	3—6—9
C—A	7—4—1
C—B	7—4—5—6—3
C—D	7—8—9
D—A	9—6—5—4—1
D—B	9—6—3
D—C	9—8—7

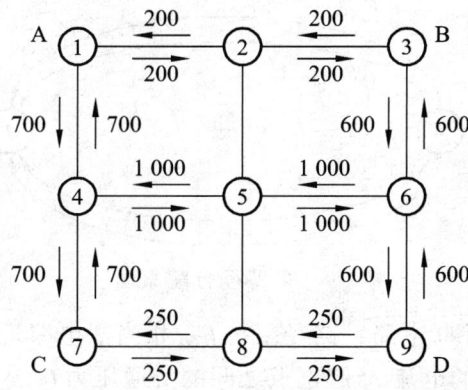

图 7-8 路段流量分配图

全有全无分配方法是最简单、最基本的路径选择和分配方法，在美国芝加哥城交通规划中首次获得应用。其优点是计算相当简便，分配只需要一次就能完成，是其他各种交通分配方法的基础。其不足之处是出行量分布不均匀，出行量全部集中在最短路径上，显然这与实际交通情况不符合，因为当最短路径上车流逐渐增加时，它的路阻会随之增大，意味着这条路有可能不再是最短路径，车流会转移到其他可行路径上。

由于全有全无分配法不能反映拥挤效果，该分配法主要用于某些非拥挤路网，或用于没有通行能力限制的网络的情况。因此建议在城际之间道路通行能力不受限制的地区采用，一般城市道路网的交通流分配中不宜采用该方法。由于其简单实用的特性，一般作为其他各种分配方法的基础，在其他分配方法中被反复使用。

二、多路径分配

对于出行者而言，某条路径的吸引度很大程度由路径的实际出行时间决定。但是对于两条出行时间相等或者出行时间相差不多的几条路径，出行者则会更多考虑出行路径的舒适度、停留次数、自由度，或仅仅是出行者的习惯决定了出行路径的选择。由于出行者之间的性格、经验的差异，不同的出行者在面对相同的 OD 路径选择时，会选择不同的"最优路径"。因此从规划者和建模者的角度看，多路径交通分配模型具有能更好模拟现实的特点。

多路径分配法是指在最短路径法基础上引入随机因素和路径选择概率的一种交通量"非平衡分配模型"。例如，某两个节点之间有三条不同的路径，但是每条路径的出行时间相差不大，这里两个节点之间的所有出行量并不是都选择单一的最短路径，而是按照一定的概率选择三条路径，一般来说，路径的出行时间越短，被选择的概率就越大。

多路径分配法作为一种概率分配方法，其关键问题是如何确定各条路径选择的概率，这里主要介绍麦克罗林法。此方法由麦克罗林提出，其基本思想是应用电路网络理论中的欧姆定律：并联电路两端电压（U）相等，电流量（I）与电阻（R）成反比，来建立多路径选择模型。

如图 7-9 所示，i 与 j 之间存在多条路径，i 到 j 的出行量为 T_{ij}，其中路径 r 被选择的概率为 $P_{ij(r)}(r=1,2,\cdots)$。

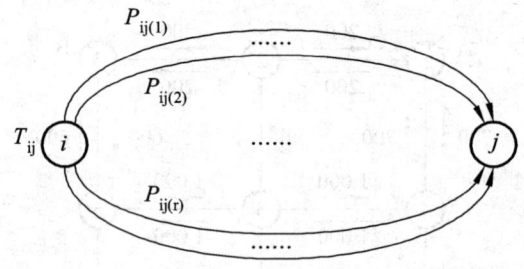

图 7-9 多路径分配原理图

将以上路网图类比为并联电路，路径阻抗 $t_{ij(r)}$ 相当于电路理论中的电阻 R，路径流量 $P_{ij(r)} \times T_{ij}$ 相当于电路理论中的电流 I，起讫点之间的交通压力 $t_{ij(r)} \times P_{ij(r)} \times T_{ij}$ 相当于电路理论中的电压 U。

$$\begin{cases} t_{ij(1)} \times P_{ij(1)} \times T_{ij} = t_{ij(2)} \times P_{ij(2)} \times T_{ij} = \cdots = t_{ij(r)} \times P_{ij(r)} \times T_{ij} = \cdots \\ P_{ij(1)} \times T_{ij} + P_{ij(2)} \times T_{ij} + \cdots + P_{ij(r)} \times T_{ij} + \cdots = T_{ij} \end{cases} \quad (7\text{-}5a)$$

$$\begin{cases} t_{ij(1)} \times P_{ij(1)} = t_{ij(2)} \times P_{ij(2)} = \cdots = t_{ij(r)} \times P_{ij(r)} = \cdots \\ P_{ij(1)} + P_{ij(2)} + \cdots + P_{ij(r)} + \cdots = 1 \end{cases} \quad (7\text{-}5b)$$

通过上式的计算，最终可以得到麦克罗林公式：

$$P_{ij(r)} = \frac{t_{ij(r)}^{-1}}{\sum_r t_{ij(r)}^{-1}} \quad (7\text{-}6)$$

根据麦克罗林公式，可以发现路径的选择概率与路径阻抗倒数成正比，因此我们可以对路径的阻抗函数进行一般化，得到更一般的多路径选择模型。

（1）取路径的阻抗函数为幂函数：

$$P_{ij(r)} = \frac{t_{ij(r)}^{-\theta}}{\sum_r t_{ij(r)}^{-\theta}} \quad (7\text{-}7)$$

（2）取路径的阻抗函数为指数函数：

$$P_{ij(r)} = \frac{e^{t_{ij(r)}^{-\theta}}}{\sum_r e^{t_{ij(r)}^{-\theta}}} \qquad (7-8)$$

随着交通网络的不断发展，出行者在出行过程中的出行路径也慢慢变得复杂化，相同 OD 间会出现多条路径，但是并不是每一条路径都会被选择。多路径分配法并不是要枚举所有路径，而是在所有合理路径上进行分配。合理路径指的是，在出行过程中出行者始终距离起点越来越远，距离终点越来越近的路径，常用的寻找合理路径的方法有标号法。

【例题 7-4】具有 1、2、3 三个起讫点分区的路网如图 7-10 所示，共 11 条边，各边阻抗如表 7-5 所示。

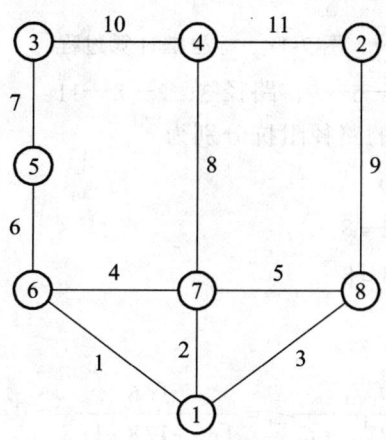

图 7-10　路网图

表 7-5　各边阻抗信息

路段 k	1	2	3	4	5	6	7	8	9	10	11
t_k	3	3	4	3	2	2	1	2	2	3	3

已知 OD 表如表 7-6 所示，试用麦克罗林法求分配的路段流量。

表 7-6　OD 表

起点	终点		
	1	2	3
1	—	5 000	4 500
2	5 000	—	6 000
3	4 500	6 000	—

【解】（1）分配起讫点 1 到 2 的交通需求，先寻求 1 到 2 的合理路径。

根据表 7-5 的阻抗，从起点 1 开始采用标号法计算各个节点的标号（如图 7-11），从而得到三条合理路径：

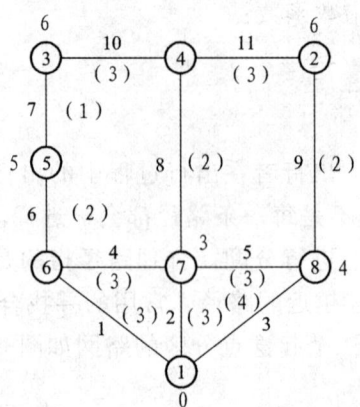

图 7-11 标号法计算过程

路径 1：3—9；路径 2：2—5—9；路径 3：2—8—11。
进而计算出三条合理路径的路径阻抗分别为

$$t_{12(1)} = 4+2 = 6$$
$$t_{12(2)} = 3+3+2 = 8$$
$$t_{12(3)} = 3+2+3 = 8$$

合理路径的流量分配率：

$$P_{12(1)} = \frac{t_{12(1)}^{-1}}{t_{12(1)}^{-1}+t_{12(2)}^{-1}+t_{12(3)}^{-1}} = \frac{1/6}{1/6+1/8+1/8} = 0.4$$

同理可得

$$P_{12(2)} = P_{12(3)} = 0.3$$

计算过程见表 7-7。

表 7-7 计算过程

路段 k	1	2	3	4	5	6	7	8	9	10	11
路径 1			0.4						0.4		
路径 2		0.3			0.3				0.3		
路径 3		0.3						0.3			0.3
合计		0.6	0.4		0.3			0.3	0.7		0.3
路段流量		3 000	2 000		1 500			1 500	3 500		1 500

（2）对于其他起讫点对间的交通需求，用同样的方法可以求出各路段分配率与流量。

（3）最后将各路段分配流量累加，即为路段最终分配流量。

多路径分配能较好反映路径选择过程中的最短路因素及随机因素。若各出行路线路权相同，则本模型是随机分配模型，各路线被选用的概率相同。若某一路线的路权远远小于其他各路线，则该方法称为最短路分配。

三、容量限制分配

（一）容量限制-增量分配

增量分配法（Incremental Assignment，简称 IA 分配法）是一种近似的平衡分配方法。该方法是在全有全无分配的方法的基础上，考虑了路段交通流量对阻抗的影响，进而根据道路阻抗的变化来调整路网交通量的分配，是一种考虑"变化路阻"的交通量分配方法。

1. 算法思想

采用容量限制-增量分配方法，需先将 OD 交通量分成 N 份（N 个 OD 分表，等分或不等分），循环地分配每一份 OD 交通量到交通网络中，每次分配都是用最短路径分配方法，进行计算并更新各路段的行驶时间，然后按更新后的行驶时间，进行下一份 OD 交通量分配，直到把 N 个 OD 分表全部分配到路网上。

2. 计算步骤

第 1 步：初始化。以适当的形式将 OD 交通量分割成 N 份，记作 $T_{rs}^n(n=1,2,\cdots,N)$。令 $n=1$，$x_a^0 = 0$。

第 2 步：计算更新路段阻抗。令 $t_a^n = t_a(x_a^{n-1})$。

第 3 步：增量分配。基于路阻时间 t_a^n，采用全有全无分配法将第 n 份 OD 交通量 T_{rs}^n 分配到最短路径上，这样得到一组附加流量 ω_a^n。

第 4 步：流量累加。$x_a^n = x_a^{n-1} + \omega_a^n$。

第 5 步：结束规则。如果 $n=N$，则结束计算。反之，令 $n=n+1$，返回第 2 步。

从算法步骤可以看出，增量分配法的复杂程度和结果的精确性都介于全有全无分配法和后述的平衡分配法之间。当分割数 $N=1$ 时，便是全有全无分配方法；当 N 趋向于无穷大时，该方法趋于平衡分配法的结果。该方法的优点是：简单可行，精确度可以根据分割数 N 的大小来调整。实践中经常被采用，且有比较成熟的商业软件可供使用。缺点是：与平衡分配法相比，仍然是一种近似方法，当路阻函数不是很敏感时，会将过多的交通量分配到某些通行能力很小的路段上。

【例题 7-5】试用增量分配法求出【例题 7-2】的分配结果。

【解】采用 3 等分。

（1）第一次分配同全有全无分配法相同，路径 1 最短，得到各路段流量为
$$x_1 = 100, \ x_2 = x_3 = 0$$
更新路段阻抗：
$$c_1 = 5 + 0.10 \times 100 = 15, \ c_2 = 10, \ c_3 = 15$$

（2）第二次分配，此时最短径路变为路径 2，得到各路段的附加流量为
$$\omega_1 = 0, \omega_2 = 100, \omega_3 = 0$$
流量累加：
$$x_1 = 100, \ x_2 = 100, \ x_3 = 0$$
更新路段阻抗：

$$c_1 = 5+0.10\times100 = 15, \quad c_2 = 10+0.025\times100 = 12.5, \quad c_3 = 15$$

（3）第三次分配，此时最短径路变为路径 2，得到各路段的附加流量为

$$\omega_1 = 0, \quad \omega_2 = 100, \quad \omega_3 = 0$$

流量累加：

$$x_1 = 100, \quad x_2 = 200, \quad x_3 = 0$$

更新路段阻抗：

$$c_1 = 5+0.10\times100 = 15, \quad c_2 = 10+0.025\times200 = 15, \quad c_3 = 15$$

此时根据 Wardrop 原理，各条径路的费用接近相等，路网接近平衡状态，结果接近于平衡解。

（二）容量限制-迭代平衡分配

容量限制-迭代平衡分配形式，不需要将 OD 表分解，而是先假设路网中各路段上的流量为零，计算路段的零流阻抗，并采用全有全无分配方法分配整个 OD 表，然后根据得到的路段流量计算新的路阻，按照新的路阻重新分配整个 OD 表，最后比较新分配的路段流量与原来分配的路段流量、新计算的路阻与原来计算的路阻，若分别比较接近，满足迭代精度要求，则停止迭代，获得最后的分配的交通量。否则，根据新计算的路阻，再次分配，直到满足精度为止。

增量分配和迭代平衡分配形式的原理基本是相同的，分配过程中最主要的是确定路阻和计算最短路径。理论上讲，若迭代精度控制得合理，迭代平衡分配的结果优于增量分配的结果。但迭代平衡方法事先无法估计迭代次数及计算工作量，对于较复杂的网络，可能会因为个别路段的迭代精度无法满足要求而使迭代进入死循环，出现算法不收敛的情况。

为避免出现算法不收敛的情况，美国联邦公路局对这一算法进行了改进，事先设定一个最大迭代次数 $N(N\geqslant4)$，规定算法迭代到一定次数 N 后就结束，然后取各路段最后四次迭代的结果平均值作为该路段流量的平衡流量，而且每次迭代的路段阻抗值采用前两次求得的路段阻抗的加权值，这样就产生了"平滑"效果，即

$$t_a^n = 0.75 t_a^{n-1} + 0.25 \tau_a^n, \forall a \tag{7-9}$$

这里 τ_a^n 是按照当前分配流量计算得到的路段阻抗，$\tau_a^n = t_a(x_a^{n-1}), \forall a$。权数 0.75 和 0.25 是经验确定值。这种算法通过设定最大迭代次数 N 使算法强行结束。当然增大 N 的值，可以使结果更加接近于平衡解，但计算工作量将相应增加。况且将 N 值取成与生成交通量相等也不能完全得到平衡解，因为该方法是一种非平衡方法，没有考虑目标函数，即没有优化目标。

容量限制分配法在考虑阻抗随流量变化的同时，路径选择上仍然按最短路径原则，由于出行者很难对路网的情况做出全面正确的判断，尤其当两点间有多条可选路径时，若路阻对流量的变化不是十分灵敏，那么可能产生分配流量大部分集中在最短路径上，而其他次短的路径上没有流量的不合理分布出现。

总而言之，无论是全有全无分配方法还是容量限制分配方法，在分配过程中，都认为出行者对路网有全面的掌握并能进行科学的预测的能力，都能选中最短路径出行。可以说

这只是一种理论分析和假设，实际中由于路网结构复杂、出行路径选择众多，因此在出行径路的选择上具有很大的随机性，即出行者不一定都选择了最短径路出行，而是在其认为合理的备选路径集合中进行随机选择。所以说，研究随机分配方法才是更符合实际需要的科学的分配方法。

四、连续平均法

连续平均法（Method of Successive Average，简称 MSA 法）是介于增量分配法和平衡分配法之间的一种循环分配方法。有的书里也称迭代加权法或二次加权平均法。

（一）算法思想

连续平均法是通过不断调整各路段分配的流量而逐渐接近平衡分配结果。每步循环中，根据各路段分配到的流量进行一次全有全无分配，得到一组各路段的附加流量；然后用该循环中各路段已分配的交通量和该循环中得到的附加交通量进行加权平均，得到下一循环中的分配交通量；当相邻两次循环中分配的交通量十分接近时，即停止运算，最后一次循环中得到的交通量即为最终结果。

（二）计算步骤

第 1 步：初始化。根据各路段自由行驶时间 $t_a^0 = t_a(0)$ $\forall a \in A$ 进行全有全无分配，得到初始解 x_a^0，令迭代次数 $n=0$。

第 2 步：令 $n=n+1$，按照当前各路段的交通量 x_a^{n-1} 计算各路段的路阻，$t_a^n = t_a(x_a^{n-1})$，$\forall a \in A$。

第 3 步：按照第 2 步求得的路段阻抗进行全有全无分配，得到各路段的附加交通量 F_a^n。

第 4 步：用加权平均的方法计算各路段当前交通量 x_a^n。

$$x_a^n = (1-a)x_a^{n-1} + aF_a^n, \quad 0 \leq a \leq 1 \tag{7-10}$$

第 5 步：如果 x_a^n 的差值不太大，结束计算，x_a^n 则为分配交通量。否则，返回第 2 步。

在第 5 步中，判别 x_a^n 的差值大小，可通过将它们的相对误差在控制在某个百分比以内来实现。在第 3 步中权重系数 a 需由计算者自己定。a 既可定为常数，也可定为变数。定为常数时，最普遍的情况是令 $a=0.5$。定为变数时，最普遍的情况是令 $a=1/n$（n 为循环次数）。由研究结果表明 $a=1/n$ 时，会使得分配尽快接近平衡解。

连续平均法是既简单实用，又最接近于平衡分配法的一种分配方法。如果每步循环中权重系数 a 的取值严格按照数学规划模型取值时，即可得到平衡分配的解。

第四节 平衡分配方法

Wardrop 于 1952 年首先提出两项交通流原理，一般称之为 Wardrop 第一平衡原理和第二平衡原理，奠定了交通流分配的基础。

一、用户平衡分配

Wardrop 提出第一原理定义是：在道路的利用者都确切知道网络的交通状态并试图选择最短路径时，网络将会到达平衡状态。在考虑拥挤对行驶时间影响的网络中，当网络达到平衡时，每个 OD 对的各条被使用的路径具有相等而且最小的行驶时间；没有被使用的路径的行驶时间大于或者等于最小行驶时间。这种平衡状态也被称为用户平衡（User Equilibrium，UE）。简而言之，在达到平衡状态时，没有哪一个出行者能够通过单方面改变自己的出行路径来缩短自己的行驶时间，也就是说这种平衡状态是稳定的。

1952 年 Wardrop 提出用户平衡分配原理之后，曾经在很长一段时间内没有一种严格的模型可求出满足这种平衡准则的交通流分配方法，这也自然成了交通流分配研究者的重要课题。1956 年 Beckmann 等学者提出了一种满足 Wardrop 准则的数学规划模型，正是这一数学规划模型奠定了交通流分配问题的理论基础。后来的一些分配模型，如弹性需求分配模型、组合分配模型等都是在 Beckmann 模型的基础上扩展得到的。

（一）Beckmann 交通平衡分配模型

Beckmann 把上述条件作为基本约束条件，用取目标函数极小值的方法来求解平衡分配问题，提出的交通平衡分配模型如下：

$$\min: Z(X) = \sum_a \int_0^{x_a} t_a(\omega)\mathrm{d}\omega \tag{7-11a}$$

$$\text{s.t.} \sum_k f_k^{rs} = q_{rs} \tag{7-11b}$$

$$f_k^{rs} \geqslant 0 \tag{7-11c}$$

$$x_a = \sum_r \sum_s \sum_k f_k^{rs} \delta_{a,k}^{rs} \tag{7-11d}$$

式中　x_a——路段 a 上的交通流量；

t_a——路段 a 的交通阻抗，也称为行驶时间；

$t_a(x_a)$——路段 a 以流量为自变量的阻抗函数，也称为行驶时间函数；

f_k^{rs}——出发地为 r，目的地为 s 的 OD 间的第 k 条路径上的流量；

c_k^{rs}——出发地为 r，目的地为 s 的 OD 间的第 k 条路径的阻抗；

u_{rs}——出发地为 r，目的地为 s 的 OD 间的最短路径的阻抗；

$\delta_{a,k}^{rs}$——路段-路径相关变量，即 0-1 变量，如果路段 a 属于从出发地为 r 目的地为 s 的 OD 间的第 k 条路径，则 $\delta_{a,k}^{rs}=1$，否则 $\delta_{a,k}^{rs}=0$；

N——网络中节点的集合；

L——网络中路段的集合；

R——网络中出发地的集合；

S——网络中目的地的集合；

W_{rs}——出发地 r 和目的地 s 之间的所有路径的集合；

q_{rs}——出发地 r 和目的地 s 之间的 OD 交通量。

分析上述的模型，可以看到模型的目标函数是对各路段的行驶时间函数积分求和之后取最小值，很难对它做出直观的物理解释，一般认为它只是一种数学手段，借助于它来求解平衡分配问题。

首先，平衡分配过程中应该满足交通流守恒的条件，即 OD 间各条路径上的交通量之和应等于 OD 交通总量。根据上述定义的变量和参数，用公式可以表示为

$$\sum_{k \in W_{rs}} f_k^{rs} = q_{rs} \quad \forall r,s \tag{7-12}$$

其次，路径交通量 f_k^{rs} 和路段交通量 x_a 之间应该满足如下的条件，即路段上的流量应该是由各个 (r, s) 对的途经该路段的径路的流量累加而成，如式（7-13）所示。

$$x_a = \sum_r \sum_s \sum_k f_k^{rs} \delta_{a,k}^{rs} \quad \forall a \in L \quad \forall r \in R \quad \forall s \in S \quad \forall k \in W_{rs} \tag{7-13}$$

同时，路径的总阻抗和路段的阻抗之间应该满足如下的条件，即路径的阻抗应该是路径途径的各个路段的阻抗的累加，如式（7-14）所示。

$$c_k^{rs} = \sum_a t_a(x_a) \delta_{a,k}^{rs} \quad \forall a \in L \quad \forall r \in R \quad \forall s \in S \quad \forall k \in W_{rs} \tag{7-14}$$

最后，路径流量应该满足非负约束，即 $f_k^{rs} \geq 0 \ \forall k,r,s$。

此时，如果用数学语言直接表达 Wardrop 用户平衡准则，则可以描述为：当交通网络达到平衡时，若有 $f_k^{rs} > 0$，必有 $\sum_a t_a(x_a) \delta_{a,k}^{rs} = u_{rs}$，说明如果从 r 到 s 有两条及其以上的路径被选中，那么它们的行驶时间相等；若 $f_k^{rs} = 0$，必有 $\sum_a t_a(x_a) \delta_{a,k}^{rs} \geq u_{rs}$，说明如果某条从 r 到 s 的路径流量等于零，那么该路径的行驶时间一定超过被选中的径路的行驶时间。

然而，确实可以通过数学推导证明该模型与 Wardrop 用户平衡原理是一致的。下面我们通过一个简单的例子，说明 Beckmann 的模型的解就是交通流分配达到平衡状态时的解，然后从数学上证明该模型的解满足 Wardrop 用户平衡原理。

【例题 7-6】如图 7-12 所示，一个有两条路径（同时也是路段）连接一个出发地和一个目的地的简单交通网络。两个路段的阻抗函数分别如下。

$$t_1 = 2 + x_1, \quad t_2 = 1 + 2x_2$$

OD 量为 $q = 5$，分别求该网络的 Beckmann 模型的解和 UE 平衡状态的解。

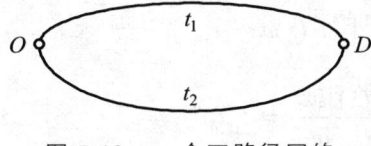

图 7-12　一个双路径网络

【解】（1）求 Beckmann 模型的解。
将阻抗函数带入模型，得

$$\min : Z(X) = \int_0^{x_1} (2+\omega) d\omega + \int_0^{x_2} (1+2\omega) d\omega \tag{7-15}$$

$$\text{s.t.} \begin{cases} x_1 + x_2 = 5 \\ x_1, x_2 \geq 0 \end{cases} \tag{7-16}$$

将 $x_1 = 5 - x_2$ 代入目标函数并进行积分，转换为无约束的极小值问题。

$$\min : Z(X) = 1.5x_1^2 - 9x_1 + 30 \tag{7-17}$$

令 $\dfrac{dZ}{dx_1} = 0$，解得

$$x_1^* = 3, \quad x_2^* = 2$$

（2）求解平衡状态的解。

根据 Wardrop 用户平衡原理，网络达到平衡时应该有 $t_1 = t_2$ 和 $x_1 + x_2 = 5$。联立求解得 $x_1 = 3, x_2 = 5$。此时 $t_1 = t_2 = 5$。

可见，对于该路网，Beckmann 模型的解和平衡状态的解完全相同。

当达到分配平衡时，分配到各路段上的流量是唯一的。

（二）Beckmann 模型等价性证明

证明 Beckmann 模型与用户平衡配流原则等价，首先构造 Beckmann 模型的拉格朗日函数为

$$L(f, \mu) = Z[x(f)] + \sum_{rs} \mu_{rs}\left(q_{rs} - \sum_k f_k^{rs}\right) \tag{7-18}$$

式中，μ_{rs} 是对应于 Beckmann 模型中的拉格朗日算子。拉格朗日函数的变量是路径流量 f_k^{rs} 和对偶变量 μ_{rs}。根据库恩-塔克条件，有下式成立：

$$f_k^{rs} \frac{\partial L(f, \mu)}{\partial f_k^{rs}} = 0, \quad \frac{\partial L(f, \mu)}{\partial f_k^{rs}} \geq 0, \quad \forall k, r, s \tag{7-19a}$$

$$\frac{\partial L(f, \mu)}{\partial \mu_k^{rs}} = 0, \quad \forall r, s \tag{7-19b}$$

$$f_k^{rs} \geq 0, \quad \forall k, r, s \tag{7-19c}$$

由于

$$\frac{\partial Z(x)}{\partial x_b} = \frac{\partial}{\partial x_b} \sum_a \int_0^{x_a} t_a(x) dx = t_b \tag{7-20}$$

$$\frac{\partial Z(x)}{\partial f_k^{rs}} = \sum_b \frac{\partial Z(x)}{\partial x_b} \frac{\partial x_b}{\partial f_k^{rs}} = \sum_b t_b \delta_{b,k}^{rs} = c_k^{rs} \tag{7-21}$$

于是有

$$\frac{\partial L(f, \mu)}{\partial f_k^{rs}} = \frac{\partial Z(x(f))}{\partial f_k^{rs}} + \frac{\partial}{\partial f_k^{rs}} \sum_{rs} \mu_{rs}\left(q_{rs} - \sum_k f_k^{rs}\right) = c_k^{rs} - \mu_{rs} \tag{7-22}$$

$$\frac{\partial L(f, \mu)}{\mu_{rs}} = q_{rs} - \sum_k f_k^{rs} \tag{7-23}$$

故 Beckmann 模型的等价条件为：

$$f_k^{rs}(c_k^{rs} - \mu_{rs}) = 0, \quad \forall k,r,s \tag{7-24a}$$

$$c_k^{rs} - \mu_{rs} \geq 0, \quad \forall k,r,s \tag{7-24b}$$

$$\sum_k f_k^{rs} = q_{rs}, \quad \forall r,s \tag{7-24c}$$

$$f_k^{rs} \geq 0, \quad \forall k,r,s \tag{7-24d}$$

可以看出，最终得到的库恩-塔克条件即式（7-24）就是前文提到的 Wardrop 用户均衡配流原则。当 $f_k^{rs} = 0$ 时，$c_k^{rs} \geq \mu_{rs}$；当 $f_k^{rs} > 0$ 时，$c_k^{rs} = \mu_{rs}$，对偶变量 μ_{rs} 即是 OD 对 $r-s$ 的最小路径阻抗。因此，证明了模型（7-11）的解就是 Wardrop 原理下的均衡解。

（三）用户平衡分配模型的求解方法

Beckmann 在 1956 年提出的上述数学规划模型沉睡了 20 年之后，即直到 1975 年才由 LeBlanc 等学者将 F-W 算法用于求解 Beckmann 模型，最终形成了目前广泛应用的一种解法。

Beckmann 模型是一个非线性规划模型，而对非线性规划模型即使到现在也没有普遍通用的解法，只是对某些特殊的模型才有可靠的解法，Beckmann 模型就是一种特殊的非线性规划模型。

使用 F-W 方法的前提是模型的约束条件必须都是线性的。该方法是用线性规划逐步逼近非线性规划的方法，它是一种迭代法。在每步迭代中，先找到目标函数一个最速下降方向，然后再找到一个最优步长，在最速下降方向上截取最优步长以得到下一步迭代的起点，重复迭代直到找到最优解为止。

下面先对 F-W 算法的基本原理作以简单介绍，然后讨论将其应用于求解 Beckmann 模型的问题。

设有非线性规划模型：

$$\min: Z = f(x) \tag{7-25}$$

$$AX = B, \quad X \geq 0 \tag{7-26}$$

式中　X, B——向量；

　　　A——矩阵。

对目标函数 $f(X)$ 进行在 X^0 处的一阶泰勒展开，得

$$f(X) = f(X^0) + \nabla f(X^0)(X - X^0) \tag{7-27}$$

此展开式将目标函数 $f(X)$ 近似地表达成线性函数，则上述的非线性规划模型可以近似转化为下列线性规划模型：

$$\min: Z = f(X^0) + \nabla f(X^0)(X - X^0) \tag{7-28}$$

$$\text{s.t. } AX = B, \quad X \geq 0 \tag{7-29}$$

去掉目标函数中的常数项，简化成如下等价的线性规划：

$$\min: Z = \nabla f(X^0) X \tag{7-30}$$

$$\text{s.t.} \quad AX = B, \quad X \geq 0 \tag{7-31}$$

解决线性规划问题，可以得到最优解 $\bar{X}$。F-W 方法认定 X^0 和 $\bar{X}$ 的连线为目标函数的最速下降方向。然后把根据线性极值问题：$\min f[X^0 + \lambda(\bar{X} - X^0)]$ 求得的 λ 作为最优步长。令 $X^1 = X^0 + \lambda(\bar{X} - X^0)$，从而可得到下一步迭代的起点。如此循环，直到 $X^{(n+1)}$ 和 X^n 十分接近为止。

由此可见，F-W 方法的实质就是根据一组线性规划的最优解确定下一步的迭代方向，然后根据目标函数的一维极值问题求最优迭代步长。由于 F-W 方法在每一步迭代中都必须求解一组线性规划问题的解，我们由运筹学知道，求解线性规划的通用的单纯形法计算量很大，所以对于一般的线性规划问题，F-W 方法因其计算量过大而不适用。只有在近似的线性规划模型求解释，该方法才有应用价值。而交通流分配模型正好具有这一特点，下面我们分析 Beckmann 模型的求解方法。

首先，我们考虑已知迭代起点 X_a^n，求决定下一步迭代方向的线性规划问题，该线性规划的目标函数为

$$\min: Z^n(Y) = \nabla Z(X^n) Y \tag{7-32}$$

由式（7-20）可知：$\dfrac{\partial Z(X^n)}{\partial x_a} = t_a^n$，因此上述目标函数可以变换为

$$\min: Z^n(Y) = \sum_a t_a^n y_a \tag{7-33}$$

式中 y_a——第 n 次迭代的附加路段交通量，$y_a = \sum_r \sum_s \sum_k g_k^{rs} \delta_{a,k}^{rs}, \forall a$；

g_k^{rs}——第 n 次迭代的附加径路交通量。

以上各式中，t_a^n 是已知数，它是由迭代起点 X_a^n 决定的路段阻抗。y_n 是要求解的未知数。因此，该模型实际是在各路段阻抗已知的情况下使网络的总阻抗最小的交通流分配问题。在这种情况下，只需将 OD 交通量全部沿 OD 间的最短径路进行分配即可使目标函数最小化，而这正是前面介绍的全有全无分配算法。因此模型（7-33）可以通过一次全有全无分配就可简中求出，而不必像一般的线性规划问题要用单纯型法来求解，这正是交通模型的特性之所在，从而使得 F-W 方法在求解 Beckmann 平衡分配模型方面是合理可行的。

根据用全有全无分配法求出的 y_a^n，可以得到目标函数的最速下降方向为 $X^n - Y^n$。接下来的问题是如何确定第 n 次迭代时沿最速下降方向的最佳迭代步长。迭代步长 λ 通过下面的一维极值问题来确定：

$$\min: Z(\lambda) = \sum_a \int_0^{x_a^n + \lambda(y_a^n - x_a^n)} t_a(\omega) d\omega \tag{7-34}$$

令 $\frac{\partial Z}{\partial \lambda} = 0$，得

$$\sum_a (y_a^n - x_a^n) t_a [x_a^n + \lambda(y_a^n - x_a^n)] = 0 \tag{7-35}$$

该方程中只有一个变量 λ，许多方法都可求出 λ 值。其中最有效的方法是二分法，该方法在高等数学或运筹学中都应有介绍。因此，下一步迭代起点 x_a^{n+1} 可由式（7-36）计算得到：

$$x_a^{n+1} = x_a^n + \lambda(y_a^n - x_a^n) \tag{7-36}$$

综上所述，平衡分配模型的求解方法可以归纳如下。

第 1 步初始化：按照 $t_a^0 = t_a(0)$，$\forall a$，进行一次 0-1 交通流分配，得到各路段的流量 $\{x_a^1\}$，$\forall a$；令 $n=1$。

第 2 步更新各路段阻抗：$t_a^n = t_a(x_a^n)$，$\forall a$。

第 3 步寻找下一步迭代方向：按照更新后的 $\{t_a\}$，$\forall a$，再进行一次 0-1 交通流分配，得到一组附加流量 $\{y_a^n\}$。

第 4 步确定迭代步长：用二分法求满足下式的 λ。

$$\sum_a (y_a^n - x_a^n) t_a [x_a^n + \lambda(y_a^n - x_a^n)] = 0 \tag{7-37}$$

第 5 步确定新的迭代起点：

$$x_a^{n+1} = x_a^n + \lambda(y_a^n - x_a^n) \tag{7-38}$$

第 6 步收敛性检验：如果满足 $\dfrac{\sqrt{\sum_a (x_a^{n+1} - x_a^n)^2}}{\sqrt{\sum_a x_a^n}} < \varepsilon$，其中 ε 是预先给定的误差限值，则 $\{x_a^{n+1}\}$ 就是要求的平衡解，计算结束；否则，令 $n = n+1$，返回步骤 2。

从上述步骤可以看出，平衡分配法和前面介绍的非平衡分配法中的迭代加权法十分相似，唯一的区别就是平衡分配法通过严格的数学运算求得迭代步长，因而能保证求出平衡解；而 MSA 法迭代步长为 $1/n$，因而能求出近似平衡解，也能收敛得到精确平衡解。

F-W 平衡分配算法问世后，使得大规模网络的交通流分配问题的计算成为可能，因此作为实用型交通分配方法获得了快速发展。美国和日本从 20 世纪末开始，在实际的一定规模的城市交通网络的交通需求预测中已经比较得到普遍的使用，政府主管部门建议在道路网交通需求预测项目中使用平衡分配方法。

上面介绍了平衡分配的各种模型和方法，尽管平衡分配方法较多，但绝大部分模型可归结为一个维数较大的凸规划问题或非线性规划问题。理论上讲，平衡分配模型结构严谨，思路明确，值得深入研究。

二、系统最优分配

（一）系统最优分配模型

在本节第一部分中介绍的 Beckmann 模型和解法都是建立在 Wardrop 第一原理即用户平衡原理的基础上，因此称为用户最优。同时 Wardrop 还提出了第二原理，即系统最优分配问题。Wardrop 提出的第二原理是：在系统平衡条件下，拥挤的路网上的交通流应该按照平均或总的出行成本最小为依据来分配。Wardrop 第二原理在实际交通流分配中也称为系统最优原理（SystemOptimization，SO）。与第一原理相比较，第二原理是一个设计原理。第一原理主要是建立每个道路利用者使其自身出行成本（时间）最小化的优化模型，而第二原理是指在使交通流在最小出行成本方向上分配，从而达到出行成本最小的系统平衡。第二原理作为一个设计原理，是面向交通运输规划师和工程师的。系统最优分配的定义是：在拥挤的网络中，交通量应该按照使得路网中总阻抗即总行驶时间最小的原则进行分配。

系统最优原理比较容易用数学模型来表述，其目标函数是网络中所有用户总的阻抗最小，约束条件和用户平衡分配模型一样。因此，系统最优分配模型为

$$\min : \tilde{Z}(X) = \sum_a x_a t_a(x_a) \tag{7-39a}$$

$$s.t. \sum_k f_k^{rs} = q_{rs} \tag{7-39b}$$

$$f_k^{rs} \geqslant 0 \tag{7-39c}$$

$$x_a = \sum_r \sum_s \sum_k f_k^{rs} \delta_{a,k}^{rs} \tag{7-39d}$$

总结而言，该模型称为系统最优模型 SO。相应地，Beckmann 模型称为用户最优（平衡）模型 UE。

（二）系统最优分配与用户最优分配的关系

下面我们分析系统最优模型 SO 与用户最优模型 UE 之间的关系。对阻抗函数进行变换，令：

$$\tilde{t}_a(x_a) = t_a(x_a) + x_a \frac{dt_a(x_a)}{dx_a} \tag{7-40}$$

则

$$\int_0^{x_a} \tilde{t}_a(\omega) d\omega = \int_0^{x_a} \left[t_a(\omega) + \omega \frac{dt_a(\omega)}{d\omega} \right] d\omega = \int_0^{x_a} [t_a(\omega) d\omega + \omega dt_a(\omega)]$$

$$= \int_0^{x_a} d[t_a(\omega)\omega] = x_a t_a(x_a) \tag{7-41}$$

因此，如果用 $\tilde{t}_a(x_a)$ 作为阻抗函数，则此时用户最优分配模型完全可以转换为系统最优分配模型，所以进行该阻抗函数下的用户最优分配，得到的解就是系统最优分配的解。也就是说，对阻抗函数进行变换后，可以按照用户最优模型的算法来求解系统最优模型。

【例题 7-4】 图 7-13 所示路网的 OD 交通量为 2 000，两条径路的走行时间函数分别为

$$t_1 = 10 + 0.02x_1$$

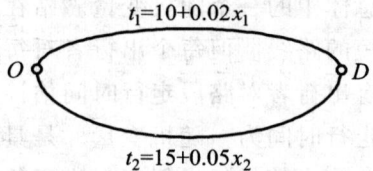

图 7-13　交通网络示意图

试利用系统最优分配模型和用户平衡分配模型求解。

【解】先求解系统最优分配模型的解。将走行时间函数代入模型，得

$$\min: Z(X) = t_1 x_1 + t_2 x_2 \tag{7-42a}$$

$$s.t. \begin{cases} x_1 + x_2 = 2\,000 \\ x_1, x_2 \geq 0 \end{cases} \tag{7-42b}$$

解得：$x_1 = 500, x_2 = 1500$；$t_1 = 20, t_2 = 22.5$；$Z(X) = 43\,750$。

现在利用 Beckmann 模型即用户平衡模型求解。将走行时间函数代入模型，得

$$\min: Z(X) = \int_0^{x_1} (10 + 0.02\omega) d\omega + \int_0^{x_2} (15 + 0.005\omega) d\omega \tag{7-43a}$$

$$s.t. \begin{cases} x_1 + x_2 = 2\,000 \\ x_1, x_2 \geq 0 \end{cases} \tag{7-43b}$$

解得：$x_1 = 600, x_2 = 1400$；$t_1 = t_2 = 22$；$Z(X) = 44\,000$。

通过以上的求解可以发现系统最优模型和用户平衡模型的解是不相等的。

第五节　扩展分配模型

一、随机用户平衡分配模型

在确定性交通配流模型中，都是假定同一条路径上的乘客对出行阻抗函数或广义出行费用的理解均相同，实际上，随着拥挤程度的增加以及其他如体质、职业等个体差异，不同的乘客对出行时间的理解不同，因此有必要用随机变量去描述乘客出行的阻抗函数，这个理解阻抗值与实际的阻抗值之间存在着随机误差项，其概率特性决定了乘客路径选择的概率值，即在同一 OD 对下的选择路径的比例。

与一般模型的用户均衡条件不同，随机用户均衡条件（SUE）的均衡状态是以乘客出行路径的阻抗随机变量值最小为基础的，在模型的构建上和算法求解上也较一般模型复杂。

（一）随机模型中的出行者路径选择行为说明

考虑在某一给定的起终点间出行的全部出行者，该 OD 点对由多条可供选择的路径连

接，每条路径都有自己的走行时间。因为每个出行者对时间的估计不同，假定每条路径的走行时间大小为分布于出行者总体中的一个随机变量。站在出行者的角度考虑，每个出行者都将选择他认为走行时间最短的路线。但每个出行者对每条路线的走行时间感知不同，都可能选择不同的路线。将所有出行者对路段走行时间估计的大小统计在一起，从路段的角度考虑，则每条路段的感知走行时间为一随机变量，是具有某种概率密度的函数。根据这一概率密度函数，可以确定总体中的任一出行者对应于每条路径走行时间的概率。随机网络流量分配问题就是根据这种概率分布来确定选择各条路径的出行者数。

令 C_k^{rs} 表示起点为 r、终点为 s 的路径 k 的感知走行时间，而 c_k^{rs} 表示起点为 r、终点为 s 的路径 k 的实际走行时间，其中 $k \in \kappa$，κ 是 r、s 间的全体可能路径的集合。

假设 $C_k^{rs} = c_k^{rs} + \xi_k^{rs}$，$\forall k \in \kappa$。认为 $E\left[\xi_k^{rs}\right] = 0$，则 $E\left[C_k^{rs}\right] = c_k^{rs}$。

在交通出行中，效用最大意味着出行时间最短，所以出行时间的负数与效用大小成正比，更具一般性，令 $U_k^{rs} = -\theta C_k^{rs}$，$\theta$ 为参数且大于 0。

所以选择函数 P_k^{rs} 的值，即在起点为 r 与终点为 s 间选择第 k 条路径的概率为：$P_k^{rs} = P(C_k^{rs} \leq C_l^{rs}, \forall l \in \kappa)$，它相当于路径 k 的交通时间被认为是最小值的概率。

（二）Logit 型分配模型

在上面的讨论中，假定估计出行时间为 $C_k^{rs} = c_k^{rs} + \xi_k^{rs}$，$\forall k \in \kappa$，而且令 $U_k^{rs} = -\theta C_k^{rs}$，根据这两个式子可得

$$U_k^{rs} = -\theta c_k^{rs} - \theta \xi_k^{rs}, \quad \forall k \in \kappa \tag{7-44}$$

Logit 分配模型是建立在所有可选对象的效用均独立且服从 Gumbel 分布（或又称为 Weibull 分布）的基本假定的基础上的。所以可将式子 $U_k^{rs} = -\theta c_k^{rs} - \theta \xi_k^{rs}$，$\forall k \in \kappa$ 的随机项 $-\theta \xi_k^{rs}$ 替换为 ε^{rs}，而 ε^{rs} 是一随机项且服从 Gumbel 分布，如下：

$$U_k^{rs} = -\theta c_k^{rs} + \varepsilon^{rs}, \quad \forall k \in \kappa \tag{7-45}$$

由此可以得出选择路径 k 的概率值为

$$P_k = \frac{1}{1 + \sum_l e^{-\theta(c_l^{rs} - c_k^{rs})}}, \quad \forall k, l \in \kappa \tag{7-46}$$

从式（7-46）可以直观地看出参数 θ 的物理意义：当路段一定时，$c_l^{rs} - c_k^{rs}$ 为一个确定的值，在这里假定 $(c_l^{rs} - c_k^{rs}) > 0$（路径 k 的实测走行时间小于路径 l，反过来同理可证）。当 $\theta \to \infty$ 时，$P_k \to 1$，可以理解为几乎全部的出行者均选择了路径 k，说明这时感知时间的误差很小，随机项趋向于 0；当 $\theta \to 0$ 时，$P_k \to 0.5$，这说明虽然路径 k 的实际走行时间小于路径 l，但仍然有接近 50% 的出行者选择了路径 l，感知时间的误差项就变得很大，这时的实际走行时间对流量分配几乎没有影响。

二、交通分布与交通分配的组合模型

这类研究问题中，已知每个起讫点的总运量，求解交通系统中各 OD 对间的客流分布

情况，再加上均衡配流条件的要求，构成了组合模型问题。与上面提到的交通平衡配流问题一般模型相比，组合模型增加了两个约束条件：

$$\sum_s q_{rs} = O_r \tag{7-47}$$

$$\sum_r q_{rs} = D_s \tag{7-48}$$

O_r 是起始节点 r 的运量产生总数，D_s 是终止节点 s 的运量到达总数。下面我们介绍一种常用的组合模型——单运量分布约束的组合模型。

这模型研究的是，假设从每个起始点将要发生的总运量是固定的，我们需要确定 OD 矩阵，同时要满足均衡配流的要求，从而成为运量分布与均衡配流的组合问题。出行者在选择终点 s 时，选择依据与终点的吸引能力有关，用一个吸引测度指标 M_s 表示。M_s 值越大，就代表越多的人愿意去 s 节点。此外，还会考虑一个因素，也就是从 r 到 s 的阻抗值大小，出行者一般会愿意选择阻抗值小的路段。

综合上述分析的两个因素，出行者会选吸引能力 M_s 最大且阻抗 μ_{rs} 最小的路径，因此，我们得出了一个 $\mu_{rs} - M_s$ 的概念，为净值阻抗。我们要令 $\mu_{rs} - M_s$ 最小。为了使阻抗单位在模型中统一起来，吸引能力测度 M_s 用时间阻抗值来度量。

$$\min Z(x,q) = \sum_a \int_0^{x_a} t_a(W)dw - \sum_{r,s} M_s q_{rs} \tag{7-49a}$$

$$\text{s.t.} \sum_k f_k^{rs} = q_{rs}, \forall r,s \tag{7-49b}$$

$$\sum_s q_{rs} = O_r, \forall r \tag{7-49c}$$

$$f_k^{rs} \geq 0 \forall k,r,s \tag{7-49d}$$

$$q_{rs} \geq 0 \forall r,s \tag{7-49e}$$

$$x_a \sum_{r,s} \sum_k f_k^{rs} \delta_{ak}^{rs}, \forall a \tag{7-49f}$$

式中，x_a 为路段 a 上的交通流量；q_{rs} 为出发地为 r，目的地为 s 的 OD 间的流量；f_k^{rs} 为出发地为 r，目的地为 s 的 OD 间的第 k 条径路上的流量；O_r 为从起点 r 的总运量产生数；t_a 为路段 a 的交通阻抗。

为了验证该模型是一个满足均衡要求的等价极小值问题，必须证明其一阶最优性条件就是各种均衡条件的数学描述。令 μ_{rs} 和 μ_r 分别为约束（7-49b）（7-49c）对应的拉格朗日算子。拉格朗日函数为

$$\min Z(x,q,u,\mu) = \sum_a \int_0^{x_a} t_a(W)dw - \sum_{r,s} M_s q_{rs} + \sum_{r,s} \mu_{rs}(q_{rs} - \sum_k f_k^{rs})$$

$$+ \sum_r \mu_r(O_r - \sum_s q_{rs}) \tag{7-50a}$$

$$\text{s.t. } f_k^{rs} \geq 0 \forall k,r,s \quad (7\text{-}50\text{b})$$

$$q_{rs} \geq 0 \forall r,s \quad (7\text{-}50\text{c})$$

式的一阶条件为

$$f_k^{rs}\frac{\partial L(f,q,u,\mu)}{\partial f_k^{rs}}=0, \frac{\partial L(f,q,u,\mu)}{\partial f_k^{rs}} \geq 0, f_k^{rs} \geq 0 \forall k,r,s \quad (7\text{-}51\text{a})$$

$$q_{rs}\frac{\partial L(f,q,u,\mu)}{\partial q_{rs}}=0, \frac{\partial L(f,q,u,\mu)}{\partial q_{rs}} \geq 0, q_{rs} \geq 0 \forall r,s \quad (7\text{-}51\text{b})$$

$$\frac{\partial L(f,q,u,\mu)}{\partial \mu_{rs}} \geq 0, \forall r,s \quad (7\text{-}51\text{c})$$

$$\frac{\partial L(f,q,u,\mu)}{\partial \mu_r} \geq 0, \forall r \quad (7\text{-}51\text{d})$$

其中，$\frac{\partial L(f,q,u,\mu)}{\partial f_k^{rs}}=c_k^{rs}-\mu_{rs}$，$\frac{\partial L(f,q,u,\mu)}{\partial q_{rs}}=\mu_{rs}-M_s-\mu_r$，所以上述一阶条件可整理得

$$f_k^{rs}(c_k^{rs}-\mu_{rs})=0,\ c_k^{rs}-\mu_{rs} \geq 0,\ f_k^{rs} \geq 0 \forall k,r,s \quad (7\text{-}52\text{a})$$

$$q_{rs}\left[(\mu_{rs}-M_s)-\mu_r\right]=0,(\mu_{rs}-M_s)-\mu_r \geq 0, q_{rs} \geq 0 \forall r,s \quad (7\text{-}52\text{b})$$

$$\sum_k f_k^{rs}=q_{rs}, \forall r,s \quad (7\text{-}52\text{c})$$

$$\sum_s q_{rs}=O_r, \forall r \quad (7\text{-}52\text{d})$$

公式（7-52a）是标准的路径选择 UE 条件。

公式（7-52b）与公式（7-52a）的结构相同，表明，乘子 μ_r 是从起点 r 到其能够到达的所有终点的最小阻抗值，若从 r 出发的出行者访问过终点 s，即 $q_{rs}>0$，则其净值阻抗 $\mu_{rs}-M_s$ 一定等于 μ_r。达到均衡状态时，从起点 r 到被选中的终点间的净阻抗值相等，且小于或等于到达未被访问过的终点之间的净阻抗值，这说明 OD 出行分布满足基于净阻抗值 $\mu_{rs}-M_s$ 的用户均衡条件。因此，该模型满足基于净阻抗值的终点选择的用户均衡和 OD 对之间路径选择的用户均衡。

三、弹性需求下的交通分配模型

轨道交通均衡分配的一般模型中，两个站点之间的客流量是固定的，而站点之间轨道交通客流量在不同的情况下会发生变化，这些情况包括起讫点间人口规模的变动、其他交通方式的吸引程度变化、换乘系统的便利性、起讫点所在区域城市功能定位的变动等等。此外模型中，引入了轨道交通客流需求函数对客流量与阻抗函数的关系进行了描述，OD 对

起讫点间的轨道交通客流量随站点间的最小阻抗或者出行费用函数增大而减小，呈单调递减关系。弹性需求下的均衡配流模型实际是一般模型或固定需求下的轨道均衡配流模型的更一般化的形式。

在现实中，OD 交通量的大小可能会受网络运行情况的影响。例如，在交通堵塞严重时有些道路网利用者可能会放弃选择自己开车的形式从而乘坐地铁，有的甚至取消原计划的出行。为了反映这种现象，OD 交通量 q_{rs} 可假定成 r 与 s 之间走行时间的函数，即

$$q_{rs} = D_{rs}(\mu_{rs}), \forall r,s \tag{7-53}$$

式中，$D_{rs}(\cdot)$ 是 r 与 s 间的需求函数，随 r，s 间行走时间变化单调递减，并且有上限；μ_{rs} 是 r 与 s 之间的最短行走时间。这种问题便是弹性需求（variable demand）下的平衡分配问题。即求一组满足 Wardrop 平衡的路段交通量和 OD 交通量。同时，OD 交通量也满足需求函数。

该问题可表达为下列的数学规划模型：

$$\min Z(x,q) = \sum_a \int_0^{x_a} t_a(\omega)\omega - \sum_{rs} \int_0^{q_{rs}} D_a^{-1}(\omega)\mathrm{d}\omega \tag{7-54a}$$

约束条件：

$$\sum_a f_k^{rs} = q_{rs}, \forall r,s \tag{7-54b}$$

$$f_k^{rs} \geq 0 \forall k,r,s \tag{7-54c}$$

$$q_{rs} \geq 0 \forall r,s \tag{7-54d}$$

模型中 D_{rs}^{-1} 是需求函数的逆函数。模型的约束条件和所采用的变量基本上与 UE 模型一致，主要的差别是目标函数。

先用一个简单的例子来说明模型的解即是弹性需求下交通分配问题的解。图的网络中只有一条道路。设该道路的走行时间函数 $t = 1 + x$（x 是道路上的交通流量）。需求函数为 $x = 5 - t$（即随交通分配走行时间的增加交通需求量减少）。显然这两条线的交点即是平衡点。因此，可求得平衡解为 $x = 2$，$t = 3$。由模型（7-54）求平衡点时，需求函数的逆函数为 $t = 5 - x$，因此，目标函数为：

$$\min Z(x) = \int_0^x (1+\omega) - \sum_a \int_0^x (5-\omega)\mathrm{d}\omega$$

令 $\dfrac{\mathrm{d}Z}{\mathrm{d}x} = 0$，得 $x = 2$。相应的 $t = 3$。由此可见，根据模型求得的平衡点与实际的平衡点一致。

四、其他扩展模型

交通分配是传统交通规划"四阶段"法的一个步骤，该方法是 20 世纪 60 年代美国交通工程师在进行芝加哥市交通规划时提出来的。在多年的实践中，人们逐渐意识到传统的"四阶段"法内部存在着不一致性，相互割裂的四阶段之间存在密切联系，需要更加集成化

的建模方法。因此，组合模型便应运而生了。实际上，Beckmann 的弹性需求模型，就是一个简单的交通发生/分布/分配的组合模型。Tomlin（1967，1971）提出了一个简单的交通分布分配组合模型。之后，Florian 等人（1975，1978），Safwat 等人（1988）、lam 等人（1992）均研究出了组合模型及其算法。

目前，利用有限维的变分不等式（finite-dimensional- variational inequality，VI）、（nonlinear complimentarity problemn，NCP）理论研究网络平衡分析模型已经成为与静态、动态最优化理论并行、交叉的有效途径之一，在非对称的交通分配模型、组合模型、动态交通分配模型等研究中有着广泛的应用前景。综上所述，基本的交通分配数学规划模型可以向随机模型、动态交通分配模型等方向扩展，

复习思考题

1. 考虑图 7-14 所示简单网络，该网络由 5 个节点及 7 条路段组成（图中路段上所标数据为相应的路段阻抗），用 Dijkstra 算法求从节点 1 到节点 5 的最短路径。

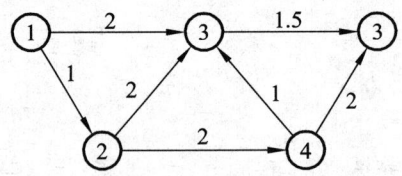

图 7-14　简单交通网络

2. 考虑图 7-15 所示简单网络，OD 矩阵如表 7-8 所示，表 7-9 供零流量时出行时间和交通网络中对应路段的通行能力。

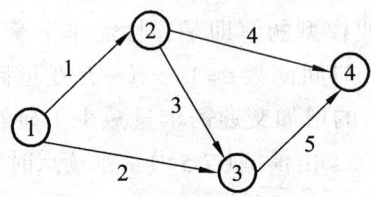

图 7-15　交通网络

表 7-8　OD 矩阵

O	D			
	1	2	3	4
1	0	100	100	100
2	0	0	50	50
3	0	0	0	100
4	0	0	0	0

表 7-9 路段零流量出行时间和通行能力

路段	1	2	3	4	5
t_0	10	15	3	5	4
C	300	500	150	200	200

要求用以下方法计算网络流量：
（1）全无全有最短路径交通分配方法。
（2）容量限制－增量分配法（40%，30%，20%，10%），路阻函数如下式：
$$t = t_0 / (1 - (V/C))$$
式中 t ——路段出行时间；
　　　t_0 ——零流量出行时间；
　　　V ——路段流量；
　　　C ——路段通行能力。

3. 在如图 7-16 所示的交通网络中，设节点 1、3、7、9 为出行生成点，其余节点为交叉口，四个生成点之间出行分布如表 7-10 所示。试用全有全无分配法分配这些分布量。

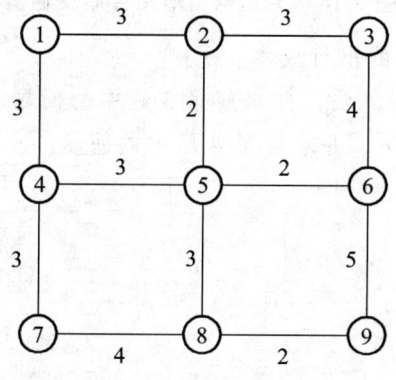

图 7-16 交通网络

表 7-10 OD 矩阵　　　　　　　　　　　　　　　　　　　　　　　单位：辆/h

O	D			
	1	3	7	9
1	0	20	20	50
3	25	0	40	10
7	40	30	0	10
9	30	40	25	0

4. Braess 悖论是指为某路网的服务水平而新建道路，在用户均衡状态下反而会导致了整个路网的服务水平降低的情况。图 7-17 所示路网中 OD 交通量为 6，四条路径的走行时

间函数分别为

$$t_1(x_1) = 50 + x_1; \quad t_2(x_2) = 50 + x_2; \quad t_3(x_3) = 10x_3; \quad t_4(x_4) = 10x_4$$

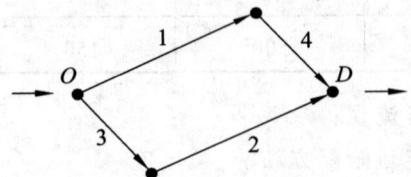

图 7-17　某路网交通量

在路网中新增径路 5 如图 7-18 所示，其走行时间函数为

$$t_5(x_5) = 10 + x_5$$

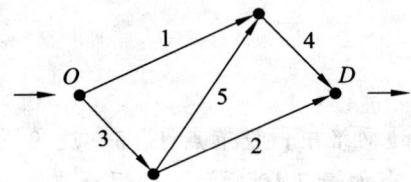

图 7-18　某路网新增路径后交通量

试比较新建径路前后用户的出行成本。

5. 试着编程实现最短路径算法，并求解第 3 题中的问题。

6. 试着编程实现 F-W 算法，并求解第 4 题中的问题。

第八章 城市轨道交通客流预测

第一节 概 述

城市轨道交通客流预测是论证轨道交通项目建设必要性和系统规模的重要依据，是城市轨道交通投资决策的基础。只有具备足够大的轨道交通客流交通需求，建设轨道交通才是合理的。轨道交通客流预测又是衡量建设项目经济成本、预测建设项目投入运营后经济效益的关键指标，有了科学的合理的预测，才能对项目成本效益作出正确的评估，否则会导致经济评估失真，投资决策失误。

城市轨道交通是城市综合交通方式中的一种，与其他交通方式共同构成统一的运输系统。因此，在进行城市轨道交通客流预测时，必须与整个城市客运系统协同考虑。通常应该在城市客运交通总需求预测的基础上，预测城市轨道交通方式在城市综合交通中应分担的客流量。城市轨道交通的建设满足了线网覆盖区域居民出行的需求，这种需求数量的变化随着交通状况、路网建设和不同交通方式竞争而呈动态性变化。城市轨道交通建设的模式和规模要适应近期城市交通的需求，也要适应远期城市交通发展的要求，因此在研究城市当前客流特点和规模的基础上进行城市轨道客流预测是十分必要的。

首先，客流预测是进行城市轨道交通项目宏观和微观投资决策的依据。一个城市是否投资轨道交通主要是取决于城市现有公共交通能力能否满足客运需求，而城市可持续发展也要求选择运量大、速度快、污染少的快速轨道交通。从宏观角度看，要对城市轨道交通建设的投资做出合理规划，就必须对城市客运需求的现状和趋势做出科学预测；从微观角度看，一个具体的城市轨道交通项目是否值得建设、什么时候投资、系统的模式及规模如何，都必须以未来客运需求为依据，否则是难以做出正确决策的。

其次，客流预测是城市轨道交通项目可行性研究和项目评估的基础。可行性研究和项目评估都涉及项目经济评价，经济评价是对费用、效益的一种科学的比较分析，但是从衡量、计算费用到衡量、计算效益都离不开项目的客流预测。具体而言，一个项目的投资额和运营成本主要取决于在客流预测基础上确定的系统规模，同样，项目建成后运营期内效益如何，也需要借助逐年的客流预测结果才能衡量和计算。如果没有科学、合理的客流预测为基础，就必然低估或高估项目的费用和效益，致使经济评价失去真实性，从而误导投资者和决策者。

另外，客流预测是运营阶段管理方案决策的基础。在运营阶段，票价变化、运营组织变化、服务水平改变、与其他交通方式衔接变化、发车频率改变、其他交通方式的服务水平改善等都影响城市轨道交通客流大小，需要进行城市轨道客流精细预测。

第二节　轨道交通客流预测的工作特点

一、客流预测的内容

城市轨道交通客流预测的目标是城市轨道交通系统建成通车后可能吸引的客流规模和时空分布，具体指标包括轨道交通客运总量、客运周转量、各站上下车人数、各轨道交通线路之间换乘人数、区间上下行客流量、高峰小时运量等。这些指标是城市轨道交通设备配备和车站设计的基本依据，也是评价城市轨道交通规划线网优劣的重要依据。根据实际运用经验，城市轨道交通客流预测的内容包括以下五个方面的内容。

（一）全线客流

全线客流包括全日客流量和各小时段的客流量及比例。全日客流量是表现和评价轨道交通运营效益的直观指标，并且是进一步评价轨道交通线路负荷强度的重要指标。各小时段的客流量及比例为轨道交通全日行车组织计划提供依据，在保证运营能力和服务水平的前提下合理安排行车间隔，提高列车的满载率及其运营效益。

（二）车站客流

车站客流包括全日、早、晚高峰小时的上下车客流、站间断面流量以及相应的超高峰系数。高峰小时时段的站间最大单向断面流量是决定建设轨道交通的必要性和确定系统运量规模的基本依据，由此选定交通制式、车型、车辆编组长度、行车密度及车站站台长度。全线早、晚高峰小时的站间断面流量是全线运行交路设计的基本依据，由此确定区域折返交路、折返列车数量、折返车站位置及配线形式，并计算运用车辆配置数量。各车站早、晚高峰小时的上下客流量及相应的超高峰系数是各车站规模设计的基本依据，由此计算站台宽度、楼（扶）梯宽度、售检票机数量、车站出入口的总宽度等。另外，晚高峰小时客流量对地下车站的空调、通风量计算还具有控制性作用。此外，必要时我们应对车站客流进一步分析，预测到达本站的客流所采用的各种交通方式的分类和比例，这为在本车站附近如何考虑停车场用地的规模提供依据。

（三）分布客流

分布客流包括站间 OD 表、平均运距及各级运距的乘客量。此项数据是为进行分段客流统计、制订票制和票价的分析，最终对建设投资、运营成本作财务分析，对社会经济效益分析，提出项目效益评价意见。

（四）换乘客流

换乘客流是指各换乘站分方向换乘客流量。此项数据对线路主客流方向的评价很重要，并为换乘形式设计和换乘车站间的换乘通道或楼梯的宽度的计算提供依据。

（五）出入口分向客流

根据每一座车站确定的出入口分布位置，对每个出入口作分向客流预测，并做波动性分析，为每个出入口宽度的计算提供依据。

二、客流预测的年限

由于城市轨道交通规划与设计的不同阶段的需求不同，其客流预测的年限也不同。

（一）线网规划阶段

近期——近期建设规划的末期。
中期——城市《城市总体规划》的远期。
远景年——控制线网规模。
远景年不是一个具体的年份，是按现《城市总体规划》向外推定，在各种资源约束下的饱和状态（现在一般在 2050 年左右）。

（二）近期建设规划阶段

对近期要建设的那几条线，分别作 3 期客流预测。
初期——运营后的第 3 年。
中期——运营后的第 10 年。
远期——运营后的第 25 年。
近期建设规划经批复就"视同立项"，所以要做到预可行性研究的深度。

（三）工程可行性研究阶段

城市轨道交通项目预可行性研究阶段，在该规划阶段之初和该规划阶段的过程中，有时尚有以下问题未得到最后确定，处在协调过程中：

（1）线路走向的大方案、车站数及站位。
（2）沿线及相关区在修建城市轨道交通之后所引起的土地开发规划的调整。
（3）其他相关交通设施规划及衔接方式。

鉴于此，在项目预可行性研究阶段应按大的线路方案做出客流预测，有些项目因资金立项问题，拖延几年是常有的事。若前期工作之初就做细致的客流工作，若干年后规划期限发生变化，经过立项审批，线路分期建设方案和车站数都会发生变动，客流预测工作不得不重做，因此客流预测的主要工作应放在工程可行性研究阶段较合适。

工程可行性研究阶段需要做该线的 3 期（初、近、远期）客流，预测期限同上。该阶段预测工作的深、广度要求最高。

在可行性研究报告得到审批之后，在初步设计之前，应做客流的详细规划：
（1）核实、调整前阶段的客流规划资料。
（2）确定各站客流进出站的来向和去向。
（3）各站和其他交通方式的转乘量。

(4)各站超高峰客流(时段内的时刻分布)及突发客流的影响。
将客流的详细规划作为设计工作的依据。

(四)初步设计阶段

以远期的客流详细规划为主。

(五)运营前及运营阶段

仅需做初期(运营后第 3 年)和运营第 1 年的客流预测。因为这一阶段的客流预测更具实性,因此也是对预测者的最大挑战。

三、客流预测的阶段

对以上轨道交通客流数据的预测,在城市轨道交通规划与设计的各阶段的要求是不同的。从轨道交通线网规划、建设规划、可行性研究、初步设计到运营管理,各个阶段城市轨道交通客流预测的内容和深度总是由宏观到微观逐步深入细化。

(一)线网规划阶段

线网规划阶段的客流预测应为论证城市轨道交通建设必要性、确定线网总体规模、评价线网规划方案、研究分期建设时序、控制城市轨道交通设施用地等提供依据。

线网规划阶段客流预测年限应与线网规划的年限一致。

线网规划阶段客流预测的主要内容应如下:

(1)城市交通需求分析:分析交通出行总量、出行时空分布、交通方式结构、客流走廊及量级等,开展有无城市轨道交通对城市交通系统的影响分析。

(2)线网比选方案客流预测:预测各比选方案的城市轨道交通出行总量、出行分担率,以及各比选方案的日客流总量、线网负荷强度平均乘距、换乘客流量和换乘系数主要客流走廊高峰小时断面客流量及分布。

(3)线网推荐方案客流预测:预测推荐线网方案中各条城市轨道交通线路的日客运量、线路负荷强度、平均运距和高峰小时单向最大断面客流量。

(二)近期建设规划阶段

近期建设规划阶段的客流预测应为确定城市轨道交通建设方案和实施计划提供依据,为建设方案的经济评价等提供客流数据支持。

近期建设规划阶段应在比选方案客流预测的基础上进行推荐方案的客流预测。比选方案客流预测年限为建设规划的末期年,推荐方案线网客流预测年限为建设规划的末期年和远景年,推荐方案中安排建设的各线路客流预测年限应含初、近、远三期。

近期建设规划阶段客流预测应包括以下主要内容:

(1)城市交通需求分析:应包含交通出行总量、出行时空分布分析等。

(2)比选方案和推荐方案线网客流预测:应包含线网方案的客流量、客流强度、换乘系数、平均乘距、城市轨道交通在公共交通中的比重等。

（3）推荐方案线路客流预测：应包含全日及高峰小时线路客流量、换乘量、平均运距、站点乘降量、单向最大断面客流量等。

（4）敏感性分析：应包含人口规模、重大交通政策等因素。

（三）工程可行性研究阶段

工程可行性研究阶段的客流预测应为比选线位与设站方案，确定系统制式、车辆选型和编组、车站规模、编制运营组织方案、进行经济评价分析等提供依据。

工程可行性研究阶段客流预测年限应含初、近、远三期，初期为建成通车后第 3 年、近期为第 10 年、远期为第 25 年。

工程可行性研究阶段客流预测应主要包括以下内容。

（1）城市交通需求分析：应包含三期交通出行总量、出行时空分布分析、交通方式结构等。

（2）线网客流分析：应包含远期城市轨道交通线网各线路全日客流量及平均运距、高峰小时单向最大断面客流量分析等。

（3）线路客流预测：应包含预测线路客流成长曲线和三期全日及高峰小时客流量、换乘量平均运距、站点乘降量、单向最大断面客流量，全日客流周转量、客流强度、客流时段分布曲线等。

（4）特殊站点客流分析：对于设置在商业中心、文化体育活动场所、火车站、机场等大型客流集散点的特殊站点，应预测分析站点突发客流乘降量及其对线路最大断面客流量的影响。

（5）站间 OD 预测：应包含预测线路各站点全日及高峰小时站间 OD 矩阵及不同运距的客流量分布。

（6）换乘客流预测：应包含预测线路与其他线路之间全日及高峰小时换乘客流量。

（7）敏感性分析：应包含预测线路沿线人口规模、票制票价、服务水平、交通衔接等因素，给出全日客流量及高峰小时单向最大断面客流量的波动范围。

（四）初步设计阶段

初步设计阶段客流预测除满足要求外，还应为站点出入口、步行通道、检票闸机或闸门楼扶梯等设施规模和布局提供依据。

初步设计阶段客流预测年限应与工程可行性研究阶段一致。

初步设计阶段客流预测除应包括工程可行性研究阶段的预测内容外，还应包括：

（1）全日及站点高峰小时各换乘站点分线路、分上下行方向的换乘客流量。

（2）站点高峰小时，各站点分上下行客流乘降量。

（3）全日及站点高峰小时，各站点出口进、出客流量及超高峰小时系数。

（五）运营前及运营阶段

运营前及运营阶段客流预测应为运营前的运营组织筹划、票制票价方案制定、招商谈判,以及运营后的车辆增购、系统设备扩容、项目后评估等提供依据。

运营前及运营阶段客流预测年限应根据实际需求确定。

运营前及运营阶段客流预测可参照工程可行性研究阶段客流预测内容,并根据实际需要确定。

第三节 轨道交通客流预测方法

从城市轨道交通客流形成机理来看,城市轨道交通承担的客流量主要包括两部分,即转移客流量和诱增客流量。其中转移客流量主要指的是由于城市轨道交通具有快速、准时、安全、可靠、方便等优点,使原来主要由地面常规公交、小汽车、自行车方式承担的全市性比较集中的中、长距离客流转移到城市轨道交通中来的运输需求。转移客流量中既有车站附近直接吸引过来的客流,又有通过其他交通方式如公交、自行车等换乘的客流。诱增客流量主要指的是由于城市轨道交通线路建设促进沿线土地开发、人口集聚,使区域之间可达性增加、服务水平提高、居民出行强度增加而新产生的客流。

城市客流主要取决于城市土地利用空间布局和城市经济的发展水平,在供应满足的条件下,当一个城市的土地利用布局规划确定后,从某种意义上说,城市客流的产生和分布就客观存在了。同时,由于城市轨道交通作为一种迅速、大运量的城市客运系统,改变了城市轨道线路沿线的可达性,相应地会对城市土地利用空间布局产生一定的影响,如加快城市郊区化进程和提高轨道线路沿线土地的开发强度等,从而影响城市轨道交通客流的产生和分布。而城市客运交通结构和城市客流的流量流向是由城市平均出行距离、城市所能提供的交通设施的服务水平、出行者的经济水平和价值观念以及城市所采取的宏观控制政策和措施等因素综合决定的。具体到轨道交通方式,由于轨道交通方式是一种线交通方式,其承担的客流量还涉及轨道交通方式与城市中其他交通方式的协调关系。也就是说,城市客流的产生、分布、方式和路径的选择并不是一个单向的作用机制,而是一种相互反馈的动态平衡机制。因此轨道客流的形成是建立在城市空间分布、不同区域之间空间相互作用强弱演化及发展特点、城市交通发展战略目标、城市各种客运方式的特点、最佳服务距离和相互间的协调关系以及出行者的经济能力和思想价值观的基础之上的。

自 20 世纪 70 年代以来交通规划技术传入我国,运用定量的方法进行科学的预测已成为规划的主要手段。在最早期的时候,由于轨道交通线网路线简单及技术上的不完善,产生了一种早期的轨道交通客流预测模式,其基本思想是将公交客流量按一定的比例转移到轨道交通上去,再适当地考虑诱增交通量。由于这种预测模式原理过于简单,考虑因素较少,因此精度较低。此种模式目前仅用于其他模式预测后的比较验证或作为定性分析的辅助手段,以及对某条轨道线的预测。

欧美发达国家在 20 世纪 50 年代为了满足城市交通规划与建设的需要而开始研究开发新的预测模式,到了 20 世纪 70 年代已经基本形成很有代表性的"四阶段"城市交通需求预测模式,四阶段模型按照交通生成预测、交通分布预测、交通方式划分和交通分配四阶段来分析城市现状和未来的交通状况。这类模型对远期总体规划最适用,现已广泛应用在交通规划工作中。随着研究的发展，这类预测模型也深入用于城市轨道交通客流预测当中。由于该模式结合土地利用规划分析城市轨道交通客流，能较好地反映城市远期客流的分布，且精度相对较高，至今仍是城市轨道交通客流预测的主流模式。

目前我国城市轨道交通客流预测模式主要可以分为以下三类。

一、不基于现状轨道交通客流分布的预测模式

该模式的主要思路为：将相关的公交线路的现状客流向轨道交通线路转移，得到虚拟的基年轨道交通客流，然后按照相关公交线路的历史资料和增长规律，确定轨道交通客流的增长率，推算远期轨道交通需求客流量；或者由公交预测资料，直接转换为远期城市轨道交通客流量，得到虚拟的基年轨道交通客流。具体做法是在现状公交网络的基础上，搭建一个包括待建城市轨道交通在内的初期综合交通网络方案；通过现状公交网络建立综合网络分配模型并标定相关参数，以初期公交和初期轨道交通网络为基础进行流量分配，对其结果进行分析和校正，通过校正的模型和参数继续推算近期、远期站间 OD 矩阵及相关预测结果，采用的方法主要为趋势外推，在确定轨道交通客流增长率时可采用指数平滑法、多元回归法等方法（见图 8-1、8-2）。

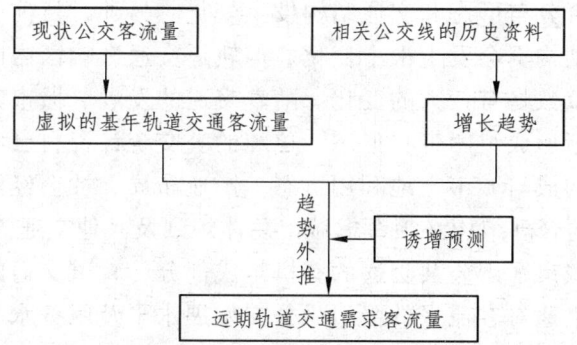

图 8-1 不基于现状轨道交通客流分布的预测模式一

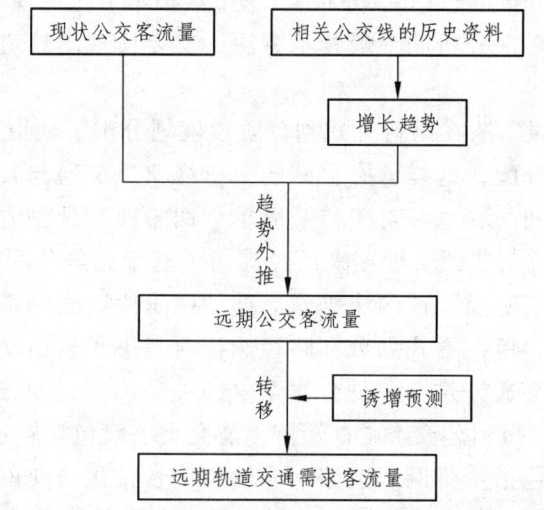

图 8-2 不基于现状轨道交通客流分布的预测模式二

该模式属于早期模式，受其原理的限制，以现状公交客流量为预测基础，对现状交通特征的反映较为片面，仅仅考虑了公交系统内部的转移交通量，无法全面地考虑城市用地规模、交通设施、出行结构改变的影响，因此精度较低。但由于操作简单，所以目前常用于其他模式预测后的比较验证或作为定性分析的辅助手段。

二、基于现状轨道交通客流分布的预测模式

该模式的主要思路为：通过居民出行调查，掌握现状全方式的出行分布，在此基础上预测未来年的全方式出行分布，然后通过方式划分和交通分配预测得到轨道交通的站间OD，即可计算出轨道交通客流量。

基于上述理论的城市轨道交通客流预测的"四阶段"法已得到广泛的应用，即城市交通生成、交通分布、交通方式划分、轨道客流在路网上的分配。该方式结合土地利用规划分析城市轨道交通客流，能较好地反映城市远期客流的分布，且精度相对较高，缺点主要在于对数据要求高、操作复杂。此类预测模式仍是轨道交通客流的主流模式。

城市轨道交通作为联系城市内部及周边地区的快速客运系统，是城市化进程中解决城市交通问题的重要措施和手段。由于轨道交通快速、高效、舒适的特点，其产生及发展必然会使得城市交通出行分布形态和交通结构发生变化。另外，目前中国大多数城市仍处于成长期，虽然其组团结构不会发生根本变化，但轨道交通影响区内的很多交通小区的用地性质、人口和就业岗位数将有较大的变化。随着交通的发展、城市其他中心的形成以及发展中心的转移，将逐渐形成组团带状形态。单纯的公交统计资料已经无法表征这些变化。未来城市的交通方式构成与城市土地利用形态、产业布局、社会经济等诸多因素有关，因此未来城市交通方式的合理结构必须考虑城市总体规划及其他交通方式的存在。

城市轨道交通是城市客运公共交通的有机组成部分，轨道交通的充分发挥，有赖于常规公交的支持。轨道交通对客流量的吸引受公交发展水平及服务水平的制约。轨道站点是城市的客流集散点，亦是不同交通方式的换乘点。因此在预测轨道交通线网客流量时，必须从城市全方位的出行分布形态（OD分布）出发，从根本上把握住城市客流的主流和方向，使得预测既要符合交通需求分析的一般技术方法，又要体现出轨道交通对客流吸引和组织的技术特点。

上面介绍的"四阶段"法在出行方式划分阶段就划分出了轨道交通方式的OD量，再在独立轨道线网上进行分配，这样势必会减弱或忽视轨道交通与其他交通方式（特别是其他公交类交通方式）之间的联系。对于传统简单"四阶段"预测方法的这一缺点，国内外学者都进行了大量的研究与实践，近年来已经提出了基于竞争分配的"四阶段"预测思路。

基于竞争分配的"四阶段"预测法仍建立在"四阶段"法的基础上，首先进行全方式的客流产生和分布预测，但在方式划分和路径选择时考虑了轨道交通方式作为一种线交通工具，其与城市中其他交通方式是一种合作竞争的关系。方式划分时先通过预划分（分层次策略性交通方式划分）得到公交类OD矩阵（公交类一般包括轨道、常规公交、铁路等），然后在一个综合路网（包括步行网、道路网、轨道网、常规公交网、铁路网等）上进行竞争分配（利用联合方式划分交通分配模型）得到最后所要的结果。

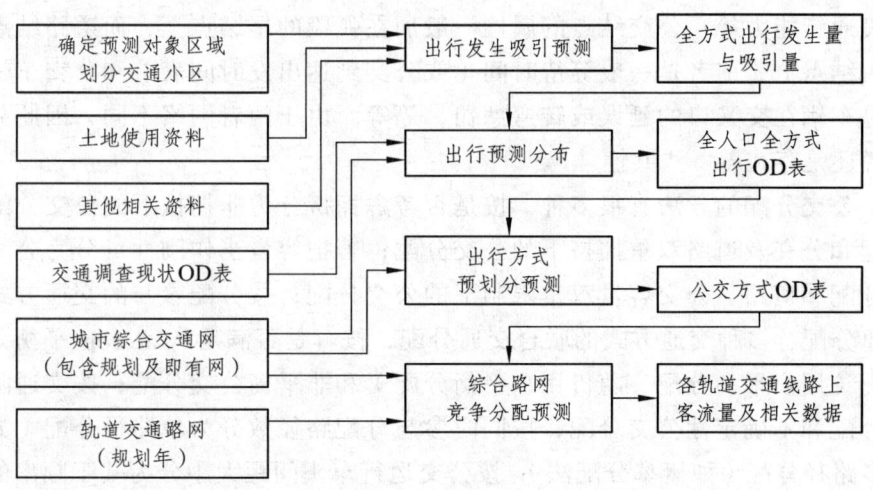

图 8-3 基于竞争分配的"四阶段"预测

三、非集计模型

近年来，由于城市轨道交通"四阶段"法缺少明确的行为假说，特别是模型系统本质上并非有关个体行为，即它不是与个体出行行为相一致的，针对其不足，一些专家提出了非集计模型。

非集计模型又称交通特征模型，它是以实际产生交通活动的个人为单位，对个人是否进行出行、去何处、利用何种交通工具以及选择哪条路线等活动分别进行预测，并按出行分布、交通方式和交通线路分别进行统计，得到交通需求总量的一类模型。这一模型在理论上利用了现代心理学的成果，引入了随机效用的概念，其核心是效用最大化理论。它着眼于研究出行者个体的出行行为。非集计模型相比传统模型的优势是有明确的行为假说、模型的一致性好、模型标定所需调查样本少、模型有较好的时间和地区可转移性等特点。

第四节 轨道交通的客流分配

城市轨道交通是一种重要的公共交通方式，是公交网络系统的主骨架，与普通地面公交系统具有竞争、协作和补充关系，因此轨道交通网络客流的分配采取公共交通分配方法，一般与地面普通公交网络构成一个综合网络进行分配。

公交网络分配与道路网络分配不同。公共交通网络与道路网络组成不同，虽然两者都是由结点和弧段组成的，但公交网络的结点是站点，而道路网络的结点是交叉点；连接公交站点的弧段是公交线、步行线（质点与站点的步行线）、换乘步行线，连接道路网络结点的弧段是道路段；道路弧段没有共线特征，而公交弧段上同时具有方向相同的多条公交线运行，乘客可以有多种选择，具有共线特征；公交弧段的属性是发车频率、车内运行时间、票价、单位车辆运载人数及步行的惩罚等，而道路弧段的属性是车辆运行时间、车辆通行费用、路段通行能力等；公交结点的属性一般加在弧段的尾结点上，而道路结点的属性加在弧段的头结点上，前者是一般等待时间（或公交到达出发时间表）和公交车辆到达的延误，后者是车辆在交叉口的延误或转弯惩罚，等等。由于两者网络不同，因此分配方法不同，但两者还是存在着一些共性。

目前，公交分配的方法有很多种，按是否考虑拥挤分为非拥挤下的公交分配、拥挤下的公交分配和公交及道路双重拥挤下的公交分配；若把容量当作刚性可分为公交容量限制下的公交分配和道路、公交容量双重限制下的公交分配；按分配参与的交通方式种类可分为公交交通分配、多种交通方式的联合交通分配；按解是否满足 Wardrop 平衡条件分为平衡公交分配（用户平衡分配、随机用户平衡分配）和非平衡公交分配；按交通阻抗分为确定性公交分配和不确定性公交分配；按同时参与分配路径数分为单路径分配（如最优有效路径）和多路径分配（如概率分配法）；按公交运行车头间距大小分为基于频率的公交分配和基于时间表的公交分配；按加载 OD 时间间隔分为静态公交分配、拟动态公交分配和动态公交分配；多路径分配随采用的概率模型不同分为 Logit、Probit 等。

第五节　轨道交通客流预测指标及其分析

客流预测工作的成果体现为客流预测指标，它们为建设项目的分析与评价提供依据根据城市轨道交通项目建设的特点，需求预测需要提供的输出指标可以概括为以下五个方面。

一、需求总体指标

一般城市轨道交通建设项目需求预测的总体指标分为总量指标和平均运距两方面。

总量指标是指其在某一时间段内承担的需求的数量规模，一般通过日均人次数或线路平均负荷强度[万人次/（km·日）]来刻画。

平均运距是指乘客在该线路上平均乘坐的距离，有时也用平均站数来评价。

总体指标预测一般需要参考上位规划，对某一个建设项目来说，需要考虑的上位规划因素包括城市总体规划、城市近期建设规划、城市土地利用规划、控制性详规、国民经济发展规划、城市综合交通规划以及最近的出行调查

一般来说，城市轨道交通预测的远期年限要大于各尚未规划的规划期，换言之，远期预测存在一定的数据盲区（可能达 10 年及以上），这一阶段的预测实际上存在基础调查缺失的问题。因此，城市轨道交通的需求预测可以用"发展趋势主导初近期预测，规划与战略引导远期预测"来描述，即远期的需求预测更多地需要依靠预测者对城市发展大战略的把握。

总量预测阶段需要考虑的主要因素包括城市人口规模、就业岗位及其分布、人均出行率、城市土地开发水平、人均 GDP 或收入水平、综合交通网络建设水平、常规公交的发展水平等调查表明，我国各城市人均出行率为 1.84~3.06 次/日。一般认为：城市建成区面积

越大，出行率相对较低；而城市越小，居民出行率相对较高。经济发展、机动车拥有量及人口规模均对人均出行率有一定影响，但没有普遍规律可以遵循，需要根据城市历年的发展和调查数据具体分析。

从综合交通结构来看，城市越大，公交发展空间越大。不过，城市公交全日出行比重达到50%及以上是比较困难的。

城市轨道交通的客流一般有个培育的过程，开通初期客流受票价与服务水平影响较大。最近的经验表明，客流也与公共交通，尤其是轨道交通网络规模及接续设计有关。轨道交通网络对新线开通的客流吸引力有倍增的作用，不过这一规律较难在预测阶段把握。从客流增长来看，培育期过后的客流年均增长率将有所下降。

由于城市轨道交通工程属于百年大计，系统一般需要一次建成或建设时有所预留，否则很难在发展中扩展。远景年需求是直接决定系统建设规模的依据，因此，远景年需求规模应作为重点来把握。

轨道交通客流总量一般按初期、近期和远期三个年限提出，其分析一般要纳入城市综合交通系统中来开展。其具体内容可以包括以下几方面的内容。

（1）不同时期轨道交通工程客流占全市总出行的比重。
（2）轨道交通工程项目建设对全市公交出行比例提高的贡献。
（3）轨道交通工程项目建设对全市公交出行效率（如时耗降低与拥挤缓解）提高的贡献。
（4）轨道交通工程项目建设对交通环境保护的贡献。

除了提供分年限的预测结果外，城市轨道交通客流预测实际上还需要预测以下内容：
（1）平日（周一至周五）流量。
（2）周末（周六与周日）客流量。
（3）节假日（三天假日、七天假日）客流量。

上述预测结果的提供对于做好城市轨道交通系统开通后的客流组织工作，更好地满足出行需求具有重要意义。

对轨道交通网络来说，客流预测的总体指标还包括全网换乘系数，即平均每次出行乘坐地铁线路的条数。全网换乘系数可以通过全网总乘人次数与全网出行量之比来计算：

$$全网换乘系数 = \frac{全网总乘人次}{全网出行量} \tag{8-1}$$

调查表明，2008年北京全网换乘系数较高，平均为1.74，就一周情况来看，周六最高，达到1.82。

在对客流总量预测结果的分析与评估中，要注以下两个要点：

（1）关于一条轨道交通线路客流与全轨道线网客流总量的分析。每条轨道交通线路的需求规模是与其本身在全网中的功能是分不开的，预测时应该结合城市发展规划以及该线路在整个轨道交通线网中的功能与定位，一方面要仔细审核各线路日运量之和与全网日运量控制总量是否吻合，另一方面要保证该线承担的客流在全网客流总量中的比例与其功能和地位是否相称。

（2）线路与线网客流强度的校核。不同城市轨道交通线网与线路的客流强度应与所在城市及区域的基本特征相合，因此，应全面分析每条线路的客流负荷强度以及全网的客流负荷强度。结合相关线路地位，主干线客流强度应大于地位稍次的辅助线与郊区线。若出现特例，应有专门的分析说明。

二、流量流向指标

一般运输系统的产品是人与货物的位移。对城市轨道交通系统来说，主要服务对象是人，即满足人的位移需求。因此，需求预测工作需要明确出行需求的具体流量和流向。主要包括以下几方面的内容。

（1）站间 OD 分布表。主要指城市轨道交通各站点之的客流交换量，借此可以确定轨道交通的平均运距等指标。

（2）站点乘降总量。主要指各站点全日乘降总人数，为确定车站相关设施的建设规模提供依据。

（3）换乘站换乘量及其构成。主要指两条轨道交通线路交叉处的车站的旅客流量与流向，除了站点乘降总量外，还需要预测线路之间上、下行不同方向之间的交换量。图 8-4 描述了一个换乘站不同方向之间的流量关系。

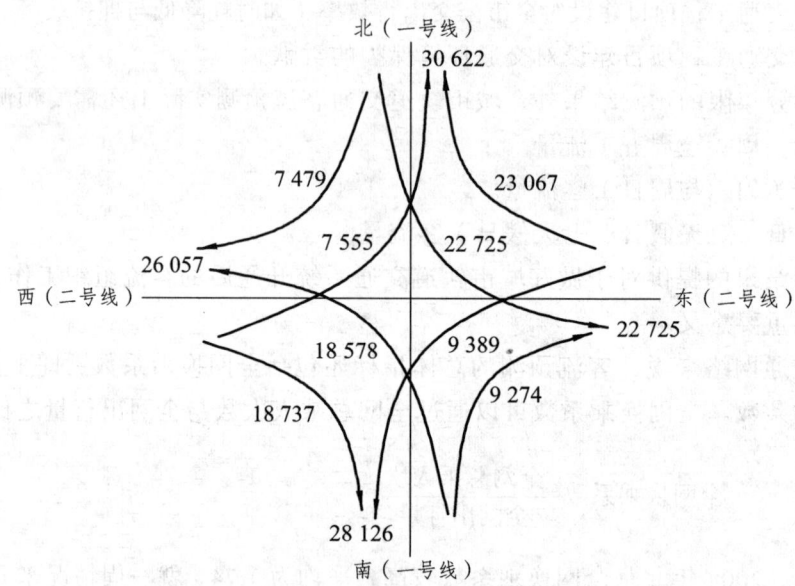

图 8-4 需要预测的换乘站流量（人）、流向

一般地，有

$$\text{换乘车站的上车客流量} = \text{进站客流量} + \text{换乘客流量} \tag{8-2}$$

式中 进站客流量——直接从车站出入口进入车站的上车客流；

换乘客流量——从换乘车站节点或通道，由其他车站进入本车站的上车客流。

换乘客流的预测难度体现在以下两方面：首先是路径选择方面，轨道交通线网比较完善时，乘客的出行路径较多，乘客并不都是选择理想的最短路径，而可能按其偏好进行选择。因此，有效路径的判断存在不确定性。其次是换乘客流的空间高峰与时间高峰的错位，即线路高峰时段与车站客流高峰时段的差异可能改变了最终的叠加结果，目前很难区分。

此外，两线上、下行方向客流的潮汐特点、两线列车运行间隔的不对称等对换乘客流参数选择实际上也会产生影响，这些因素均可能增加换乘客流预测的误差。

三、空间不均衡性指标

空间不均衡性指标是进行城市轨道交通系统中具有空间差异的各部分设计的重要依据。尤其是对于线路较长、全线差异较大的轨道交通建设项目来说，做好空间不均衡性的预测和分析至关重要。

空间不均衡性指标主要包括以下三方面的内容。

（一）线路各区间断面客流分布

主要线路不同站间区间的客流断面分布，一般来说该断面分布需要区分不同预测年限与全日早、晚高峰期间客流断面分布情况。图 8-5 为一个典型的客流断面图。

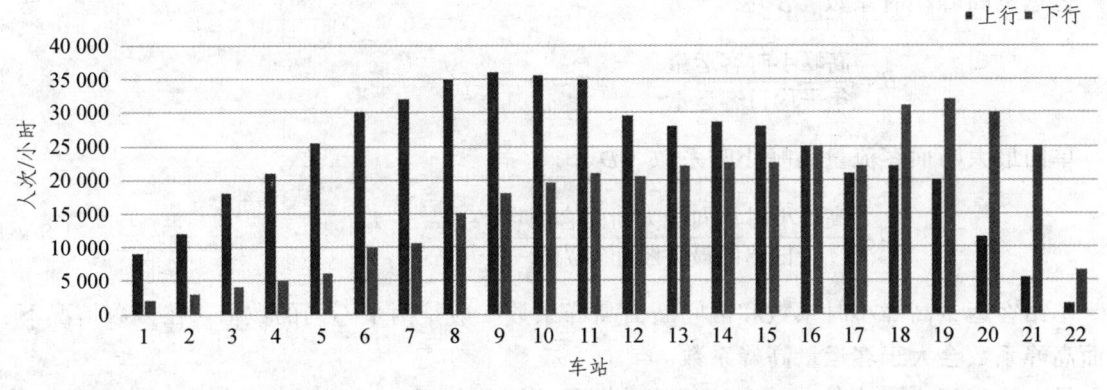

图 8-5　区间客流断面分布图

客流断面分布对于城市轨道交通系统能力的设计与计算来说具有重要参考价值，它们也是进车行车组织设计的基本依据。

（二）最大断面客流量

某线路的远期最大断面客流是确定线路设计能力的重要依据，需要仔细分析。这个客流也需要按全日以及早、晚高峰期分别预测。

此外，最大断面客流指标还可以针对某些需要特殊考虑的设施，或某些特殊的人群，如无障碍设施处的需求量等。

（三）特殊位置客流量

特殊站点主要是地处某些大型客流集散点的轨道交通车站。这类集散点包括机场、铁路客运站、长途汽车站以及交通出行量较大的大型活动中心等。详细分析这些轨道交通车站的预测客流，有利于提高建设工程的规划与设计质量，确保城市轨道交通开通后的运营服务水平。

空间不均衡性受城市轨道交通车站附近土地利用类型的影响较大。两端在郊区且穿越中心城区的轨道交通线路往往出现中间大、两头细的"棒槌"形客流特征，而一端在郊区、另一端在中心城区的线路在早晚高峰可能表现出强烈的潮汐出行特征。

四、时间不均衡性指标

由于城市轨道交通的服务重点之一是城市地区的通勤交通，因此，时间不均衡性指标是客流预测的关键。

时间不均衡性指标主要有以下几个。

高峰小时系数是指一日内客流集中的某一个小时的流量占该处全日流量的比重，一般按早、晚高峰小时分别计算；该指标主要反映人员出行时间分布，与用地布局密切相关。高峰小时系数可以通过客运量高峰小时系数（B）和单向最大断面客流量高峰小时系数（D）来刻画。

客运量高峰小时系数（B）：

$$B = \frac{\text{高峰小时客运量}}{\text{年平均日客运量}} \tag{8-3}$$

单向最大断面客流量高峰小时系数（D）：

$$D = \frac{\text{高峰小时单向最大断面客流量}}{\text{全日单向最大断面客流量}} \tag{8-4}$$

车站客运量高峰小时系数和区间断面高峰系数一般是两个不同的数值。在多数情况下，断面高峰系数会大于客运量高峰系数。

早、晚高峰中无论是车站客流峰值数还是断面峰值系数，不同城市都有一些差异，我国多数城市中，晚高峰系数低于早高峰系数。

对某车站来说，其上、下行方向或者上、下客流量的高峰系数与全线总客流高峰系数以及最大断面客流高峰系数一般也是不同的。线路两端居住区附近的站点早高峰系数较大，呈现出工作客流的特点，而中心区商业中心的站点，其客流呈现逐步累积的特点。市区线的高峰小时系数要低于郊区线的高峰小时系数。

统计表明，城市轨道交通全日客流呈双峰态势，广州的晚高峰大于早高峰，北京的早高峰大于晚高峰；广州的晚高峰（17:00—18:00）占全日客流的 9.7%，北京早高峰（7:30—8:30）占全日客流的 13.61%。

目前，对于断面高峰客流的预测，主要采用高峰小时系数来推算。根据近年调查的运营数据，地面公交高峰小时系数大致在 12%～20%，其系数要明显低于轨道线路高峰小时系数（17～24%）。

图 8-6 给出了某城市平时和周末轨道交通客流量的变化情况。

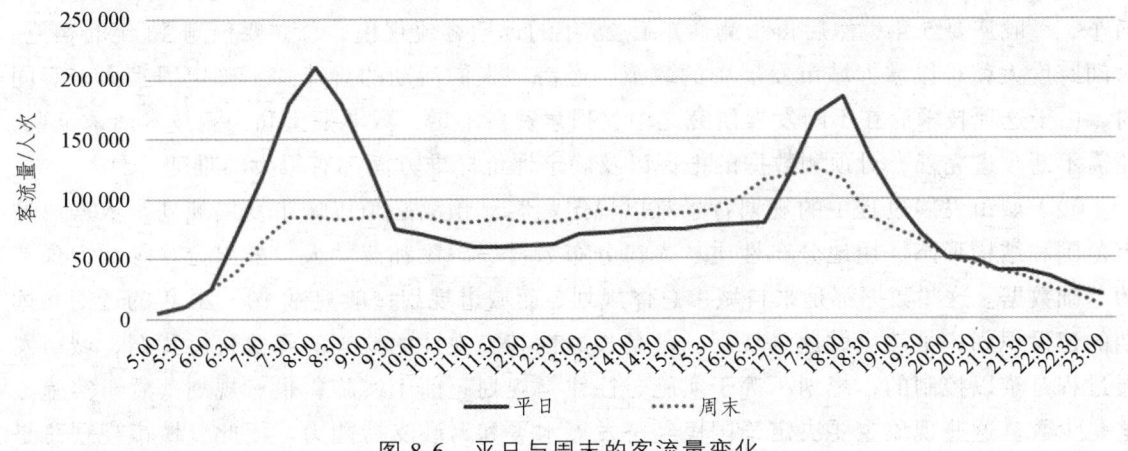

图 8-6　平日与周末的客流量变化

五、敏感性因素指标

由于预测过程中存在大量的不确定因素，需要对预测结果进行灵敏度分析。一般来说，城市轨道交通客流预测中的不确定性来源主要有以下三方面。

首先，预测环境不确定。我国城市处于快速发展变化中，许多因素的变化难以在事先得到预计，因此具有不确定性，需要加以细化分析。

其次，预测的基础数据通常并不完备，一些基础数据存在偏差。例如，关于出行的调查一般为抽样数据，土地利用的数据可能也会发生变化，尤其是远景年的发展存在较大程度的假设等，这些均会使预测结果具有不确定性。

最后，预测模型中选择的诸多参数是在假设条件下做出的。例如，城市轨道交通的票价水平可能发生变化，出行者对服务水平的感知有在差异，地面公交与私家车的使用政策会发生变化等，这些均会导致预测结果可能出现偏差。

一般说来，敏感性分析的测试指标重点涉及全日客运量、高峰小时客运量、高峰小时单向最大断面流量等，考虑的因素需要根据相关城市以及项目本身的具体情况来选择确定。例如，公交与轨道交通的票价，轨道交通与他方式的换乘（协调）时间，轨道交通与地面公交服务水平（间隔与负荷等），出行者时间价值等均是经常选用的参考要素。

第六节　轨道交通客流预测的精度分析

一、轨道交通客流预测的误差

经对近年来各城市轨道交通线路的客流预测结果与实际运营客流统计值的比较，发现并非都令人满意。这种状况是由哪些原因造成的呢？这需要我们进行实事求是的客观分析，其主要原因大致可归纳为以下几点。

（1）预测年限较长，积累资料不足，预测技术尚需改进完善。从工程立项开始至建成通车，一般需要 5 年，然后再预测通车后 25 年的远期客流规模，总共要预测 30 年的客流。时间跨度大就难以掌握城市发展中的政策、经济和人们活动的规律，不确定因素太多。同时，由于这项技术尚在不断发展研究之中，积累资料不足，数学模型和预测技术尚未定型，还需不断改进完善，对预测数据的把握以及确定评价标准方面都有很大的难度。

（2）城市发展过程中的规划背景难以稳定。客流预测必须以城市发展规划为依据。城市范围和结构形态、用地分布性质、人口分布数量、居民和流动人口的出行量等均为预测的基础数据。这些数据都是来自城市总体规划，而城市规划一般只做 10~20 年的近期和远期的建设规划；虽然也做远景规划，却是长远性和宏观性的规划。经验告诉我们，城市发展过程是难以控制的，规划不等于实施，往往是规划超前于实施；也有规划落后于实施，这是少数。这些现象主要决定于国民经济发展水平和财政支持能力。因此，城市规划总是要不断地进行调整修改，属于动态规划。由此可见，客流预测依靠城市发展过程中难以稳定的规划为工作背景，必将造成预测结果与将来的实际有一定差异，这种差异是难以估计的。

（3）票价的竞争性和敏感性引起客流量的波动性。乘客的消费观念和对票价的承受能力是难以控制的活动因素。尤其在市场经济条件下，城市交通中存在的各种交通形式必定会与轨道交通形成竞争局面。对于乘客来说，需要在时间与票价之间进行权衡和选择，而关键就是票价。因此就得看票价定位在哪个薪水阶层、乘距为多长的客流对象，而这与运营的经营政策密切相关。但是在客流预测时，可以从需求进行预测，却很难对票价进行正确定位，也很难对客流量的竞争性和敏感性进行数量级的准确分析，而需要长年在运营中不断积累和探索。国内外运营经验证明，客流对票价具有较大的敏感性，同时也说明票价对客流具有可调节性和可控性。这一点需要我们重视。

（4）线网规划不完整，线路总体规模不明。城市轨道交通线网规划工作仅仅是在最近几年才有一个比较全面的认识。虽然线网规划总是随城市总体规划而动态变化，有时候也会发生局部调整。一般来说，由于城市中心区建设的形态和规模应该是比较稳定的，对于城市远景发展规模也是相对稳定的，这为做好城市轨道交通线网规划提供了基本条件。事实上，有些城市对于线网规划还缺乏深层的研究，线网规划内容还不完整，对城市结构形态发展认识不足，造成各条线路建设的起终点和走向有很大的随意性，缺少严谨性。单条线路和线网关系模糊，往往会造成线网规划不稳定。线网总体规模不明，造成各条线路之间关系变化不定，尤其对已建线路的客流影响很大，使原预测的客流量值在量级上发生"质"的变化。这种情况已在国内发生多例，应引起重视。

（5）由于四阶段客流预测方法本身的缺陷，准确预测远期客流难度较大。客流预测所需要的土地利用、人口、就业、交通调查等基础资料数据不足是远期客流预测难度较大的原因之一。城市发展过程中的不确定因素，政策、经济与社会心理因素，以及城市交通网络结构的未来变化都会对远期客流产生影响，这种难以把握的复杂关系是远期客流预测难度较大的另一原因。

综上所述，由于客流预测是一门新兴的预测学，也由于它对城市规划有极大的依赖性，对人（乘客）的思维和行为只能规划导向而不可强制，对客流量只能从合理需求的角度进行预测，淡化未来的票价政策及其影响，由此轨道客流预测具有一定的难度。经多年来的实践表明，要提高客流预测结果的可信度，应该对城市轨道交通客流的特征和规律进行深层认识，对预测结果的数据谨慎处理，并加强定性定量的分析论证。

二、对轨道交通客流预测的认识

通过全面分析讨论了城市轨道交通客流预测的过程与方法，根据近年我国城市轨道交通系统客流预测的实践经验，在城市轨道交通客流预测工作中应树立以下几点共识。

（1）应当重视客流预测结果的后评估。由于社会环境的发展变化，实际预测工作中存在着大量还没有被认识到的问题。一些随机型、不确定型的问题的认识和理解还需要时间，因此，对预测开展适当的后评估是十分重要的，它有利于后续预测成果水平的提高。

（2）应当认识到客流预测结果的相对性。城市轨道交通系统建设是百年大计，城市作为一个随机性与可控性并存的系统，在全过程控制策略并未确定时，要开展远期微观预测实际上是很困难的。从某种意义上看，近期预测的主要依据是现状调查，而远期预测的主要依据则是城市发展规划。决定长期预测结果相对性的主要因素包括：城市土地利用形态（规模、结构、性质、密度等）与交通发展战略；城市人口与就业岗位的空间分布、开发时序与开发力度；城市交通的网络结构，包括道路网（含快速路）、公交专用道网、道路公交线网、城市轨道交通线网以及与对外交通的衔接；相关的交通政策。

（3）应该认识到预测结果的动态性。由于客流预测所依据的实际条件在不断变化，预测结果也可能发生变化，这体现了滚动规划的意义。例如，某城市修建 1 号线时轨道交通线网尚未稳定，而做 2 号线前期工作时已经有了批准的线网，因此做 2 号线客流预测时可能修正 1 号线各期客流的指标。这是一种动态性的体现，不能认为是对前人工作的否定。

（4）关于客流预测工作范围需要有明确的界定。由于城市轨道交通预测年限与城市总体规划、城市综合交通规划年限不一致，给客流分析工作带来了较大困难，因此，一条线的客流预测要做好以下三个方面的工作：社会、经济发展规划的延伸和细化；交通网络规划区域全人口、全方式出行预测；不同建设环境下城市轨道交通线路的客流分析。前两部分虽不属于城市轨道交通客流自身的内容，但又必须考虑。客流预测工作经常需要在各种资料、时间、经费都不具备的条件下开展。这种情况下，预测工作出现较大的偏差也就不难理解了。

（5）要树立客流规划的概念。实践证明，我国城市高速发展时期的客流预测工作应树立客流规划的概念，即规划=预测+决策。预测是一定系统环境下所做的估算，而变动的系统环境取决于未来决策，各种条件的变化可组合出多组预测结果，因此客流规划是未来预测与当前决策共同作用的结果。经过综合分析，找出几组出现可能性最大的决策因素，反复测算客流，考虑关键客流值的波动范围与分布情况，最后确定规划客流量。

复习思考题

1. 简述城市轨道交通客流预测的意义。
2. 简述城市轨道交通客流预测的内容。

3. 城市轨道交通规划设计的各个阶段客流预测工作的主要内容有哪些？
4. 城市轨道交通客流预测的主要方法有哪些？各有什么特点？
5. 如何认识客流预测结果的偏差？
6. 根据你的理解，说说做好城市轨道交通客流预测的几个关键环节。

第九章　城市轨道交通线网规划方案设计

第一节　概　述

一、城市轨道交通线网规划的意义

轨道交通建设所具有的投资高、工期长和影响深远的特点，以及轨道交通建设对城市土地利用、交通结构、经济发展与城市环境的巨大影响，决定了轨道交通规划的极端重要性。轨道交通线网规划是保证轨道交通建设的科学性、合理性、经济性以及可操作性的关键环节。轨道交通线网规划也是建设城市轨道交通的基础，是预留轨道交通通道和进行用地控制的重要依据，轨道线路据此进行设计建设，换乘车站的规模和换乘方式也将由此得到确定。城市轨道交通建设的经验表明，全面、系统、深入地开展轨道交通网络的研究工作十分重要，只有切实结合城市用地布局和交通需求，科学合理地确定线路走向和站点布置，处理好线路间的关系，并对换乘枢纽精心设计、严格控制，才能使轨道交通线路的建设有序地进行，并保证城市交通结构的合理性，保证工程投资和工程建设的经济效益和社会效益。合理可行的轨道线网规划不仅为政府决策部门提供可靠的依据，还能有效促进城市地上地下空间的合理应用。

城市轨道交通系统工程项目一般都是庞大而复杂的系统工程，且具有不可逆转性，线路一经建成难以更改。因此，布局合理和规模适当的线网直接影响着城市交通结构的合理性、工程项目经济效益及社会效益。此外，用地控制、规划导向与线网直接相关，作为前期基础研究之一的线网规划一旦发生失误，后期很难挽回。

总的来看，城市轨道交通线网规划是城市综合交通规划的一项专业规划，其性质与作用可以概括为以下几个方面：

（1）线网规划是城市总体规划的重要组成部分，是轨道交通工程项目建设报审、立项的必要条件，是线路设计的主要依据。

（2）线网规划是确定轨道交通建设规模、修建顺序以及编制轨道交通近期建设规划的依据。

（3）线网规划是确定线网结构、换乘车站和换乘形式的基本依据。

（4）线网规划是轨道交通工程建设用地规划控制的重要依据，有利于控制和降低工程造价。

（5）线网规划是城市轨道交通系统分阶段建设的基础，有利于使轨道交通建设与运营进入良性循环，保持可持续发展的态势。

（6）线网规划方案影响到城市结构和城市形态与功能，对城市土地的发展有强大的刺激作用，其内容将支持城市总体规划的实施和发展。

二、城市轨道交通线网规划的主要内容

线网规划研究内容主要包括三个方面的内容，即前提与基础研究、线网构架研究和实施规划研究。

（一）前提与基础研究

前提与基础研究主要是对城市自然背景和人文背景加以研究，从中总结指导轨道交通线网规划的技术政策和规划原则，主要研究依据应是城市总体规划和综合交通规划等。其具体研究内容包括：城市现状与发展规划，即城市性质、城市地理环境、地形地质概况、城市区域与人口、城市布局、国民经济和社会发展规划；城市交通现状与规划，即城市道路交通现状分析、道路网结构和布局、城市客运交通的发展和现状、城市交通发展总体战略、城市轨道交通现状。

（二）线网构架研究

线网构架研究是线网规划的核心，它要回答大城市到底需要一个什么样的网络的问题。通过"规模控制—方案构思—评价—优化"的研究过程，规划较优的方案。这部分研究主要内容包括线网合理规模的研究、线网方案的构思、线网方案客流测试、线网方案的综合评价。

（三）实施规划研究

实施规划是轨道交通具备可操作性的关键，集中体现轨道交通的专业性。主要研究内容是工程条件、建设顺序、附属设施的规划。其具体内容包括车辆段及其他基地的选址与规模研究、线路敷设方式及主要换乘结点方案研究、修建顺序规划研究、轨道交通线网的运营规划、联络线分布研究、轨道交通线网与城市的协调发展及环境要求、轨道交通和地面交通的衔接等。

三、城市轨道交通线网规划与城市规划、城市交通规划的关系

城市规划是对一定时期内城市的经济和社会发展、土地利用、空间布局以及各项建设的综合部署、具体安排和实施管理。城市规划编制按照阶段一般可分为战略性规划和实施性规划两个层面，在我国相对应的是总体规划和详细规划两个阶段。按照内容可分为道路交通规划、工程系统规划等专项规划。这些专项规划也可以包含在城市规划的总体规划和详细规划编制当中。城市轨道交通规划也属于这类专项规划之一。一般认为城市轨道交通规划应归为城市交通规划的一个分支。

城市轨道交通规划是在城市交通规划的基础上，科学分析客流发展趋势和不同交通方式在城市中的发展比例，同时结合城市的自然地理条件，合理规划路网，确定轨道交通发展规模并制定相应的实施政策以及交通政策，因此轨道交通规划被深深地打上了交通规划的烙印。

城市总体规划属于城市规划的宏观战略部分，是确定一个城市的性质、规模、发展方向以及制订城市各类建设的总体布局的全面环境安排的城市规划。总体规划还包括选定规划定额指标，制订该市远、近期目标以及实施步骤和措施等工作。城市总体规划的主要任务是：综合研究和确定城市性质、规模和空间发展形态，统筹安排城市各项建设用地、合

理配置各项基础设施，处理好远期发展与近期建设的关系，指导城市合理发展。

在城市总体规划中，城市轨道交通规划是作为城市交通规划的一部分出现的。城市轨道交通规划的内容，以原则要求和战略规划为主，通过对轨道交通网络的布局、站点与重要设施的选址、轨道交通政策的制定等，将城市总体规划的目标在城市轨道交通建设中体现出来，并通过轨道交通的规划促进总体规划的部署落实。

城市详细规划是指为实施城市总体规划的地区性规划要求的地区性规划，包括控制性详细规划和修建性详细规划。

控制性详细规划是指市和区、县人民政府根据城市各层次总体规划和地区经济、社会发展以及环境建设的目标，对土地使用性质和土地使用强度、空间环境、市政基础设施、公共服务设施以及历史文化遗产保护等做出具体控制性规定的规划。

修建性详细规划是指市和区、县人民政府根据控制性详细规划，对实施开发地区的各类用地、建筑用地、绿化配置、交通组织、市政基础设施、公共服务设施以及建筑保护等做出具体安排的规划。

在城市详细规划中，控制性详细规划主要是对于城市轨道交通站点地区和地面轨道沿线进行规划控制；修建性详细规划则主要是对城市轨道交通站点与周边地区的规划设计。控制性详细规划用于轨道交通沿线的强度控制，有助于从客观上反映出轨道交通的社会效益。外部收益内部化，将是城市轨道交通未来发展的重要方向。在这一过程中，控制性详细规划具有重要的数据参考价值。

第二节 城市轨道交通线网规划的方法

城市轨道交通线网，作为实现系统功能的载体，具有百年大计的历史效应。从世界范围来看，城市轨道交通线网是逐步建设、循序渐进成网的，单条线路无法形成系统规模效益。线网规划在满足城市客流分布的内在规律的同时，也要认识其对城市发展的导向作用，因为交通运输方式、线路与城市用地布局是呈相互反馈作用的，但同时也要避免过度地强调城市轨道交通对城市发展的引导作用。

轨道交通线网规划要在给定的规划期限内对整个轨道交通线网的大致走向、总体结构、用地控制、车辆段及换乘站的配置做出规划。总体上看，轨道交通线网规划的过程实际上是对初级路网不断优化完善的动态滚动过程。

线网规划是城市总体规划中的专项规划。在城市规划流程中，线网规划位于综合交通规划之后，专项详细控制性规划之前。线网规划是长远的、指导性的专项宏观规划。它强调稳定性、灵活性、连续性的统一。稳定性就是规划核心在空间上（市中心区）和时间上（近期）要稳定；灵活性指规划延伸条件在空间上（城市外围区）和时间上（远期）要有灵活变化的余地；连续性是指线网规划要在城市条件不断变化的情况下，不断调整完善。

城市轨道交通线网规划具有如下特点：

（1）线网规划是综合的专业交通规划之一，同时是全市综合交通规划的延续和补充。由于城市轨道交通的特点，规划和建设均对全市规划格局产生相当程度的影响，因此线网规划既有相对的独立性，又要与城市的总体规划有机地融为一体。

（2）线网规划的研究工作涉及城市规划、交通工程、建筑工程及社会经济等多项专业。各专业既相互联系紧密又彼此独立，因此整体研究方法是一个包含多项子方法的集合体系。

（3）线网规划作为一项复杂的系统工程，除本身各子系统具有复杂的关系外，各种外界的影响因素和边界条件对线网规划又产生了不同程度的影响。因此，不能把线网规划作为一个孤立的系统来进行规划，既要重视其自身的建设运行机制，又要注重与外部环境及各影响因素的协调关系。

线网规划是涉及多专业、多系统的集成化过程，因此要依靠某一项理论来指导整个研究过程是不现实的。线网规划是一个探索性很强的工作，关键在于探索一条技术路线，将各子系统的研究有机地结为一个整体。

一、城市轨道交通线网规划的范围与年限

线网规划的研究范围一般需要根据城市发展的具体阶段和发展需求来确定。随着城市经济的发展，人口的增加，使城市化速度加快，当城市中心区高密度开发、人口集中到一定程度，城市就会向郊区疏解，促使城市范围扩大。这时常规公交已经不能适应城市发展，城市交通反过来又限制了城市发展。城市轨道交通因其速度快、容量大、安全等优点，特别是在一些特大城市交通圈的半径达到 50~60 km 时，必然在整个城市市域范围内发挥巨大作用。随着轨道交通线网覆盖范围的扩大，中心城市对周围城市的辐射作用得到强化，城市与城市之间的交通联系、社会经济联系得到加强，形成都市圈或城市群。因此，我国在进行城市轨道交通线网规划时，一般远景规划的规划范围应涵盖整个城市地区，线网建设规划则侧重城市建成区。在研究范围内，还应进一步明确重点研究范围，即城市轨道交通线路最为集中、规划难点也最为集中的区域，一般指城市中心区域。而对于一些大城市，轨道交通线网规划的范围甚至要覆盖整个城市群。

从规划年限来看，线网规划可划分为近期规划和远景规划。近期规划主要研究线网重点部分的修建顺序以及对城市发展的影响，其年限应与城市总体规划的规划年限一致。远景规划是指城市理想状态（或者饱和状态）下轨道交通系统的最终规划，可以没有具体年限。一般地，可以按城市总体远景发展规划和城区用地控制范围及其推算的人口规模和就业分布为基础，作为线网远景规模的控制条件。

城市轨道交通线网规划编制的具体期限一般涉及三个时间节点。

1. 初　期

应以城市总体规划为指导，明确线网规划的依据，以满足城市发展需求为出发点，推动城市发展目标形态的形成。按线路来说，初期一般指开通后前3年。

2. 近　期

要支持城市总体规划实施，包括支持城市（中心区）人口转移和（外围区）土地开发要求，实现与总体规划的互动发展。以线路为例，近期一般指开通后前10年。

3. 远　期

应体现出引导城市总体规划发展的思想，即远期规划应具有超前性，有利于将城市发

展导向合理布局。一般地，城市轨道交通线路的远期规划年限为开通后 25 年，大于城市规划远期规划年限。

二、城市轨道交通线网规划的原则

城市轨道交通规划与设计的目标可以包括为以下三个方面的内容。

（一）协调好交通需求与供给之间的关系

交通需求是指人和物出于各种目的以各种方式进行空间移动的要求。交通供给是指为了满足各种交通需求所提供的基础设施和服务。人们的交通行为，实际上是交通需求和交通供给这一对矛盾因素平衡下的状态。当交通需求大于交通供给时将产生交通拥挤，而当交通需求远小于交通供给时又会造成资源浪费。城市轨道交通系统规划应较好地满足城市交通需求并适度超前，协调好交通需求与交通供给之间的关系。这也是发展城市轨道交通的基本要求。

（二）实现城市土地规划发展目标

城市轨道交通作为城市客运的骨干系统，其建设将影响城市土地发展的空间方向和功能水平，因此轨道交通系统城市土地发展具有强大的刺激作用。为此，城市总体规划中的发展目标，需要轨道交通系统的规划支持。这些发展目标主要包括城市土地发展方向和结构形态、城市功能的改造如旧城改造、新区发展等。

（三）实现交通战略目标

作为城市客运骨干系统，城市轨道交通将从根本上改变城是交通系统的格局和结构。轨道交通线网必须在布局、规模、能力上与城市综合交通体系相协调，在总体符合城市交通发展战略，促进城市交通战略目标的实现。

因此，城市轨道交通线网规划的编制应以城市总体规划为依据，充分考虑城市内诸多因素的约束与支持，并遵循以下几个方面的基本原则。

（一）可持续发展原则

城市可持续发展应重视公共交通，公共交通首选轨道交通。城市轨道交通规划作为未来城市轨道交通发展方向的指南针，必须符合可持续发展的原则，用最小的自然资源作代价来换取最大的社会效益。

（二）协同性原则

城市交通规划必须与城市社会经济发展规划相适应，城市轨道交通也不例外，应与社会经济协同发展。与此同时，城市轨道交通规划还应与国家的路线、方针、政策，尤其是城市发展方针、目标相一致；与城市总体规划、土地利用规划、产业布局规划相一致，并且应该结合地方特色，统筹兼顾；注重保护历史文物、城市传统风貌和自然景观等。

（三）整体性原则

城市轨道交通是城市交通这个大系统的子系统，城市交通系统最优化就是要求各种运输方式的合理配置，协调发展，最终达到满足城市居民出行需求的目的。因此应将城市交通系统作为一个整体，在城市总体交通规划的基础上，结合各种交通运输方式的发展规划，制定城市轨道交通的发展规划。

（四）动态性原则

城市的发展是动态的，城市交通的发展也是动态的。随着世界范围内城市化进程的加快，各种现代化交通工具伴随着社会经济的发展和科技进步应运而生，从而拓宽了城市交通的发展空间。动态的发展需要动态的规划来适应，一成不变的静态交通规划是不符合科学发展观的，也不能适应现代化城市发展的需要。

（五）客观性原则

规划必须客观，要采用科学的理论和方法来指导规划工作。城市轨道交通规划应反映客观事实，提出未来城市交通模式和方向，从而为城市决策者提供真实可靠的决策依据。

（六）可操作性原则

规划的目的是为了实施。轨道交通规划既要满足社会经济发展的需要，又要受建设能力的制约，应在两者之间寻求一个平衡点，以保证规划是在最大可能实现前提下对需求的适应。

（七）经济性原则

轨道交通建设投资巨大，这在一定程度上要求政府投入大量的人力、物力和财力来建设轨道交通。因此，城市轨道交通规划应本着经济、节约的原则，最大限度地挖掘交通潜力，有步骤、有目的地在财力允许的基础上逐步建设轨道交通网络，而不能不顾经济实力盲目发展。

三、城市轨道交通线网规划的过程与技术路线

（一）城市轨道交通线网规划过程

城市轨道交通线网规划的过程同其他系统工程问题的解决方法一样，也要经历弄清系统存在的问题，明确规划目标；制订解决所存在问题及实现所提出目标的规划备选方案；评价各个备选方案，提出推荐方案；实施和修订规划等阶段。

城市轨道交通线网规划涉及城市轨道交通需求分析和预测、城市轨道交通线网规模分析和估算、城市轨道交通线网方案设计和分析、城市轨道交通线网方案评价和选择等过程，可以划分为以下工作步骤。

（1）收集和调查历年社会经济（GDP、人均收入）、土地利用（居住人口及岗位分布、流动人口）、路段交通量、客流流量及流向资料，为现状诊断及客流预测提供基础数据。

（2）通过对交通线网各路段的交通量（观测交通量或理论分配交通量）、拥挤度（或饱和度）、车速、行程时间等指标进行分析，对现状交通路网进行诊断分析，发现城市交通现

状及目前发展趋势下可能存在的问题。我们只有深刻认识到城市交通的关键问题所在，才能制定出合理且具针对性的规划目标和提出切实可行的规划方案。

（3）分析未来城市的人口（包括常住人口、流动人口）总量，出行特征（频率、距离、方式），交通结构等方面的情况，对轨道交通客运需求进行预测。预测结果是方案设计和评价的基础。

（4）城市发展战略研究。由于城市总体规划时限不超过20年，不能适应城市轨道交通线网规划时限（30~50年）的要求，因而需要对远景的城市发展战略目标进行分析论证。其分析论证的重点内容是：远景的城市人口、工作岗位的数量及分布，城市发展形态与布局结构，中心区及市区范围的人口密度及岗位密度。

（5）城市综合交通战略研究。从城市交通总能耗、总用地量、总出行时间等角度论证不同时期的城市轨道交通客运份额合理水平，确定不同时期城市轨道交通客运目标值。

（6）在现状诊断和需求预测的基础上，结合城市综合交通战略、城市轨道交通建设资金供给等因素确定未来（可以分为若干规划期）的轨道交通线网发展规模。

（7）根据轨道交通线网规模，结合客流流向和重要集散点编制线网规划方案。由于轨道交通枢纽点需要具备一定的用地规模、施工条件及公交配合条件，因而进行线网编制时往往先考虑重要换乘枢纽的点位。不同的规划方案可能对未来城市发展产生不同的影响，进而影响到城市客流流向和流量，因此方案设计与客流预测是相互作用的，在具体预测过程中需要不断重复上述过程。

（8）针对各线网方案，利用预测的客流分布结果进行客流测试，得到各条规划线路各断面、各站点的客流量、换乘量以及周转量等指标，为方案评价提供基础数据。

（9）建立评价指标体系，对各方案进行定性、定量的分析和比较。

（10）选择较优方案，并结合线路最大断面流量等因素确定轨道交通的系统模式。

值得注意的是，上述各步骤都是相互作用的，都可能反复循环。例如，规划方案评价的过程中，在深入分析既有方案的时候，可能会发现新的更具竞争力的方案；又如新情况的出现、新政策的出台必然会影响需求预测结果的变化。这种反复并不罕见，一个好的规划方案是在不断反复的过程中逐步完善的，通过这种反复循环的过程能使规划方案更加切合实际。

但是，我们必须认识到规划的严肃性，规划方案一旦实施就不应轻易调整；调整规划是要付出代价的，代价大小与所调整线路的结构性程度有关，越是结构性的线路，其调整所付出的代价越大。因此，在规划过程中要尽可能预计到未来会出现的一些结构性、战略性的变化，从而使所形成的规划线网在结构上不发生大的变化，尽量减少未来规划调整所带来的损失。

（二）城市轨道交通线网规划的技术路线

技术路线是指开展规划编制工作的基本程序和各阶段的主要技术与关键。它体现了各阶段工作的逻辑，反映不同层次工作间的时序、研究内容、技术手段及其成果。规划的全过程大致可分为三个阶段，即前提与基础研究、线网构架研究和规划可实施性研究。图9-1给出了一般城市轨道交通线网规划的技术路线。

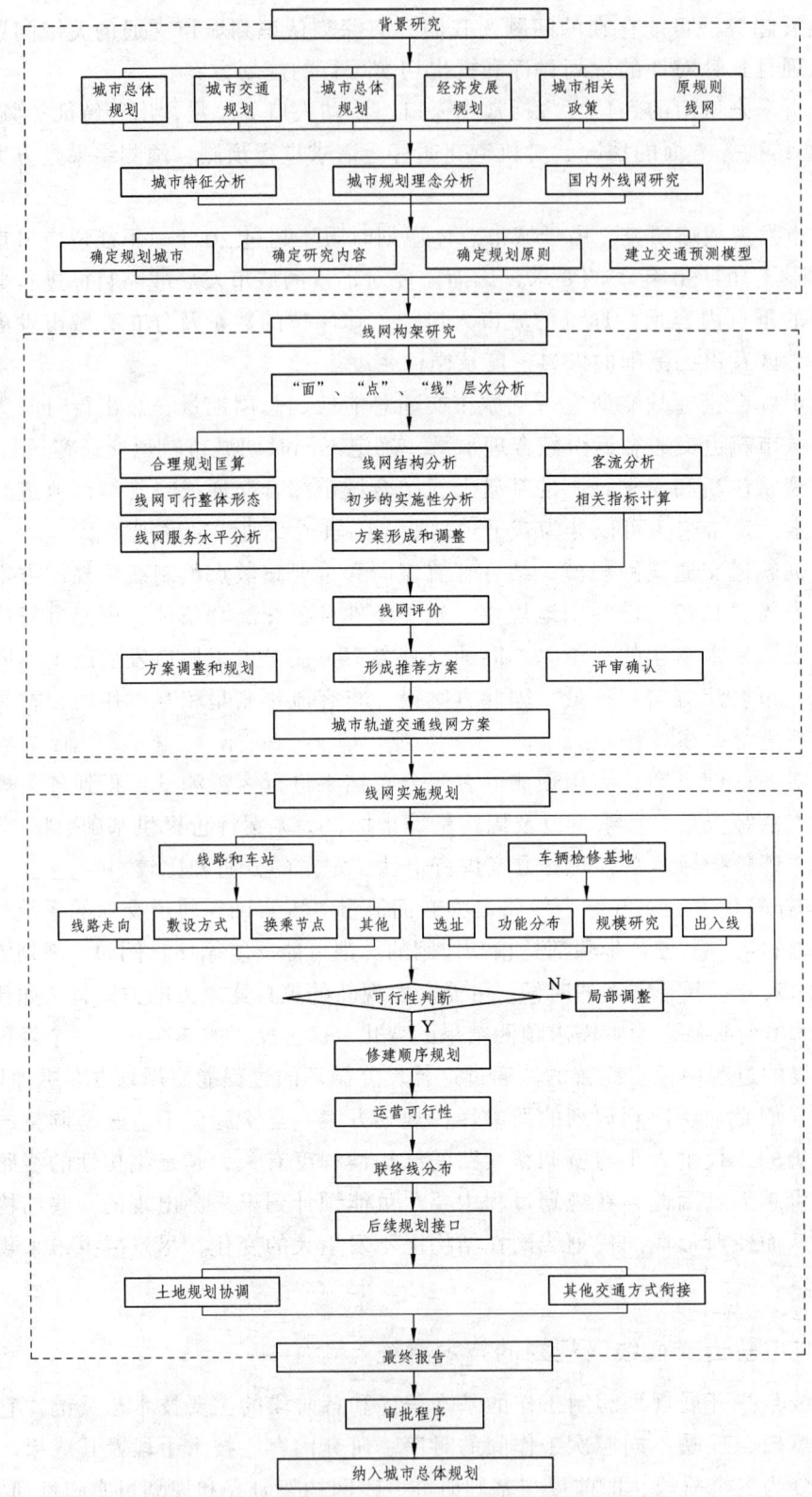

图 9-1　一般城市轨道交通线网规划的技术路线

第一阶段：主要是对城市总体规划，城市综合交通规划，经济发展规划，城市规划中的相关政策以及原规划的线网进行研究和论证，同时总结出城市特征和国内外线网规划经验，确定城市规划理念，从而进一步确定城市规划的研究内容和规划原则，并建立交通预测模型。

第二阶段：城市轨道交通线网结构是指线网的形态结构，主要是指中心城区线网的形态结构，如网格式、放射式、环形放射式等。不同的线网结构对线网工程造价、客运效率和城市形态发展等有很大影响。首先从"面""点""线"三个层次对线网构架进行总体分析，具体内容包括：合理规模研究、线网结构分析、客流分析、线网整体形态的可行性研究、线网相关指标计算和线网服务水平分析，进而对线网方案形成一套系统客观的评价标准，然后经过线网方案的调整和规划形成推荐方案，最后通过相关专业的评审确认之后，推出一套具有可实施性的城市轨道交通线网方案。

第三阶段：主要包括线路走向、线路敷设方式、换乘节点选取以及车辆基地的选址、功能分布、规模研究和联络线的规划。通过对上述内容进行可能性判断，当规划方案出现相冲突的部分时，应及时进行局部调整。线网结构、线路走向和车站确定后，要根据城市客运交通需求、城市新建与改建计划、工程实施难易程度及工程投资情况等因素确定线路修建顺序，以及运营可行性、联络线分布和后续规划接口的研究。最终形成线网规划报告，在通过相关专业单位的审批后，纳入城市总体规划。

第三节　线网合理规模研究

《城市轨道交通线网规划编制标准》中规定："线网规模应综合城市经济社会发展、城市规模、城市交通需求等多方面因素后分析确定，并应满足城市轨道交通发展目标和功能定位的要求。"在进行城市快速轨道交通线网规划中，如何确定合理的城市轨道交通线网规模是城市规划部门、政府部门及城市轨道交通运营公司共同关心的问题，合理的城市轨道交通规模不仅是线网规划的宏观控制依据，也是一项资金筹措依据，对决策具有重要的参考作用。一个规模合理的快速轨道交通线网，不仅可以充分满足城市日益增长的交通需求，提高公交服务水平，而且可以用较小的投入取得较好的经济效益。

由于各种不确定因素的影响，在实际工作中，由于不同城市具体情况差异性大，合理规模的确定往往过多地依靠专家经验，带有较强的主观随意性，从而影响后续工作（确定线路布局、网络结构及优化、估算总投资量、设备需求量、总经营成本、总体效益等）的开展。因此，研究采用科学的线网规模确定方法提高城市轨道交通规划的稳定性，对轨道交通线网规划的编制具有重要的理论与实践价值。

一、线网合理规模的含义

规模是从交通系统供给的角度来说的，从一个侧面体现系统所能提供的服务水平。它主要以线网密度和系统能力输出来反映，其中系统能力输出又与系统的运营管理密切相关。从系统能力和线网密度来看有四种性质的规模度量，如图9-2所示。规模的合理性关系到建设投资、客流强度，也关系到理想的服务水平的设定、建设用地的长远控制。

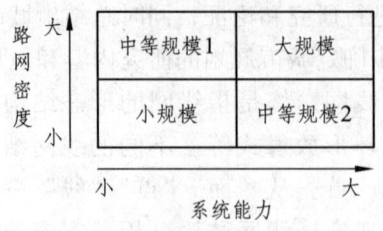

图 9-2　规模度量

合理规模是一个带有目标性质的量。如何确定合理的城市轨道交通线网规模是市政府及城市轨道交通运营公司共同关心的问题，它应是权衡市政当局、运营公司及出行者各方利益后得出的量值。线网规模为后续确定线路布局、网络结构及优化、估算总投资量、总输送能力、总经营成本、总体效益等工作的开展奠定基础。规模的合理性关系到建设投资、客流密度，也关系到理想服务水平的设定、建设用地的长远控制，因此合理的城市轨道交通线网规模不仅是线网规划的宏观控制量，而且是一项至关重要的投资依据，也是为决策者提供决策的辅助依据。

所谓合理规模，实际上就是合理的快速轨道交通方式供给水平。由于交通需求和交通供给是动态的平衡过程，这里的合理是一个相对概念，是在一定条件下达到预期目标的一种结果。线网规模是否真正合理，最终应放入交通模型中进行需求和供给的动态检验。但在进行方案构架研究之前，应对线网规模进行约束，以使多个方案有共同比较的基础。线网合理规模是可以进行静态计算的，理论和实际应用中主要从交通需求、线网合理服务水平以及城市轨道交通运营公司经营规模的角度出发进行计算。

二、线网合理规模的指标

城市轨道交通线网规模指标包括城市轨道交通线网总长度、城市轨道交通线网密度、城市轨道交通线网日客运周转量。

（一）城市轨道交通线网总长度

$$L = \sum_{i=1}^{n} l_i \quad (9\text{-}1)$$

式中　L——线网总长度（km）

　　　l_i——城市轨道交通网第 i 条线路的长度（km）

L 反映了城市轨道交通网络的规模，由此可以估算总投资量、总输送能力、总设备需求量、总经营成本、总体效益等，并据此决定管理体制与运作机制。

（二）城市轨道交通线网密度

$$\sigma = \frac{L}{S} \text{ 或 } \sigma = \frac{L}{Q} \quad (9\text{-}2)$$

式中　S——城市轨道交通线网规划区面积（km²）

Q——城市轨道交通线网规划区的总人口（万人）

σ——一个总的城市轨道交通线网密度（km/km² 或 km/万人）

城市轨道交通线网密度是指单位人口拥有的线路规模或单位面积上分布的线路规模，它是衡量城市轨道交通服务水平的一个主要因素，对形成城市轨道交通车站合理交通区的接运交通组织有重要影响。由于城市不同区域开发强度不同，交通需求强度也不均等。一般来说，由市中心区向外城围区呈现需求强度的逐步递减，因此线网密度也应相应递减。城市轨道交通线网的合理密度应按不同区域（城市中心区、城市边缘区、城市郊区）分别计算和取值。

（三）城市轨道交通线网日客运周转量

$$P = \sum_{i=1}^{n} p_i l_i \qquad (9\text{-}3)$$

式中 P——城市轨道交通线网日客运周转量（人·次·km/d）

l_i——城市轨道交通网第 i 条线路的长度（km）

p_i——第 i 条城市轨道交通线路的日客运量（人/d）

城市轨道交通线网日客运周转量是评估城市轨道交通系统能力输出的指标。P 表达了城市轨道交通在城市客运交通中的地位与作用、占有的份额与满足程度。它涉及城市轨道交通企业的经营管理，是轨道线路长度、电力能源消耗、人力、轨道和车站设备维修及投资等生产投入因子的函数。因此，在一定程度上，城市轨道交通网的规模还可用能源总消耗量、产业总需求量、人力总需求量等反映生产投入规模的指标来表示，我们可根据需要选择使用。

三、线网合理规模的影响因素

合理规模的影响因素有：城市的规模、城市交通需求、城市财力因素、居民出行特征、城市未来交通发展战略与政策和国家政策等。其中，城市发展的规模又包含城市人口规模、城市土地利用规模、城市经济规模、城市基础设施规模四个方面的内容。图 9-3 所示为城市轨道交通线网规模与其影响因素的有向连接图。

（一）城市交通需求规模

城市交通需求是居民对交通基础设施的需要程度。交通需求的大小，尤其是城市居民公共交通需求的大小，是决定城市轨道交通线网规模最直接和最具决定意义的因素。表征城市交通需求的指标有：城市居民的出行强度，城市公共交通总出行量等。

（二）城市发展形态和土地使用格局

城市发展形态包括城市人口规模、城市用地规模、城市经济规模、城市基础设施规模四个方面的内容。人口规模决定了城市交通出行的总量，城市用地规模（面积）影响了居民出行时间和距离，即城市规模决定了城市的交通需求，从而影响到城市轨道交通的规模。

一般来说，城市社会经济发展水平是实现城市轨道交通建设的经济基础，仅以城市人口和面积规模为拟合因子建立回归模型缺乏说服力。城市轨道交通建设资金需求量很大，因此，城市轨道交通单公里造价和城市市政府的财政承受能力是制约城市轨道交通规模的关键要素，对城市轨道交通系统的选择、建设速度等目标有重大影响。建设轨道交通系统一定要和城市自身的经济实力相符合，不能盲目参照其他城市的经验与规模水平。

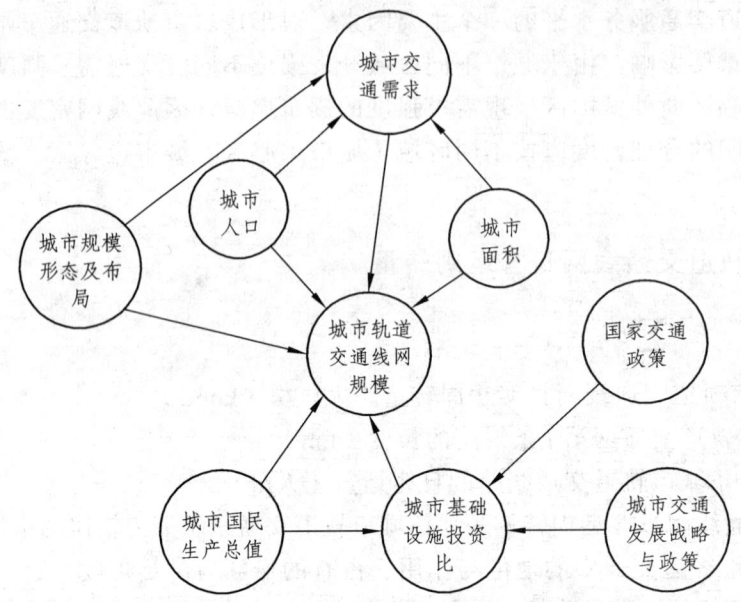

图 9-3　合理线网规模与其影响因素的有向连接图

城市形态和土地布局也是影响到城市轨道交通规模的因素。城市的形态有多种形式，分为带状、中心组团式、分散组团式等。不同的城市形态和用地布局决定了居民出行的空间分布，也就决定了城市轨道交通的几何空间形态、长度以及规模。带状城市的城市主客流方向比较单一，主要沿着狭长带的方向，城市轨道交通也主要沿着城市狭长带的方向布设；分散组团式城市要求城市轨道交通将其各个组团紧密连接，以缩短组团之间的出行时间，使其成为一个整体。中心组团式城市轨道交通多为放射状，如莫斯科就是典型的中心组团式城市，其城市轨道交通形式为环形加放射状。

（三）国家与地方政府的发展扶持政策

我国人多地少，能源短缺，大规模的基础设施建设项目都是由国家和当地政府共同出资兴建的，因此国家的政策导向对城市轨道交通规模有直接影响。西方国家以小汽车为主的发展模式不适合我国国情。限制私人小汽车的使用，大力发展公共交通是我国的基本政策。

四、线网合理规模的研究方法

线网合理规模就是线路长度总量的宏观控制。合理规模要在上述城市特征分析的基础上，从"需求"和"可能"两方面来展开探讨。

"需求"是以城市总体规划和居民出行需求分析为基础，以人口规划、出行强度和交通方式分配的角度来分析城市轨道交通的需求规模；另一方面，以城市结构形态为基础，按车站吸引范围和线网覆盖的合理密度，分析其服务水平和需求规模。

"可能"是指线网近期可能实施的规模，主要取决于城市经济实力，按国民经济生产总值分析，通过可能投入轨道交通工程建设的资金额度，即可估计可能修建的线网规模。另一方面也要考虑工程施工的适度规模，要考虑到整个城市工程施工对环境影响的承受力。

由于影响城市轨道交通合理规模的因素较为复杂，有的可以量化，有的无法量化，因此城市轨道交通合理规模的计算要采取定量计算与定性分析相结合的方法。这里主要介绍一下从"需求"角度分析线网合理规模的方法。

（一）服务水平法

该法先将规划区分为几大类，例如分为中心区、中心外围区及边缘区，然后或类比其他城市轨道交通系统发展比较成熟的城市的线网密度，或通过线网形状、吸引范围和线路间距确定线网密度，来确定城市的线网规模，其技术路线如图 9-4 所示。"高密度低运量"与"低密度大运量"两种选择决定了我们对服务水平的取舍，从现实的经济实力来看，我们倾向于投资较少的方案，而从线网建设的长期性来看，又必须考虑乘客要求不断提高的服务水平方面的矛盾。

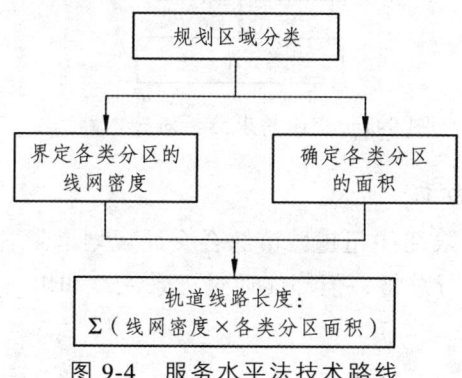

图 9-4　服务水平法技术路线

（二）交通需求分析法

规模体现为实现的交通供给。从供给满足需求的角度自然产生了出行需求法。因此，客运需求预测不仅成为布置站场及布设路线的依据，也成为确定城市轨道交通发展规模的重要依据。

按分析角度的不同，出行需求分析法又可分为两种。一种是先预测规划年限的全方式能相出行总量，然后根据拟订的线路客运密度确定所需的城市轨道交通线网规模。这种方法是交通影响按城市轨道交通承担出行的比例来确定的，故通常又被称为分担率法。它遵从如图 9-5 所示的技术路线。

具体公式如下：

$$L = Q \cdot \alpha \cdot \beta \cdot k / \gamma \tag{9-4}$$

式中　L——线网长度（km）；
　　　Q——线网出行总量；
　　　α——公交出行比例；
　　　β——城市轨道交通出行占公交出行的比例；
　　　k——城市轨道交通换乘系数；
　　　γ——轨道交通线路负荷强度[万人次/（km·d）]。

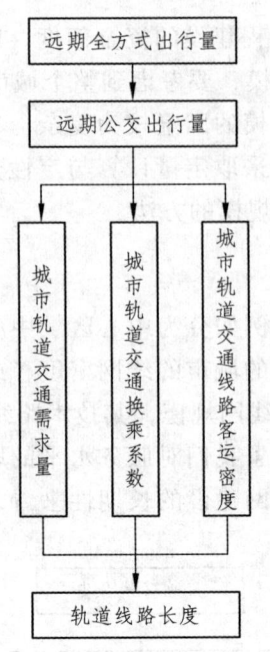

图 9-5 交通需求分析法技术路线

1. 未来居民出行总量分析

由于线网规划的远景年限往往超越城市综合交通规划远景客年限，因此线网规划往往无法得到所需远景年限的出行总量，但却能通过远景人口和出行强度的关系来推算：

$$Q = m \cdot \tau \tag{9-5}$$

式中　m——城市远景人口规模（含常住人口和流动人口）；

　　　τ——人口出行强度[次/（人·d）]。

（1）城市人口规模。

根据我国的人口政策和人口发展现状，城市人口规模是政策控制影响下的规模，各城市往往有对于城市远景人口的控制目标。如果缺乏这一数据，也可由当地权威部门根据城市特点和人口发展规律进行确定（我国这方面的技术比较成熟）。

（2）出行强度的分析预测。

出行强度的影响因素主要有城市结构、经济发展水平、交通设施的完善程度等。一般来说，居民出行强度相对比较稳定。例如东京 1968 年的人均出行强度为 2.48 次，1978 年为 2.53 次，十年内增加 0.05 次。根据 1984 年广州市居民出行调查可知，人均出行次数为 2.09 次/（人·日），1996 年进行的一次小规模的家访调查结果表明，人均出行次数为 2.3 次/（人·日），略有增长。长远来看，大部分城市出行强度不会有很大增长。

2. 交通方式结构分析

交通方式结构的影响因素主要是居民出行的特征、未来交通发展战略以及可能提供的交通方式。目前特大城市的交通发展战略基本都是建立以公交为主体，城市轨道交通为骨干，各种交通方式相结合的多层次、多功能、多类型的城市综合交通运输体系。

（1）公交方式出行占全方式出行的比例。

由于公共交通客运效率比私人交通高得多，公共交通在城市综合交通运输中占有明显的优势。如纽约公共交通年客运量占全市总客运量的86.0%，东京公共交通年客运量占城市总客运量的70.6%，莫斯科公共交通年客运量占城市总客运量的91.6%。

城市远景公交方式出行比例应根据城市未来出行的需求与供给平衡关系，通过适合城市特点的数学模型来进行测算。合理规模研究的目的是匡算城市轨道交通的合理规模，如果事先给出一个公交的供给能力，科学预测就失去了基础。比较可行的办法是从分析城市居民出行特征入手，类比其他城市的情况，考虑到城市未来交发展政策，以定性分析的手段进行估计。

与国外城市相比，我国大城市道路面积率低、人口密度大，优化交通结构是根本出路。目前我国多数城市交通结构不尽合理，最主要的反映就是公交比例过低。公交优先就是大力发展以城市轨道交通为骨干，常规公交为主体的公共交通系统，大城市公共交通的合理出行比例应在50%以上。

（2）城市轨道交通方式占城市公交方式出行量的比例。

城市轨道交通占城市公交客运量的比重，与城市道路网状况、常规公交网密度、常规公交服务水平、城市轨道交通线网密度、运送速度及车站分布有关。纽约的城市轨道交通所承担的客运量占城市公交客运总量的54.9%，墨西哥城的城市轨道交通所承担的客运量占城市公交客运总量的42.9%，巴黎的城市轨道交通线网密度大，服务水平非常高，吸引了大量的客流，其中也包括许多短途的乘客，平均运距只有5.3km。线路平均负荷强度较低，约为1.64万人次/（km·d）。巴黎的城市轨道交通所承担的客运量占城市公交客运总量的65%。

莫斯科城市轨道交通的运量基本上已经饱和，随着近几年其他地面交通客运方式的积极发展，城市轨道交通所承担的客运量占城市公交总客运量的比例呈下降趋势，说明莫斯科的线网能力已不能满足城市日益增长的客运需求，莫斯科的城市轨道交通所承担的客运量占城市公交客运总量的40%，在20世纪80年代初，这一比例曾达到45%。

经验表明，国际化大城市远景年轨道交通承担的客运量占全市公交总运量的比例应在50%~55%。初、近期因线网处于建设中，其所占公交客运量的比例目标可根据实际情况来设定。

3. 线网负荷强度

（1）远景线网负载强度。

线网负载强度的影响因素有社会的经济发展水平、城市结构和线路布局。世界各大城市的线网负荷强度的指标如表9-1所示。

表9-1 线网负荷强度

城市	地铁线总长/km	年客运量/亿人次	负荷强度/[万人次/（km·d）]
莫斯科	239	29	3.32
巴黎	199	11.94	1.64
墨西哥	175	15.9	2.5
伦敦	423	8.03	0.52
香港	43.2	7.19	4.56

从统计资料上看，国外城市轨道交通建设有两种模式：一种是采用高运量、低密度的线公量占网，负荷强度高；另一种是采用低运量、高密度的线网，负荷强度低。像巴黎和伦敦这样的交通发达国家着重于提高城市轨道交通的舒适和方便程度以吸引私人交通，减少私人交通工具泛滥带来的城市交通阻塞。后者的城市轨道交通服务水平很高，效率较低。莫斯科、墨西哥采用的是高运量、低密度的线网，它注重的是提高城市轨道交通的运输能力和运输效率。

经验表明，要取得较好的经济效益，应该建设高运量的线网，提高负荷强度。我国各大城市刚刚开始建设城市轨道交通，城市轨道交通的建设投资还很有限，在这种情况下，要求用最少的投资来最有效地解决城市交通的问题，同时要求城市轨道交通能取得较好的经济效益，使得运营和建设能达到一个良性的循环。因此，城市轨道交通建设初期适宜选择高运量、低密度的模式。

（2）近期线路负载强度。

表 9-2 给出了莫斯科地铁 1935～1991 年运营指标。莫斯科地铁 1935 年建成通车，1940 年日平均线路负荷强度达到 4.43 万人次/km，随着线网不断的延长，线路负荷强度变化不大，并略有减少。1960 年至 1991 年的 31 年间线路从 75.6 km 增加到 239 km，日平均负荷强度保持在 3.2～3.8 万人次/km。

表 9-2　莫斯科地铁 1935—1991 年运营指标

年度	1935	1940	1945	1950	1955	1960	1965	1970	1975	1980	1991
线路长度/km	13	23.3	36.6	43	61.2	75.6	109.8	138.2	164.5	184	239
年运量/百万人次	40.9	377.1	616.5	628.9	927.0	1 037.9	1 328.7	1 628.1	1 966.4	2 318.2	2 900
负载强度/（万人次/km）	0.86	4.43	4.62	4	4.15	3.76	3.32	3.23	3.28	3.45	3.32

可以看出，一个城市的线网负荷强度往往不会有很大变化，这个规律在采用低密度、高负荷强度的城市反映得尤其明显。

（三）吸引范围几何分析法

吸引范围几何分析法是根据城市轨道交通线路或车站的合理吸引范围，在不考虑城市轨道交通运量并保证合理吸引范围覆盖整个城市用地的前提下，利用几何方法来确定城市轨道交通线网规模的方法。

具体做法是：在分析选择合适的轨道线网结构形态和线间距的基础上，将城市规划区简化为较为规则的图形或者规则图形组合，然后通过合理吸引范围来确定线间距，最后在图形上按线间距布线再计算线网规模。

（四）回归分析法

这种方法是先找出影响城市轨道交通网络规模的主要因素（如人口、面积、国内生产总值、私人交通工具拥有率等），然后利用其他轨道交通系统发展比较成熟的市的有关资料，对线网规模及各主要影响因素进行数据拟合，从中找出线网规模与各主要相关因素的函数关系式，然后根据各相关因素在规划年限的预测值，利用此函数关系式确定本市到规划年限所需的线网规模：

$$L_{总} = b_0 \cdot P^{b1} \cdot S^{b2} \tag{9-6}$$

式中　$L_{总}$——城市轨道交通线网长度（km）；

　　　P——城市人口（万人）；

　　　S——城市面积（km²）；

　　　b_0, b_1, b_2——回归系数，如对全世界的 48 个城市轨道交通系统进行回归，其中，
　　　　　　$b_0=1.839$，$b_1=0.640\,13$，$b_2=0.099\,66$。

以上方法分别体现了城市交通需求、城市人口规模和城市用地等主要因素对轨道线网规模的影响，应用时可用以上各式分别计算出应有的线网总长度，然后取其平均值或最大值，作为控制线网规划线路总长度的参考值。

（五）线网长度、线网密度规模指标计算方法的特点

服务水平法的优点是借鉴了其他城市的经验，计算简单，但是却存在类比依据不足，让人难以信服的缺陷。影响一个城市的轨道交通线网规模的因素很多，要借鉴其他城市的网络密度来进行类比分析，至少两个城市中影响网络规模的许多因素基本相同才具有可比性。但现实中，很难找到两个在多方面都相近的城市。即使有，也很难说就可以拿来作为本城市设计网络规模的依据。因为被类比城市本身的网络规模就可能是不完善的甚至是不合理的。因此，用这种方法很难得出一个令人信服的结果，只能将其结果作为参考值。

交通需求分析法从交通需求满足供给的角度出发估算线网规模，易于理解，但是计算数据需要进行推算。线网密度指标估算法的特点是根据城市用地规模和轨道交通服务水平来确定轨道交线网规模，因此能够保证一定的服务水平。而且由于城市规模比交通流量容易控制，规划线网规模受不确定因素干扰少，可以用来确定规模范围。缺陷是没有考虑轨道交通运量的限制，而且假定将合理吸引范围覆盖整个城市用地也会导致规划线网规模偏大。回归分析法有较强的理论根据，所得结果容易被大家所接受。但在具体应用中存在着难以找到合适的拟合样本等问题。

总之，以上几种方法各有其特点和一定的局限性，它们是对同一事物不同侧面的反映，在实际工作中可共同使用，相互印证，重点是在把握所规划城市或地区的特点和发展趋势的基础上来对线网规模进行匡算。各模型的差异性结果应经多方面定性分析及综合判定得出。

第四节　线网构架研究

一、线网结构形态特征

（一）线路间的基本关系分析

线路是线网的基本组成要素，从线路的布置方式划分，线网可以分为分离式线网和联

合式线网。

分离式线网各条线路在不同高程的平面上相交，在交叉处采用分离的立体交叉，线网中各条线路独立运营，不同线路上的列车不能互通，乘客必须通过交叉点处的换乘站中转才能到达位于其他线路的目的地车站。如图9-6（a）所示。

联合式线网各条线路在同一平面内交叉，在交叉处用道岔连接，因而各条线路之间可以互通列车，在整个线网上可以像城际铁路那样实行联运，乘客可以直接到达位于另一条线路上的目的地车站。如图9-6（b）所示。

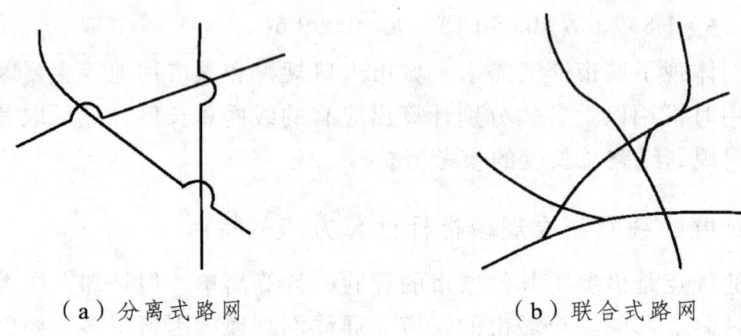

（a）分离式路网　　　　　　　　（b）联合式路网

图9-6　按路线布置方式划分的线网类型

分离式线网与联合式线网相比有明显的优点，因为分离式线网能保证在完全安全的条件下最好地组织大频率和高速度的交通，其缺点是必须换乘和线路系统不能灵活发展。世界上多数大城市的轨道交通线路是按分离式线网修建的；也有少数城市是按联合式线网修建的，如纽约和伦敦；还有部分城市（如马德里）将这两者组合起来，即在主要线路方向上是相互分离的，而在其他线路之间是相互联系的，试图兼备上述两种线网的优点。

我国已建地铁的城市，如北京、上海、广州、深圳、南京、武汉等，都是按分离式线网规划和建设的。因此，下面主要针对分离式线网进行轨道交通线路之间的形态分析。

从两条线路之间的形态关系来看，按其交叉点的多少，可分为三类：线路之间无交叉、线路之间交叉一次、线路之间交叉两次及两次以上（见图9-7）。

（a）两条平行线（不相交）组成的线网　　　（b）两线十字相交（中段相交）组成的线网

（c）两线斜交（在一端相交）组成的线网　　　（d）变形的两线十字相交组成的线网

图9-7　两线线网

三类形态的具体内容请扫二维码观看

（二）线网构架的基本类型

一个城市的轨道交通线路一般有三条以上，这些线路相互组合，形成千姿百态的线网形态。城市轨道交通线网的线路越长，线路条数越多，所构成的线网形态就越复杂。城市轨道交通线网结构主要取决于城市的地理形态（河流、山川等）、规划年城市用地布局、人口的分布与流向，同时主观决策因素也发挥着重要的作用。

对这些线网形态进行抽象、归类，可归纳为图9-13所示的18种线网形态结构。这些线网形态结构的一个共同的特点是：在城市的外围区轨道交通线路呈放射状，密度较低，形成主要的交通轴向；而在内城区的轨道交通线路密度较高，形成以三角形、四边形为基本单元的形态多样的网络结构。在这些网络形态结构中，最常见、最基本的线网形态结构是无环放射型线网、有环放射型线网和棋盘式线网。

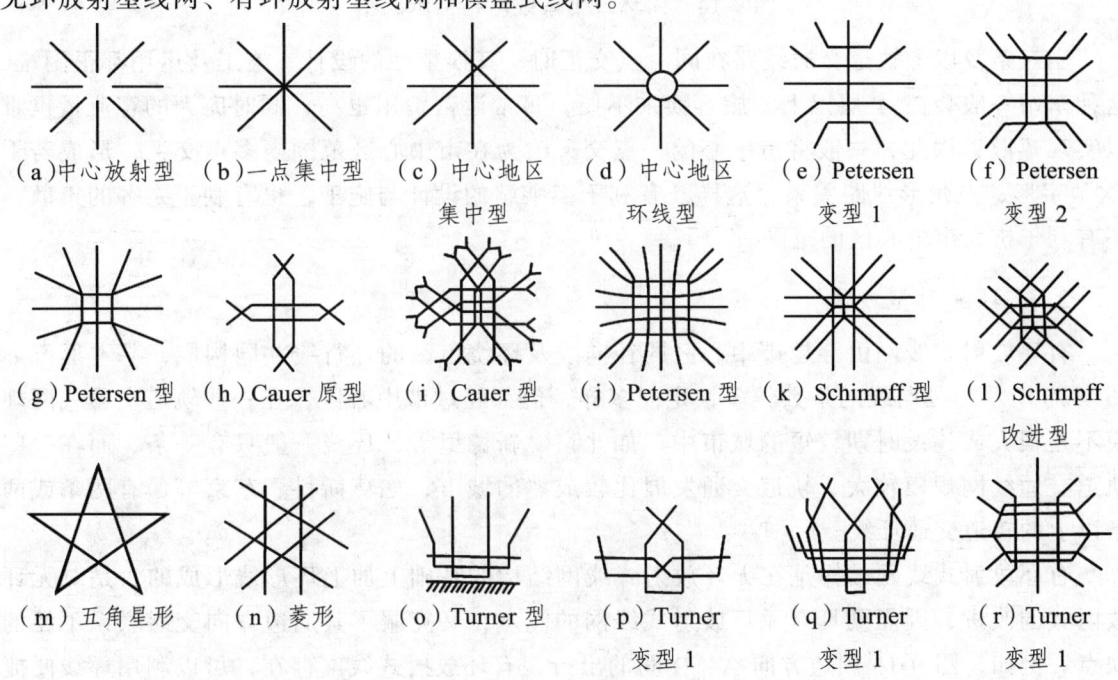

图9-13 轨道交通线网形态结构类型示意图

1. 无环放射型线网

无环放射式线网是由若干穿过市中心的直径线或从市中心发出的放射线构成，其原始形态如图9-14所示。这种类型的线网可使整个区域至中心点的绕弯程度最小，即全市各地至中心点的距离较短，因此其线网中心点的可达性很好，市中心与市郊之间的联系非常方便，有利于市中心客流的疏散，也方便了市郊居民到市中心的工作、购物和娱乐出行，有助于保证市中心的活力。由于各条线路之间都相互交叉，任意两条线路之间均可实现直接换乘，因此线网连通性很好，线网任意两车站之间最多只需换乘两次。由于没有环行线，圆周方向的市郊之间缺少直接的轨道交通联系，市郊之间的居民出行需要经过市中心区的换乘站进行中转，绕行很长距离，或者需要通过地面交通方式来实现，交通联系很不方便，这种不便程度会随着城市规模的扩大而增大。

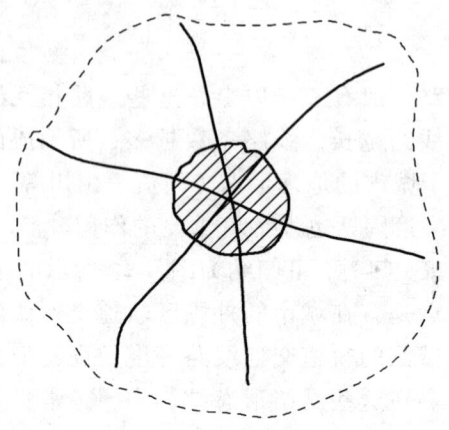

图 9-14　无环放射式线网结构示意图

当三条及以上轨道交通线路在同一点交汇时，其换乘站的设计、施工及运用都很困难，这种车站一般会在 4 层以上，旅客换乘不便，日常运营费用也高，同时庞大的客流量也难以实现疏散，因此，一般将市中心的一点交叉改为在市中心区范围内多点交叉，形成若干"X"字形、三角形线路关系，这样既有利于换乘站的设计与施工，也有利于乘客的集散，还有利于扩大市中心区的范围。

2. 有环放射型线网

有环放射式线网由穿越市中心区的径向线及环绕市区的环行线共同构成，基本形态如图 9-15 所示，径向线的条数较多，走向多样，但都经过市中心区，在一些轨道交通线网规模不是很大或建设时期较短的城市中，如北京、新德里等，环线一般只有一条、而在一些轨道交通线网规模较大、轨道交通发展比较成熟的城市，如莫斯科、东京等，有两条或两条以上的轨道交通环线。

有环放射式线网结构是在无环放射式线网结构的基础上加上环形线形成的，是对无环放射式的改进，因而既具有无环放射式线网的优点，又克服了其周边方向交通联系不便的缺点。例如，图 9-15 周边方向 A、B 间的出行，有环放射式线网存在，可以利用环线便捷地出行，而无环放射式线网则要通过两条径向线绕行。因此，这种线网对城市居民的出行最为便利。当城市郊区发展成市区后，这种形式的线网便于线网有效地扩展。莫斯科、巴黎等许多城市的轨道交通线网都采用了有环放射式线网。

3. 棋盘式线网

棋盘式线网是指主要由两组互相垂直的线路构成的网络，其特点是平行线路多、相互交叉次数少（见图 9-16）。采用这种线网形式的城市有北京和墨西哥城。墨西哥城的城市轨道交通线网，由 4 条南北向线路、4 条东西向线路和 1 条斜向线路组成，其间有 2 条线路为了增加与平行线路之间的交叉机会而呈"L"形。

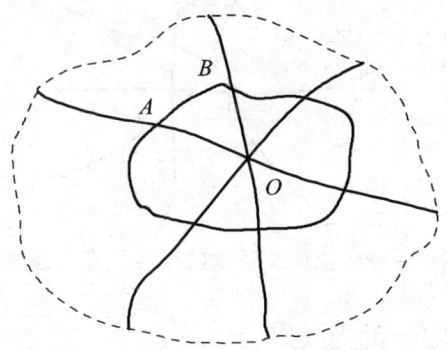

图 9-15　有环放射式线网结构示意图

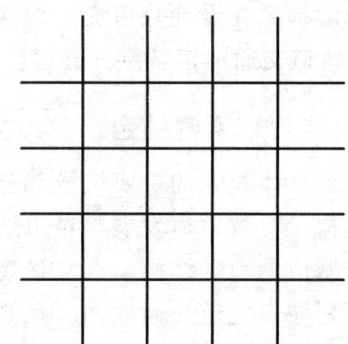

图 9-16　棋盘式线网结构示意图

棋盘式线网适合于市区呈片状发展、街道呈棋盘式布局的城市。其优点如下：
（1）线网布线均匀，换乘节点能分散布置。
（2）线路顺直，工程易于实施。

该类型线网的不足是：一是线路走向比较单一，对角线方向的出行需要绕行，市中心区与郊区之间的出行常需换乘；二是线网平行线路间的相互联系较差，平行线路间的换乘比较麻烦，一般要换乘两次以上。当路网密度较小，平行线之间间距较大时，平行线间的换乘是很费时的。其客流换乘需要通过第三线来完成。根据苏联有关研究，棋盘式线网的运输效率较大，放射线环线效率较环线线网低 18%。

从对现代大城市的车流和人流的分析可以看出，城市辐射方向（相对于市中心）的交通量最大。据此提出城市轨道交通线网的最佳形态如图 9-17 所示。辐射路线若在市中心区相交，为了避免中心站超载，各条辐射线的交叉点不应集中于一点，而应在若干个车站相交。在大城市里，当城市边缘地区人口稠密时，应采用环线路线。

在选择轨道交通线网形态过程中要考虑线网交织的合理性，高效的轨道交通线网既要满足出行方向的多种选择，亦需尽量降低出行者的换乘量，而任意一种线网形态是很难同时满足两方面的要求，大城市和特大城市功能结构复杂，轨道交通线网通常是由多种单一线网结构有机结合而成一个完整的线网形式。

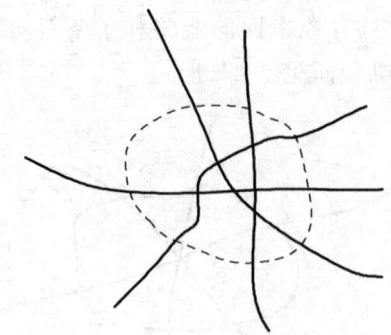

图 9-17　轨道交通线网最佳形态示意图

二、线网构架方案设计的原则

在确定城市轨道交通线网的合理规模后，需要确定线网构架方案。合理的线网构思是城市轨道交通线网可持续发展的前提。在设计轨道交通线网方案时，应充分考虑城市发展规划、规划区域的客流需求以及轨道交通运营特点，并遵循以下一般原则。

（一）线网规划要与城市发展规划紧密结合，并适当留有发展余地

轨道交通线网规划是城市发展总体规划的重要组成部分。线网规划应与城市总体规划相配合，支持形成合理的城市结构，支持城市发展与城市结构调整战略目标的实现，并与城市的发展走廊相适应。应结合城市的地理结构、人文景观、城市人口规模、用地规模、经济规模和基础设施规模等来规划城市轨道交通线网。在制订轨道交通线网规划时，一定要根据城市规划发展方向留有向外延伸的可能；而且线网规划要能够适应都市的未来发展，充分考虑土地利用和交通的相互影响关系，处理好满足需求和引导发展的关系。

（二）满足城市主干客流的交通需求

建设轨道交通的根本目的是要满足城市发展带来的现状与未来的交通需求，提高轨道交通分担率，调整城市结构和交通结构，解决交通拥挤、人们出行时间过长及乘车难等问题。因此线网规划应重点研究城市土地利用形态、人口与产业分布特征、现在及未来路网客流分布特点，使城市轨道交通能够最大限度地承担交通需求大通道上的客流，提高轨道交通的分担比率。大城市轨道交通能为居民提供优质的交通服务，尤其对中、远程乘客来说，轨道交道是最能满足其出行要求的交通方式。这对提高快速轨道交通的社会效益、经济效益以及企业内部的财务效益都是非常有益的。

（三）规划线路要尽量沿城市干道布设

城市干道尤其是主干道的交通最繁忙，是客流最集中的地方，并且空间较宽广，在工程实施时不但工程量较少，而且对居民的干扰也相对要小。所以在规划线路时要尽量使线路沿城市干道布设，并且要以最便捷的线路连接大型交通枢纽（包括对外交通中心，如火车站、飞机场、码头和长途汽车站等）、商业中心、文化娱乐中心、大型居住小区等客流集散量大的场所，以减小线路的非直线系数和缩短居民的出行时间。

（四）线网中的线路布置要使线网密度适当、乘客换乘方便、换乘次数少

居民出行最关心的是"时距"而不是"行距"，尤其对工作客流来说，出行距离的远近不是他们主要的考虑问题，而最关心的是一次出行在旅途中要花多少时间。线网密度、换乘条件及换乘次数同出行时间关系极大，并且直接影响着吸引客流的大小。根据国内外经验，两平行网线间的距离在市区一般以 1 400 m 左右为宜，同时要与街道布局相配合，除特殊情况外，两线间距离最好不小于 800 m，且不大于 1 600 m；在市郊区两线间距离可适当增大。若乘客必须换乘时，除在设计中要创造方便的换乘条件外，其次数最好满足经一次换乘就能到达目的地，最多不要超过两次。当然，由于轨道交通是骨干交通，不可能覆盖全部的交通需求，最根本的还是要根据现状与将来的客流需求强度特点，在需要布设轨道交通线路的地方布设轨道交通线路，切不可机械地通过确定线网密度来布设轨道交通线路。

（五）城市常规公共交通网与轨道线网要衔接配合好，充分发挥各自的优势

常规公共交通是接近门到门的交通服务，若能与轨道交通合理衔接，既方便了乘客，使其缩短出行时间，又能为轨道交通集散大量客流，使其充分发挥运量大的作用。只有这样才能充分发挥各自的优势和快速轨道交通的骨干作用。同时，线网端点处应尽量与市郊铁道相连接，因为未来的理想状态是不仅要考虑换乘方便，而且还应该考虑直通运行。在这方面，日本有非常成功的实践经验，如东京的地铁与市郊铁路制式相同，乘客不用换车即可到达郊区的目的地。

（六）线网中各条规划线路上的客运负荷量要尽量均匀

要避免出现个别线路负荷过大或过小的现象，以提高运营的效率和舒适性。

（七）线网规划要与城市的性质、地貌和地形相联系

在选择线路走向时，应考虑沿线地面建筑的情况，注意保护国家重点历史文物古迹和保护环境；应充分考虑地形、地貌和地质条件，尽量避开不良地质地段和重要的地下管线等构筑物，以利于工程实施和降低工程造价。

（八）环线的设置要因地制宜，不可生搬硬套

环线的主要作用是为了减少不必要的到市中心去换乘的客流，并使沿环线乘行的乘客能直达目的地，提高其可达性，因此环线能方便乘客换乘和减小市中心区客流压力。但在环线上一定要保证日常有足够的客流量，因为环线客流负荷强度太小会影响运营效率和企业的经济效益。

三、线网构架方案设计的要素

线网构架方案设计时，主要应考虑如下要素：主要交通走廊、主要客流集散点和线网功能等级。

（一）主要交通走廊

主要交通走廊反映城市的主客流方向，其识别通过以下几种方法进行。

1. 经验判断法

根据城市人口与岗位分布情况，设定影响范围，通过对线网覆盖率的判断来确定线路的走向。此法较为简单，只需将人口与岗位分摊到交通小区中并打印出相应的人口与岗位分布图，在此图上根据经验判断画出线路走向。这种方法目前虽使用较多，但仅考虑了人口密度的分布情况，忽视了人员出行行为的不同。因此在线网布设时可能与实际客流方向不完全吻合。

2. 出行期望经路图法

规划年出行预测得到远期全人口、全方式 OD 矩阵；将远期 OD 矩阵按距离最短路分配到远期道路网上得到出行期望经路图；按出行期望经路图上的交通流量选线，产生初始线网。

3. 两步聚类识别法

先通过动态聚类，将所有的交通流量对分类成 20~30 个聚类中心，而后通过模糊聚类法，以不同的矩阵选择合适的分类，并进行聚类计算，最后可获得交通的主流向及流量并结合走廊布局原则及方法确定主要交通走廊。

4. 期望线网法

这由法国 SYSTRA 公司与上海规划设计院合作进行上海城市轨道交通规划时采纳的方法。此法借助上海交通所开发的交通预测模型，也可称为蜘蛛网分配技术。这里的期望线有别于城市交通规划中通常使用的期望线，更多地考虑了小区之间的路径选择，期望线网可以清晰地表达交通分区较细情况下理想的交通分布状况。它是连接各交通小区的虚拟空间网络，在该网络上通过采用全有全无分配法将公交 OD 矩阵进行分配，从而识别客流主流向确定交通走廊。

（二）主要客流集散点

主要客流集散点是在确定城市轨道交通线路骨架以后确定城市轨道交通线路具体走向的主要依据。客流集散点按照性质分为交通枢纽、商业服务行政中心、文教设施、体育设施、旅游景点和中小型工业区等。

对轨道交通客流集散点的定量分析可以站在全方式 OD 矩阵的角度来进行，定性分析则主要是依照城市总体规划来分析主要客流集散点的分布特征，对定量分析结果进行补充。

（三）线网功能等级

不同运量等级的客运走廊需要确定中运量或是大运量的城市轨道交通系统，而且城市轨道交通在城市不同地区在城市发展与支持社会经济活动中发挥的功能也不同，轨道网络功能层次划分正是根据这一特点确定轨道线路的服务水平与等级。轨道线路功能层次可划分为市域快线、市区干线和市区辅助线。

1. 市域快线

在市区与卫星城镇之间，为长距离出行提供快速的交通联系。

2. 市区干线

在市区内部为中距离出行提供快速便捷的交通联系。

3. 市区辅助线

市区干线的补充线，以保证整个城市轨道交通网络系统整体功能发挥。

四、线网构架方案设计的方法

线网构架受众多因素的影响，如何对它们进行归纳，并沿一定的思路将分析过程系统化，是保证线网构架科学合理的关键。关于线网构架方法，业内人士曾进行过大量探索工作，比如尝试利用交通模型归纳城市主要客运走廊，进而形成轨道交通线网等。这些方法的效果大多不尽如人意，原因在于构架研究是一项综合性很强的工作，许多影响因素很难量化。可见，构架研究应坚持定性分析与定量分析相结合、以定性分析为主的研究方法。

（一）基本思路

目前国内比较成熟的线网构架方法是背景城建设计研究总院提出的"面、点、线要素层次分析法"，该方法强调定性与定量相结合，将线网规划分为"面""点""线"三个层次进行分析，得到线网的预选方案，然后进行线网结构分析和客流测试，通过对预选方案的补充、调整，运用评价指标体系对其进行评价，最终得到推荐方案。

1. "面"的分析

即整体形态控制，拟定轨道交通线网基本构架。

"面"的分析涉及城市背景研究，它是轨道交通规划的基础，包括以下三个方面的内容。

（1）城市总体规划中对轨道交通线网规划有影响的城市结构和形态、土地利用布局、人口与就业分布、社会经济发展水平、大型建设项目、环境和文化保护等方面的规划意图。

（2）城市交通规划中明确的城市交通发展战略、道路网结构、合理的交通结构、交通枢纽布局、公交网络以及中小城市轨道交通线网规划构想等。

（3）城市远景交通宏观分析，该部分主要针对总体规划和综合交通规划的局限，通过对城市远景土地发展和交通分布的宏观分析，对轨道交通线网的基本形态做必要的深化、调整和补充。

在此基础上，拟定轨道交通线网的基本构架，主要包括以下内容。

（1）根据背景研究提供的资料，对线网规划的前提条件进行研究。

（2）对轨道交通线网基本构架形态做出科学判断，提出线网内线路的组成和功能分工，作为形成候选线网方案的基础。

2. "点"的分析

即线网服务对象的甄选，城市大型客流集散点分析。

"点"就是分析客流集散点以及线网换乘节点和起终点的分布。作为城市客运的骨干系统，城市轨道交通要串联城市大型客流集散点，同时分析这些客流集散点的规模等级、建设顺序、相互关系和可能的变化，以此作为规划线网构架的基础。

3."线"的分析

即交通走廊分析，线网内各线路可能的路径分析。

"线"的分析是根据城市道路网布局、道路交通量分布及城市主要客流集散点分布特征，寻找城市主客流方向和主要交通走廊，并将城市内主要客流集散点连接起来，最终确定城市轨道交通线网构架和线路基本走向。

对于交通走廊分析，需要注意以下几点。

（1）考虑到客流吸引与施工需要，轨道交通一般沿城市干道布设，线网构架研究要为城市轨道交通线路选择具备良好布设条件的交通走廊。

（2）若可入选作为轨道交通走廊的方案较多，则要从宏观角度对走廊成为轨道交通的可能性进行分析和筛选，并形成初步的优劣划分。

（3）交通走廊分析主要从现状条件、规划条件、主要工程难点、沿线土地利用性质、走廊在城市道路网中担负的功能相对整体轨道交通线网的影响这几个方面进行。

经过交通走廊分析，可对各局部线网采用轨道交通的条件形成初步的优劣划分。为便于进行交通测试，使线网的局部选择不同交通走廊时的交通分析具有可比性，需要归纳成几个不同的线网方案，将局部交通走廊的比选变成不同线网方案之间的对比。

（二）研究过程

线网构架方案研究工作是从宏观分析逐层深入各专题定性、定量分析的探索过程，大致可分为以下几个阶段。

1. 第一阶段：方案构思

根据线网规划范围与要求，分析城市结构形态与客流特征，进行"点""线""面"层次分析，通过现场勘探，广泛搜集资料，从宏观入手对线网方案进行初始研究，构思线网方案。这些方案除有各自的特点外，还有许多共性，成为线网构架方案研究的重要基础。

2. 第二阶段：归纳提炼

对初始构思方案进行分类归纳后，又经内部筛选提炼，推出其中的部分方案，向各有关单位征求意见，并要求提出补充方案。经过以上"筛选—方案补充—再筛选"的提炼过程，形成基础方案。这次筛选中，保留各种有较强个性的方案，合并共性方案，尽量全面听取各种思路和观点，形成代表不同政策倾向、不同线网构架特征和规模的方案。

3. 第三阶段：方案预选

以基础方案为基础，以线网规划的技术政策和规划原则为指导，根据合理规模和基本构思要求，又进一步选择出几个典型的、不同线路走向和不同构架类型的方案，成为初步预选方案。

4. 第四阶段：预选方案分析与交通测试

前几个阶段的方案深化主要以定性分析为主，从这一阶段开始需要通过定量分析对方案做进一步的论证，用交通模型进行测试，进入定性与定量分析相结合的系统分析阶段。

5. 第五阶段：调整补充预选方案，并选出候选方案

通过分析和测试，预选方案均各自存在优点和不足之处，需要进行优化完善。在此基础之上，还可以对方案进行补充。由于补充方案只是通过定性分析进行的优化，其线网整体性能是否真正得到优化还是未知的。因此接下来要对补充方案进行同等条件下的交通测试，进一步以定量分析论证，确认补充方案是优化方案，并推荐为候选方案。

6. 第六阶段：推荐最终方案

在以上定性与定量分析基础上再采用线网方案评价系统，对预选方案分组评价、排序，推选出优化方案。

复习思考题

1. 简述线网规划的意义和基本原则。
2. 城市轨道交通线网规划经历了哪几个阶段？
3. 简述线网合理规模的目的和影响因素，并描述具有哪些指标。
4. 已知某一城市远景常住人口 850 万，出行强度是 2.6 万人次/d，流动人口 120 万，出行强度是 3 万人次/d，公交出行比例为 36%，轨道交通占公交比例为 48%，线路负荷强度为 2~2.5 万人次/(km·d)，城市面积为 405 km²，请确定线网的合理规模，并计算线网密度指标。
5. 简述线网构架的基本要素和思路。

第十章 城市轨道交通线网方案评价

第一节 概 述

对于在城市轨道交通线网规划过程中获得的城市轨道交通线网规划方案集,决策者必须从中选择最优方案,做出决策。任何规划的决策最终都归结为方案评价,方案评价的好坏直接影响决策的正确性。规划方案评价是指通过对备选方案进行交通流预测、效益分析,阐明其达成预期规划目标的可能性,为决策者选择最佳方案提供依据。同时,通过方案评价还能够发现方案中存在的问题,有助于及时解决问题或重新选择方案。此外,有些情况下通过对规划课题的深入探讨研究,还可以从不同角度对规划目标本身产生新的认识。

线网方案评价是城市轨道交通线网规划的关键环节,作为辅助决策的一个必备手段,评价为决策过程的各种参与者,如规划师、领导者阶层以及公众进行决策提供现实依据和度量准绳。在最终的评优决策中,评价应对方案进行全面而系统的定性定量分析,以确定轨道交通线网在规划布局上与城市布局、城市发展的适应情况,以及在等级、容量上与交通量的适应情况,从而选择出技术上先进、经济上合理、实施上可行的最优或最满意的方案。

为了全面客观评价轨道交通线网方案,评价应遵循以下准则。

（一）方案整体的合理性

城市轨道交通线网规划方案必须在适当的原则下能为规划区域范围和规划年限内的出行需求提供充分的设施和服务,满足出行的高效性、安全性、方便性和可靠性的要求。一个好的轨道交通线网规划方案应具有良好的覆盖性和合理的线网结构,保证一定的客流量和运输效率,并在此基础上与其他交通系统有较好的协调与衔接。

（二）与城市发展的协调性

城市轨道交通线网规划应符合城市总体规划,符合城市用地发展方向,并与城市交通规划战略相吻合,通过轨道交通线网方案的实施,保证区域和城市总体规划所确定的社会经济发展、土地利用开发、环境发展、文化遗产保护等方面的目标能顺利实现。

（三）实施效果与可行性

轨道交通线网规划方案的实施效果如何,既要在方案实施之前充分估计（叫作事前考察）;又要在方案实施之后进行检验反馈（叫作事后考察）。考察的内容通常包括线网规划方案实施后的服务效果、实施条件、经济效益、社会效益、环境效益等。

线网服务效果分为运营效果与运营效率。好的线网应承担较大的客运量和具有较好的服务水平,并具有较高的运营效率。

线网的实施条件包括两个方面：轨道交通线路实施的工程难度较低；形成近期线网的结构、实施及运营条件较好。

线网实施的经济效益、社会效益、环境效益也是线网评价的重要方面，其中社会效益主要反映在由于轨道交通线网的修建给居民带来出行时间的节省、出行质量的提高以及由于轨道交通承担了大量的客流从而对城市道路交通的改善等方面。值得注意的是城市轨道交通项目是城市有史以来最大的公益性基础设施，它不仅仅是一个技术分析的过程，而且是一个政治决策过程，具有经济风险。因此，轨道交通线网规划方案评价必须是从社会、经济、系统自身技术角度出发的多属性综合评价过程。

第二节 方案评价的工作流程

轨道交通系统属于多层次、多因素、多目标的复杂系统，对这样一个复杂系统，仅考虑某一两个方面或靠人为分析是不够的，也是不充分的，而应该运用科学的方法，从技术、经济、社会多方面综合考虑该系统及其与周围环境的相互作用，从而对轨道交通规划的备选方案进行全面系统的定性和定量分析，度量不同方案的相对价值，为轨道交通规划方案的选择提供科学的判别依据。

对轨道交通规划方案进行综合评价就是在各部分、各阶段、各层次子系统评价的基础上，谋求规划系统整体功能的"最优"调节，同时，在系统整体优化过程中，不断向决策者提供各种关联信息。综合评价是一项十分复杂而细致的工作，其工作流程如图10-1所示。

一、明确评价前提

首先须明确评价的立场，即要明确评价主体是规划者、出行者、运营者还是工程实施者，抑或是多者兼而有之，这对于评价目标与准则的确定、评价指标的选择都有直接的影响。轨道交通规划是为政府决策部门制定政策服务的，因此，评价必须是以人民生活水平的提高、社会经济的发展、环境质量的改善以及资源的高效利用作为根本出发点。

其次，要明确评价的对象，即确定评价涉及的备选方案，其数量如何，每个备选方案具有什么样的特点与形成的背景。

二、确定评价的目标及准则

首先要确定评价目标，这是评价的依据。综合评价从广义上说是对人类实践活动进行选择和优化的过程，它研究人们的实践活动与其宗旨和目标的接近程度及其所需付出代价的大小，进而指导人们优化、优选合适的行为决策。评价目标是分层次的，可分为总目标和具体目标。交通规划方案综合评价的总目标应是整体评价备选方案并选择最佳方案，具体目标要根据方案的性质、范围、类型、条件等确定。

其次，要根据评价的目标确定评价的准则，也就是以什么样的标准去评价各个备选方案。评价准则可以说是评价目标的具体化，建立适宜的评价准则是实现评价目标的关键，同时每一评价准则对应着一系列评价指标，评价准则也有助于指标层的明确分类。

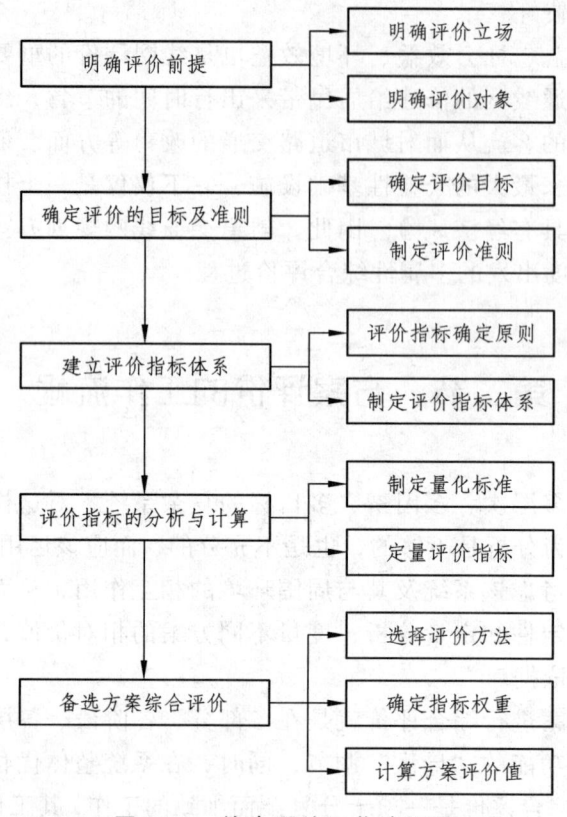

图 10-1　综合评价工作流程图

三、建立评价指标体系

综合评价指标体系通常具有多层次结构。评价目标和准则确定之后，就要建立评价指标体系。建立合理的、科学的评价指标体系是评价分析研究的主要任务之一，评价指标的选取应遵循以下基本原则：

（一）科学性原则

确立的评价指标必须科学地、合理地、客观地反映轨道交通系统的技术性能、经济效益和社会环境影响。指标选取既要全面化又要精炼化，指标数量既要能够反映评价方案，又要能实现计算简洁实用。在避免遗漏重要的敏感性指标的同时，还要注重不可过多地选择无关紧要的次要指标，使得整个指标体系过于复杂。

（二）可行性原则

可行性主要体现在可比性和可测性两个方面。评价不是监测，监测只需对某一个体进行客观的描述，不涉及价值体系。而评价必须以价值为依据来考察不同个体之间、个体与标准之间的相对优劣。因此，必须是在平等的、可比的价值体系下才能进行，否则就无法判断不同轨道交通规划方案的相对优劣。同时可比性必然要求可测性，应力争使指标实现定量化。对于定性指标,要能够界定评分标准,对于定量指标,要能够确定指标值。

(三)非重叠性原则

指标体系要层次分明、结构清晰,指标之间要尽量独立,避免互相关联造成冗余,对不可避免的重叠可从关联影响矩阵入手对权重进行修正。

评价指标体系的建立一般采用专家咨询法(特尔斐法)。在初步建立城市轨道交通线网规划方案评价指标体系的基础上,设计出专家调查资料(包括指标体系说明、评分表、意见调查及意见反馈),以信函的方式向专家咨询。在分析专家反馈意见的基础上,吸取专家有益的建议并考虑操作的可行性,调整相关指标。若获得了满意结果,可不进行下一轮咨询。

四、各项评价指标的分析与计算

对于每一个指标,首先必须确定相应的量化标准,即用什么样的变量来代表该指标,并规定该指标的计算方法。每项评价指标都应有详细的量化标准,并对量化标准作恰当的说明。

在确定评价指标的量化值时,对于可用货币、时间、材料等衡量的指标,可直接进行定量的分析计算,对社会、自然环境等的影响进行评价;有些指标则只能先做定性分析,然后视具体指标的特点采用模糊定量或等级定量等方法,确定指标的量化值。

对于定量指标,不同评价指标往往具有不同的量纲和量纲单位,这样的情况会影响到数据分析的结果。为了消除指标之间的量纲的影响,需要进行数据的标准化处理,以解决数据指标之间的可比性问题。原始数据经过数量标准化处理后,各指标处于同一数量级,适合进行综合对比评价。

定量指标一般包括如下几类:成本型(越小越好型)、效益型(越大越好型)、适中型(既不能太小又不能太大为好型)、区间型(属性值在某一固定区间内为好型)。常用的归一化方法是 min-max 标准化。

(1)对于成本型指标,归一化处理公式为

$$x^* = \begin{cases} 1, & x < m \\ \dfrac{M-x}{M-m}, & m \leqslant x \leqslant M \\ 0, & x > M \end{cases} \tag{10-1}$$

(2)对于效益型指标,归一化处理公式为

$$x^* = \begin{cases} 0, & x < m \\ \dfrac{x-m}{M-m}, & m \leqslant x \leqslant M \\ 1, & x > M \end{cases} \tag{10-2}$$

(3)对于适中型指标,归一化处理公式为

$$x^* = \begin{cases} 0, & x < m \\ \dfrac{2(x-m)}{M-m}, & m \leqslant x \leqslant \dfrac{M+m}{2} \\ \dfrac{2(M-x)}{M-m}, & \dfrac{M+m}{2} < x \leqslant M \\ 0, & x > M \end{cases} \tag{10-3}$$

（4）对于区间型指标，归一化处理公式为

$$x^* = \begin{cases} 1 - \dfrac{q_1 - x}{\max\{q_1 - m, M - q_2\}}, & m \leq x < q_1 \\ 1, & q_1 \leq x \leq q_2 \\ 1 - \dfrac{x - q_2}{\max\{q_1 - m, M - q_2\}}, & q_2 < x \leq M \end{cases} \quad (10\text{-}4)$$

其中，m 为指标 x 允许的下界；M 为指标 x 允许的上界；$[q_1, q_2]$ 为指标 x 的最佳稳定区间。

五、备选方案综合评价

首先，须确定综合评价方法，即根据各指标间的相互关系及其对总目标的贡献确定各项指标的合并计算方法。下层指标值要想复合成上层指标值需借助一定的合并规则，常用的有：加法规则、乘法规则、指数运算规则、取大规则、取小规则、代换规则、定量规则等，各种规则还可和"权"配合使用。另外，也可以以上述规则为基础进行某种组合和修正，选取合并规则时应考虑到指标的含义和相应的合并目的。

然后，根据各指标的重要性确定合并计算中相应的权重系数值。权重是评价指标对于评价目标、评价系统的相对重要程度或者评价指标之间的相对重要程度。权重的确定对方案比较评价的意义重大，所以需要仔细分析，慎重进行。

权重确定的方法大致可分为主观赋权法、客观赋权法和主客观赋权法。主观赋权法采取定性的方法，由专家根据经验进行主观判断而得到权重，然后对指标进行综合评估，如层次分析法、专家调查法（特尔斐法）、二项系数法、环比评分法等。该方法可以充分利用专家的知识和经验合理地确定各属性权重的排序，不至于出现属性权重与属性实际重要程度相悖的情况，但评价结果具有较强的主观随意性。客观赋权法则根据历史数据研究指标之间的相关关系或指标与评估结果的关系来进行评估，主要有主成分分析法、熵值法。该方法主要根据原始数据之间的关系来确定权重，权重客观性强，具有较强的数学理论依据，但这种赋权法没有考虑决策者的主观意向，确定的权重可能与人们的主观意愿或者实际情况不一致。主客观赋权法是将主观赋权法和客观赋权法结合起来使用，从而充分利用各自的优点。

最后，则按选定的合并方法计算方案的评价值。根据指标值和相应的权重计算上一层指标值，如果评价指标体系有多个层次，则逐层向上计算，直至得到第一层指标的值为止，该值即为方案的综合评价值。根据方案的综合评价值对各备选方案的进行优劣顺序，从而进行分析和决策。

第三节 方案评价分析的内容

城市轨道交通线网方案的评价分析可从技术分析、经济分析、社会效益分析三方面进行。

一、技术分析

（一）与客流量有关的分析

快速、经济、有效地运送城市客流是城市轨道交通建设的根本目的，因此客流分析是路网方案分析的一个重要方面。常用的评价分析指标如下。

1. 日客运量

轨道交通线网（线路）各车站1日的上客量（或下客量）总和，用来反映线网（线路）的客运效果及作用，其值与线网（线路）长度、规划年度、吸引客流的能力及输送能力等有关。由于每天的客运量会波动，通常用规划年度1年的平均日客运量来表示，单位一般采用万人/d。日客运量越大，城市轨道交通在城市交通中所起的作用就越大，运营收入也越多，为沿线地区创造的社会效益也越大。

2. 日负荷强度

轨道交通线网（线路）日客运量与线网（线路）双线长度之比，用来反映线网（线路）中单位长度上每日的载客量，在一定程度上反映线网（线路）的运营效率（单位长度上的运营效果）。当站距一定时，也能反映每个车站每日的平均集散客流量。通常单位是采用万人/km·d。据2017年统计，北京、上海、广州、深圳、西安、成都分别为1.97、1.61、2.39、1.80、1.86、1.66万人次/km·d。

3. 日客流密度

轨道交通线网（路线）日客运周转量与线网（路线）双线长度之比，用来反映线网（路线）上区间线路的运营强度，通常单位采用万人·km/km·d。据2018年统计，北京、东京、上海、广州、首尔、莫斯科地铁分别为1.70、3.40、1.51、1.74、2.29、1.75万人km/km·d。

4. 占出行总量比例

轨道交通线网客运周转量除以相应的全方式的客运周转量所得到的比例，用来反映轨道交通线网在城市综合交通体系中的重要程度。目前国内轨道交通规划报告中常用轨道交通线网客运量与相应的全方式的客运量之比来反映，这是不合理的，因为各种交通方式的平均出行距离有较大差别。例如，自行车方式一般在3~5 km，而轨道交通的平均出行距离要大得多，根据2017年统计资料，上海的轨道交通平均出行里程分别为15.8 km。

（二）与线网规模有关的分析

常用的分析指标如下。

1. 线网长度

轨道交通线网各条线路的总长度，通常按双线里程统计，单位为km。

2. 线网密度

常用线网面积密度表示，有时也用线网人口密度。前者是线网长度与其所在区域的面积之比，表示单位面积上的轨道交通线网长度，单位为km/km^2；后者是线网长度与其所在区域的人口之比,单位为 km/万人,表示每万人占有的轨道交通线网长度。如以 km/km² 计,2017 年上海、北京、深圳、南京、广州的全市线网密度分别为 0.5、0.43、0.34、0.27、0.28。

3. 线网覆盖率

常用线网面积覆盖率表示,有时也用人口、就业岗位覆盖率来表示。前者是以线网线路客流吸引范围(每侧约 750 m)面积与其所在区域的总面积之比,后者是以线网线路客流吸引范围(每侧约 750 m)内的人口数或就业岗位数与其所在区域的总人口数或就业岗位数之比。线网覆盖率反映线网吸引客流的能力,也在一定程度上反映城市整个区域上的可达性。

(三)与线网结构有关的分析

1. 线网非直线系数 D:

$$D = \frac{\sum_{ij} T_{ij} \cdot l_{ij}}{\sum_{ij} T_{ij} \cdot d_{ij}} \tag{10-5}$$

式中 D——非直线系数,无量纲;
d_{ij}——交通分区 i 到交通分区 j 的直线距离,单位 km;
l_{ij}——交通分区 i 到交通分区 j 的最短路径行程,单位 km;
T_{ij}——交通分区 i 到交通分区 j 的出行次数(出行分布量)。

指标 D 是相对于一个具体的出行分布而言的,与线网结构形态有关,但不涉及乘客具体的出行路线及轨道交通线网的运营组织情况,可以反映一定的出行分布条件下轨道交通线网结构的优劣程度或者轨道交通线网结构与出行需求的吻合程度。D 值越小、线网结构与出行需求的适应情况就越好。但是,实际出行需求是随时间在变化的,尤其对于发展中的城市来说,其变化就更大,因此在不同时期的出行需求下比较 D 值是没有意义的。

2. 线网服务质量 Q

在一定的出行起终点下乘客的出行时间越短,其旅行速度就越高、乘客所得到的服务质量就越好。采用下面的指标 Q 可以直接反映线网对一定的出行需求下服务质量的好坏。

$$Q = \frac{\sum_{ij} T_{ij} \cdot d_{ij}}{\sum_{ij} T_{ij} \cdot t_{ij}} \tag{10-6}$$

式中 Q——线网服务质量指标,km/h;
d_{ij}——交通分区 i 到交通分区 j 的直线距离,单位 km;
t_{ij}——交通分区 i 到交通分区 j 的出行时间,单位 h;
T_{ij}——交通分区 i 到交通分区 j 的出行次数(出行分布量)。

可以看出,Q 是一个类似于平均出行速度的指标,它所衡量的是线网上全部乘客的平均出行速度,因此 Q 值越大越好。这里的 t_{ij} 是乘客从 i 到 j 的出行总时间,包括到、离站时间,等车时间和轨道交通的乘车时间,与轨道交通线网结构、线路的运营组织、换乘站的设计、客流组织、各轨道交通车站与地面交通的衔接因素有关。

3. 换乘系数

轨道交通线网中换乘人次总和除以轨道交通线网出行人次总和,用来衡量乘客一次直达的程度。换乘系数越小,线网中换乘的人数越少,乘客直达率越高。

(四) 其他分析

除上述技术因素外,还应考虑以下方面的因素。

1. 线网的可实施性分析

具有较好实施性的线网,其线路实施的工程难度较低,在初期,线网的结构、实施及运营条件较好。线网的可实施性分析主要包括轨道交通线路实施的工程难易程度、分期建设计划的合理性等。

2. 线网与城市发展的协调性分析

线网与城市发展的协调性分析是从宏观层次上考察不同方案与城市发展战略规划、城市总体规划之间的吻合程度。城市轨道交通线网规划方案对城市发展及其城市战略布局有很大的影响,好的线网规划方案,不仅可以解决城市交通问题,而且可以促进城市发展和城市区域协调性。

3. 线网与其他交通设施协调性分析

城市轨道交通线网应尽量衔接对外交通设施,尤其是火车站、机场、长途客运站和港口码头等。通过对交通设施衔接点的距离、衔接效率以及是否形成一体化综合换乘枢纽进行分析,来进一步调节线网规划的合理性。

4. 线网分期建设合理性分析

在城市轨道交通线网建设周期中,对线网与城市分期发展重点、目标吻合性及参考分期能达到的城市轨道交通客运量和城市轨道交通客运周转量进行分析,从而对线网分期建设的合理性进行评判。

二、经济效益分析

城市轨道交通线网方案的经济效益分析是对规划方案的全部预计成本和全部预期收益进行分析,来考察方案的经济合理性及优劣。

(一) 投资分析

在规划阶段,轨道交通工程的投资估算比较粗略,可按表 10-1 分别进行估算。

表 10-1 轨道交通工程总投资估算项目表

序号	项目名称	备注
(1)	前期工程	征地、拆迁
(2)	地下土建工程	包括地下区间线路及车站土建工程
(3)	地面路基及桥涵工程	包括地面路基工程及桥梁、涵洞工程

续表

序号	项目名称	备注
（4）	轨道结构工程	线路上部建筑工程
（5）	通信信号工程	包括通信工程、信号工程及自动控制系统设备
（6）	供电系统设备	变电站、所及接触网
（7）	环境控制系统设备	
（8）	房屋建筑工程	
（9）	车辆段及停车场	
（10）	其他运营设施	包括自动扶梯、电梯、给排水、防灾报警设备等
（11）	车辆购置费	
（12）	其他费用	包括预备费、涨价预留费、贷款利息、流动资金等

（二）运营成本及收入分析

轨道交通建成后便投入运营，运营中将会耗费一定的运营成本，其组成部分如表 10-2 所示。

表 10-2　轨道交通工程运营成本及收入估算项目表

序号	项目名称	备注
1.	运营成本	日运营费用=客流周转量×每公里人均运营成本
（1）	生产人员工资及福利	
（2）	车辆保修材料费	
（3）	牵引电力费用和生产性消耗费	
（4）	管理及财务费用	
（5）	折旧费及摊销费	根据固定投资的类型按照一定年限折旧
（6）	维修费及大修费	年维修费与大修费按工程费的 2%～3%提取
（7）	其他费用	按企业管理费的 10%计取
2.	运营收入	
（1）	票价收入	票价×客运量（客运周转量）
（2）	其他收入	包括轨道交通车站沿线的广告、经营等票外收入

利用表 10-1 和表 10-2 的数据，即可构造项目现金流量表。经济分析可从企业角度及国家角度进行，前者被称为财务评价，后者被称为国民经济评价，两者的现金流量构成有所差别。与财务评价的现金流量相比，国民经济评价的现金流量表有如下差别。

（1）国民经济评价中的部分费用需要根据规定在财务评价的现金流量的基础上进行调整。例如，土建工程中的人工费用、轨道工程与房屋工程费用，以及运营费用中的电价均要按影子价格进行换算，同时造价增涨预留费应剔除；购地费属于内部转移费用，在国民经济分析中不作为支出，而把计算期内的土地机会成本转化为现值列入投资中等等。

（2）在项目收益部分加入可以量化的货币指标的社会效益，如节省出行时间效益、土地升值效益等。其计算公式参见表 10-3。

有了现金流量表，就可运用经济评价模型计算内部收益率、净现值，投资回收期等指标，并进行盈亏平衡分析及风险性分析。

三、社会效益分析

城市轨道交通工程是一项公益性事业，除了可以量化的直接及间接的经济效益之外，还有许多难以量化或难以货币化衡量的效益，参见表 10-3，这些效益也是很重要的，必须在进行项目选择时予以考虑。

表 10-3　轨道交通工程社会效益分析项目表

序号	项目名称	备注
1.	表 10-1 与表 10-2 的收支项目	
2.	可以量化的社会效益	
（1）	时间节约效益	年效益=年客运量×（两方案之间的）单程时间差×工作客流系数×人均国民生产总值
（2）	土地升值效益	年效益=（两方案之间的）平均土地利用单价差值×吸引范围内的土地利用面积
3.	难以量化的社会效益	
（1）	提高劳动生产效率	因快速、舒适的运营条件所带来的乘客的劳动生产率的提高
（2）	减少交通事故效益	减少交通事故而带来的效益
（3）	增加公共交通出行量	由于出行便利、舒适及成本降低引起的公交出行量的增加
（4）	改善政府财政目标	政府及公用事业的开支可以节省，以较低的成本为城市地区提供社会服务，减少停车场等基础设施的投资
（5）	促进城区的改建，改善居民生活方式	城市用地的节约化利用，建筑物及人群相对集中，改善居民生活方式，居民消费形态由耗能型转化为低能耗型，必要的出行总量也要减少
（6）	促进市中心区的商业发展，居民生活方式多元化	吸引大量的居民及劳动力在市中心区，鼓励组团式的经济发展，CBD 区内部的业务交易量扩大，改善了商业效率，促进市中心的繁荣及居民生活方式的多元化
（7）	改善环境质量	减少汽车废气污染
（8）	促进社会平等目标	轨道交通把市中心区与郊区紧密相连，有利于消除各阶层间的隔离，提供所有人参与城市活动的途径，也容易为失业者提供就业机会
（9）	促进文化的繁荣	文化资源的消费在日益增长，但文化活动在很大程度上依赖于面对面的接触，离不开聚集式的城市环境的支撑

第四节 经济评价方法的具体内容请扫码观看

第五节 综合评价方法

城市轨道交通项目由于其巨大的初期投资,至目前为止,世界上绝大多数城市的轨道交通,尤其是地铁,都难以像一般工程项目那样在国家规定的基准回收期内回收投资,有些甚至是亏本的。因此,在实际工作中很少用单纯的经济评价方法对城市轨道交通线网方案进行评价。实际上城市轨道交通总体上产生了很大的效益,它们表现为项目的外部效果,如居民出行时间节约、城市交通拥挤状况改善、城市环境的改善、促进旧城改建目标的实现等。在这些外部效果中,很多是难以货币化,甚至是难以定量化描述的,在线网方案拟定和方案比较时如何考虑这些因素的影响呢?综合评价方法可以为此提供帮助。这里介绍四种城市轨道交通线网方案评价中常用的综合评价方法。

一、特尔斐法

特尔斐法(Delphi Method)是美国兰德公司(The Rand Corporation)提出的一种评价和预测方法。特尔斐法采用函询调查,向评价问题有关的专家分别提出问题,对他们的回答意见进行统计整理和综合后,反馈给各个专家再次征求意见,而后对新一轮的意见重新加以综合和整理后,再次反馈,如此反复,直至得出比较一致的意见,从而对事物做出评价。下面简单介绍特尔斐法的主要步骤:

(一)制定调查表,准备必要的背景材料

根据评价目的,制定具体、明确、便于答复的调查表。此外,也要准备一些与待评价项目有关的资料,供专家们回答问题时参考。这些资料只是客观地被提供,提供者不应做任何评论,以免影响专家独立判断。资料应有一定的代表性,尽可能全面地反映情况,而不要迎合专家们的偏好。

(二)选择专家

专家是指本专业中有较高理论水平或有丰富实践经验的人。专家人数不能太少,否则起不到集思广益的作用;但也不能太多,否则意见很难集中。一般以 10~50 名为宜。这些专家在回答问题时应互不联系,只是各自与调查小组联系,以免大家商量,导致答案相同,起不到这种方法应起的作用。

(三)反馈调查及结果处理

把调查表和资料发给每一位专家,请专家按调查表内容发表自己的意见,并请他们提出还有什么资料可以参考,按期寄回。然后汇集专家意见并加以分析和综合,但不写专家姓名,连同要补充的参考资料,一并再发给各专家,要求他们再发表意见。这个过程一般要进行 3~4 轮。

第一轮:规划小组选择有关专家构成专家咨询小组,覆盖面要广,分别来自规划局、城市交通部门、有关设计院、高等院校及科研部门等。将同样格式的调查表分别函寄给各位专家。因为所选择的专家对该城市的交通情况比较熟悉,因此第一轮调查表可以不提供背景信息,而让专家们自由地发表自己的意见。调查表中的问题分为定性回答式和定量回答式两类。定性回答式问题一般要留够空行供专家们提出观点并进行论述。定量回答式问题要求专家对问题做定量回答。一般要求专家们在两周内寄回调查表。

第二轮:规划小组在收回调查表(一般要求回收率为 75%以上)后,对专家们的意见进行汇总、分类、整理,得到几种代表性的方案表。

在反馈的调查表中,专家们对某个问题的回答意见可能很分散,常用四分位法对它们进行筛选。四分位法是先将中位数求出,然后保留中位数附近各 50%的意见供下一轮征询,舍去两边外侧 50%的意见。这样就可以使专家的意见在下一轮中逐步集中。

如果第二轮的征询意见还比较分散的话,还需重复第二轮的工作过程,进行第三轮甚至第四轮征询,直至专家们对问题的意见相对集中为止。注意,最后回收的调查表数量也不应少于专家总数的三分之二,使结果具有代表性。

特尔斐法具有匿名性的特点,可以避免专家受他人,尤其是权威较高的专家的影响,减少心理压力,充分发表自己的意见。特尔斐法还具有多次信息反馈的特点,随着信息的增加及思考的深入,逐渐得到较正确的结果。

二、层次分析法

城市轨道交通建设涉及很多方面的影响因素,其目标及相应的评价指标是多样的。方案设计过程中的评价,主要是为了挖掘出有比选价值的线网方案,因此可以从技术、经济或社会效益中的某个侧面进行分析比较。但是,最终还是要决策出一个用于实施的线网规划来,这就需要将各方面的分析信息综合起来,对各方案进行综合评价。线网规划方案的综合评价涉及多个评价指标,这些指标可能还分多个层次,进行这样的方案比较时就可采用层次分析法。

层次分析法(Analytical Hierarchy Process,AHP),是美国著名数学家萨蒂(T. L. Saaty)教授在 20 世纪 70 年代提出的。它是一种定性分析与定量分析相结合的决策方法,其主要思想是,根据问题的性质和要求达到的目标,将复杂的决策问题表示为一个由不同影响因素组成的有序递阶层次结构。通过比较判断,分别确定最低层因素相对于上一层因素的权重,从而最终使问题归结为最低层因素相对于最高层(总目标)的相对重要权值的确定或相对优劣次序的排定。

层次分析法通常包括以下步骤:明确问题、建立递阶层次结构、建立判断矩阵、层次单排序和层次总排序。

（一）明确问题

对于城市轨道交通线网规划方案综合评价，最终目标是选择最佳方案，为此需对整个问题要有明确的认识，搞清楚它涉及哪些影响因素以及这些因素相互之间的关系。

（二）建立递阶层次结构

根据已了解的情况和对单项指标的分析，将各个因素按性质分类并建立层次结构。第一层是总目标层，中间是分目标层（准则层）、指标层，最低层一般是解决问题的方案层。如何分层次，不同层次中各因素的相互关系如何，这些需要针对具体问题进行分析，在此基础上，画出分层结构（或称递阶结构）图。

城市轨道交通线网方案决策评价的影响因素，一般包括以下五个方面的内容。

（1）城市发展作用。

是否满足城市规划的要求，与之配合的程度，能否引导城市的用地开发，网络的规模及其覆盖范围是否合理。

（2）交通功能效果。

承担居民出行量的大小，占公共交通的分担率多少，减少道路交通拥挤的程度等。

（3）经济效益。

建设费用，运营费用，土地增值的估价，出行时间的节约，投资回收期、费用效益比等。

（4）工程技术方面。

城市地理环境及地质构造对线网方案的制约条件。

（5）实施时间约束。

城市的社会经济发展要求，建设时间及资金的限制条件。

上述（4）（5）两方面一般在拟定方案时就已经加以考虑，因此在进行方案比较时重点考虑前三个方面。进行具体评价时，要根据各个城市线网规划的具体情况及可能获得的数据资料，合理选择评价指标及划分方式。图10-4是某个城市的轨道交通线网方案评价指标的分层结构，仅供参考。

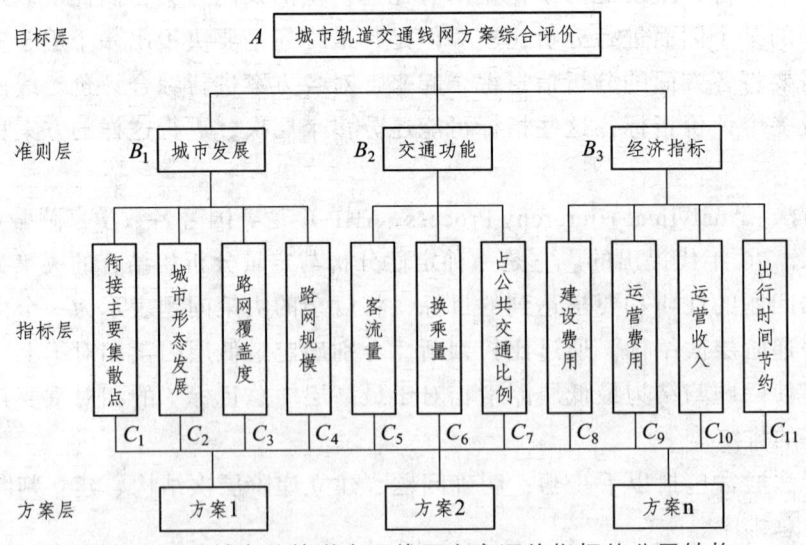

图10-4 某城市的轨道交通线网方案评价指标的分层结构

（三）建立判断矩阵

在确定各层次各因素之间的权重时，利用判断矩阵，逐层对各因素进行两两比较，按评分方法比较它们的优劣。对于某一准则来说，将该层次的因素两两比较，按表10-9所示的标度可以构造出判断矩阵。

表10-9　标度及其描述

标度	意义	说明
1	A_i 与 A_j 同等重要	
3	A_i 比 A_j 稍重要	
5	A_i 比 A_j 明显重要	A_i、A_j 为同一分层的两个对比因素 按某准则（即相对于上层次某因素）进行判断
7	A_i 比 A_j 重要得多	
9	A_i 比 A_j 绝对重要	
2，4，6，8	两相邻判断的中值	需要有两个判断的折中

设某层次共有 n 个因素 $A_1, A_2, A_3, \cdots, A_n$，要估算它们的重要性，就对它们进行一对一比较，例如将 A_i 和 A_j 进行比较，比较后相对重要的数记为 a_{ij}。如果 A_i 与 A_j 两者同等重要，则 $a_{ij}=1$；如果 A_i 比 A_j 稍重要，$a_{ij}=3$；如果 A_i 比 A_j 明显重要，$a_{ij}=5$；如此等等。反之，如果 A_i 比 A_j 稍不重要，则 $a_{ij}=\frac{1}{3}$；如果 A_i 比 A_j 明显不重要，则 $a_{ij}=\frac{1}{5}$；如此等等。如果 A_i 比 A_j 的重要性在同等重要和稍重要中间，则 $a_{ij}=2$；A_i 比 A_j 的重要性在稍重要和明显重要中间，则 $a_{ij}=4$；如此等等。

这样，我们就可以得到一个 $n \times n$ 阶的判断矩阵 $A=(a_{ij})$，也可以用表10-10所示的形式给出。判断矩阵中的 a_{ij} 是根据资料数据、专家的意见和分析人员的经验反复研究后确定。

表10-10　判断矩阵

B	A_1	A_2	...	A_n
A_1	A_{11}	A_{12}	...	A_{1n}
A_2	A_{21}	A_{22}	...	A_{2n}
...	...	...	...	...
A_n	A_{n1}	A_{n2}	...	A_{nn}

对于判断矩阵的各元素来说，显然有：

$$a_{ii}=1 \tag{10-19}$$

$$a_{ji}=\frac{1}{a_{ij}} \tag{10-20}$$

（四）层次单排序

层次单排序是计算本层所有因素相对于上一层准则来说的权重，这就是要计算判断矩阵的最大特征向量。对于矩阵 A，我们先算出最大特征根 $\lambda_{\max}$，然后求出其相应的标准化特

征向量 W，即

$$AW = \lambda_{\max} \times W \qquad (10\text{-}21)$$

这时的 W 的分量 $(w_1, w_2, \cdots, w_n)$ 就是相应的 n 个因素的重要性，即权重或权系数。

判断矩阵的最大特征根和对应特征向量，可以利用线性代数的方法来计算，但是从使用角度看，有些近似方法计算更为方便，最常用的方法是方根法与和积法。

1. 方根法

首先利用判断矩阵每一行元素，计算 $\overline{w_i}$：

$$\overline{w_i} = \sqrt[n]{\prod_{i=1}^{n} a_{ij}}, \quad i = 1, 2, \cdots, n \qquad (10\text{-}22)$$

对向量 $\overline{W} = (\overline{w_i})$ 进行归一化处理：

$$w_i = \frac{\overline{w_i}}{\sum_{i=1}^{n} \overline{w_i}} \qquad (10\text{-}23)$$

$W = (w_i)$ 即为所求特征向量的近似解。

计算判断矩阵最大特征根：

$$\lambda_{\max} = \sum_{i=1}^{n} \frac{(AW)_i}{n w_i} \qquad (10\text{-}24)$$

2. 和积法

按列规范化：

$$\overline{b_{ij}} = \frac{a_{ij}}{\sum_{k=1}^{n} a_{kj}}, \quad i, j = 1, 2, \cdots, n \qquad (10\text{-}25)$$

计算按行相加和数 $\overline{w_i}$：

$$\overline{w_i} = \sum_{j=1}^{n} \overline{b_{ij}} \qquad (10\text{-}26)$$

规范化后的 w_i：

$$w_i = \frac{\overline{w_i}}{\sum_{i=1}^{n} \overline{w_i}} \qquad (10\text{-}27)$$

计算最大特征根：

$$\lambda_{\max} = \sum_{i=1}^{n} \frac{(AW)_i}{n w_i} \qquad (10\text{-}28)$$

需要注意的是，由于判断矩阵会存在误差，为了判断误差的大小以及最后得到的结果是否合理，我们需要进行一致性检验。判断矩阵是否有一致性的指标 $C.I.$（Consistency Index）为：

$$C.I. = \frac{\lambda_{\max} - n}{n-1} \qquad (10\text{-}29)$$

当 $\lambda_{\max} = n$ 时，$C.I. = 0$，而一般 $\lambda_{\max} \geq n$，因此，$C.I. \geq 0$。$C.I.$ 越大，判断矩阵的不一致性程度也就越大。为确定不一致程度的允许范围，通过引入平均随机一致性指标 $R.I.$（Random Index），计算一致性比例 $C.R.$（Consistency Ratio）来进行判断：

$$C.R. = \frac{C.I.}{R.I.} \qquad (10\text{-}30)$$

$C.R. < 0.10$ 时，便认为判断矩阵的一致性是可以接受的，否则就需要调整和修正判断矩阵，直到满足要求。

（五）层次总排序

层次总排序是指计算各因素相对于目标层（最上层）的相对权重，这一权重计算采用从下而上的方法逐层合成。

假设 A 层有 m 个因素 $A_1, A_2, \cdots, A_m$，对总目标的排序为 $a_1, a_2, \cdots, a_m$；B 层 n 个因素 $B_1, B_2, \cdots, B_n$，对上层中因素 A_j 的层次单排序为 $b_{1j}, b_{2j}, \cdots, b_{nj}$（$j = 1, 2, \cdots, m$），则 B 层第 i 个因素对总目标的权值为 $\sum_{j=1}^{m} a_j b_{ij}$。

设 B 层 $B_1, B_2, \cdots, B_n$ 对上层（A 层）中因素 A_j 的层次单排序一致性指标为 $C.I._j$，随机一致性指标为 $R.I._j$，则层次总排序的一致性比率为

$$C.R. = \frac{a_1 C.I._1 + a_2 C.I._2 + \cdots + a_m C.I._m}{a_1 R.I._1 + a_2 R.I._2 + \cdots + a_m R.I._m} \qquad (10\text{-}31)$$

当 $CR < 0.1$ 时，认为层次总排序通过一致性检验。层次总排序具有满意的一致性，否则需要重新调整一致性比率较高的判断矩阵的元素取值。

到此，根据最下层（决策层）的层次总排序做出最后决策。

【例 10-5】某规划区拟有甲、乙、丙三个线网规划方案，经单向指标的评价，现以投资额、适应性、服务面、运输效益为准则，运用层次分析法，进行综合评价和决策。

【解】（1）明确目标，建立层次。由题意可建立如图 10-5 所示的层次结构，目标是择优选定方案。

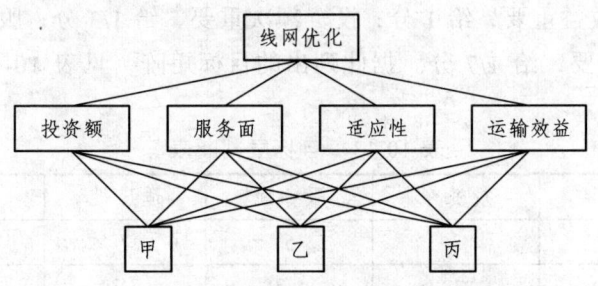

图 10-5　线网规划层次结构示意图

（2）准则层判断。根据已知的四种准则，分别对三个方案的评分进行相对比较。每一准则分优、中、劣三个档次，中档取 1.0。根据单项结果给分，评分结果列于表 10-11 中。

对四项准则分别建立判断矩阵，并进行正规化求和，全部结果列于表 10-12 中。

表 10-11 优劣评分表

方案准则	甲	乙	丙
投资额	最小 1.5	最多 0.5	居中 1.0
适应性	居中 1.0	最好 1.4	最差 0.8
服务面	最差 0.6	居中 1.0	最优 1.5
运输效益	居中 1.0	较差 0.8	较好 1.4

表 10-12 准则层判断表

准则		判断矩阵			求和	规范化
		甲	乙	丙		
投资额	甲	1.0	1.5/0.5	1.5	5.500	0.500
	乙	0.5/1.5	1.0	0.5	1.833	0.166 7
	丙	1/1.5	1/0.5	1.0	3.667	0.333 3
	Σ	2.000	6.000	3.000	11.000	1.000
适应性	甲	1.0	1/1.4	1/0.8	2.964	0.312 5
	乙	1.4	1.0	1.4/0.8	4.150	0.437 5
	丙	0.8	0.8/1.4	1.0	2.371	0.250 0
	Σ	3.200	2.285	4.000	9.485	1.000
服务面	甲	1.0	0.6	0.6/1.5	2.000	0.193 6
	乙	1/0.6	1.0	1/1.5	3.333	0.322 6
	丙	1.5/0.6	1.5	1.0	5.000	0.484 8
	Σ	5.167	3.100	2.066	10.333	1.000
运输效益	甲	1.0	1/0.8	1/1.4	2.964	0.312 5
	乙	0.8	1.0	0.8/1.4	3.371	0.250 0
	丙	1.4	1.4/0.8	1.0	4.150	0.437 5
	Σ	3.200	4.000	2.285	9.485	1.000

（3）目标层判断。首先对四项准则建立判断矩阵，按其重要程度排列顺序。本例结合具体条件假定：运输效益重要，给 1 分；投资额次重要，给 1/3 分；服务面为一般重要，给 1/5 分；适应性列为次要，给 1/7 分。据此列出的目标矩阵，见表 10-13，并求和得 $\overline{w_i}$，规范化后得 w_i。

表 10-13 目标层判断表

准则	运输效益	投资额	服务面	适应性	求和	规范化
运输效益	1	3	5	7	16.000	0.596 6
投资额	1/3	1	5/3	7/3	5.333	0.198 9
服务面	1/5	3/5	1	7/5	3.200	0.119 3
适应性	1/7	3/7	5/7	1	2.286	0.085 2
Σ					26.819	1.000

（4）优劣顺序总排序。经自下而上逐层两两比较判断，分别得到规范化求和结果（w_i 和 w_0）（可列表计算各个方案对所有准则的评分结果），取逐层正规化求和值之积，即 $w_i \cdot w_0$ 值。据此排列各个方案的综合优劣顺序。本例计算结果见表10-14。从计算过程可知，尽管丙方案并非所有单项指标均最佳，其综合指标却为最优；乙方案虽然适应性最好且服务面居中，但由于投资额最多、效益性较差，故而被列为三个方案中的最差方案。

表 10-14　目标层判断表

方案	$\sum (w_i \cdot w_0)$	优劣顺序
甲	0.336 3	2
乙	0.258 2	3
丙	0.406 3	1

三、主成分分析法

因子分析法是多元统计分析的一个重要分支。主成分分析法是因子分析法的一种，其主要思想是将多个指标通过数学转换变成少数相互独立的指标。它与逐步回归法不同，是将原有系统（方案）中彼此相关的诸多因素转换成彼此无关的较少因素，各单项指标仅能从一个侧面表明系统（方案）的性能，但也含有一定的因素信息，需要将其提取出来变成综合评价指标信息。这样，我们就能利用少数指标来判别样本之间的差异。

设有 m 个定量评价指标，且有 n 个线网系统（方案），则根据系统（方案）的原始数据可得矩阵 $X = (x_{ij})_{n \times m}$，其中 x_{ij} 表示第 i 个系统（方案）的第 j 项指标的数据。

运用主成分分析法进行综合评价的基本步骤如下。

（1）计算各项评价指标的样本平均值。

$$\bar{X}_j = \frac{1}{n} \sum_{i=1}^{n} X_{ij} \tag{10-32}$$

（2）计算各项评价指标的样本均方差。

$$S_j = \sqrt{\frac{\sum_{i=1}^{n}(X_{ij} - \bar{X}_j)^2}{n}} \tag{10-33}$$

（3）将各项指标标准化。

$$Z_{ij} = \frac{X_{ij} - \bar{X}_j}{S_j} \tag{10-34}$$

其中 Z_{ij} 为第 i 个系统（方案）的第 j 个评价指标的标准化值。指标标准化后，可以排除由于定量指标量纲的不同所产生的问题以及因各数据的数值大小悬殊给计算精度造成的影响。

（4）计算 m 个指标之间的相关矩阵 $H = [h_{ij}]$：（下式中 i 和 j 是两个不同的指标）

$$h_{ij} = \frac{\sum_{k=1}^{n}(Z_{ki}-\overline{Z}_i)(Z_{kj}-\overline{Z}_j)}{\sqrt{\sum_{k=1}^{n}(Z_{ki}-\overline{Z}_i)^2(Z_{kj}-\overline{Z}_j)^2}} \qquad (10\text{-}35)$$

（5）求解特征方程 $|\lambda I - H| = 0$，得到特征值，并使其按照大小顺序排列 $\lambda_1 \geq \lambda_2 \geq \cdots \geq \lambda_m \geq 0$，其对应的特征向量为 $e_1, e_2, \ldots, e_m$。

按式 $\dfrac{\sum_{j=1}^{p}\lambda_j}{\sum_{j=1}^{m}\lambda_j} \geq 0.85$ 来确定 p 的值，p 为主成分的个数，使信息利用率达到 85% 以上。并求出 H 的最大特征值和对应的特征向量 $a_{p1}, a_{p2}, a_{p3}, \ldots, a_{pm}$。

（6）计算综合评价指标：

$$V = \sum_{j=1}^{m} a_{pj} \cdot x_j \qquad (10\text{-}36)$$

（7）排序并输出结果，结束。

四、模糊综合评价法

在客观世界中存在着大量的模糊概念和模糊现象。模糊数学就是试图用数学工具解决模糊事物方面问题的学问。模糊综合评价法（FUZZY 综合评价）是借助模糊数学的一些概念，对实际的综合评价问题提供一些评价的方法。具体来说，模糊综合评价法就是以模糊数学为基础，应用模糊关系合成的原理，将一些边界不清、不易定量的因素定量化，从多个因素出发对被评价事物隶属等级状况进行综合性评价的一种方法。

首先确定被评价对象的因素（指标）集合评（等级）集；再分别确定各个因素的权重及它们的隶属度向量，获得模糊评判矩阵与因素的权向量进行模糊运算并进行归一化，得到模糊综合评价结果。其特点在于评判对象进行，对评价对象有唯一的评价值，不受被评价对象集合的影响。综合评价的目的是要从对象集中选出优胜对象，所以还需要将所有对象的综合评价结果进行排序。

（一）FUZZY 自评判模型

1. 隶属函数的确定

FUZZY 自评判的基本模型与 FUZZY 综合评判相同，其中计算 B 的问题在于等式的右边算子 $\underset{\sim}{A} \cdot \underset{\sim}{R}$，它与常规的举证运算有所不同，关于 FUZZY 算子的计算模型，比较实用可靠的有三种，见表 10-15。

单因素矩阵又称隶属度矩阵。隶属度是指某一指标属于某一评价等级的程度。由于不少单项指标已具有统计资料，可以用来进行相对比较，据此确定所需的隶属度函数。

表 10-15 算子计算模型

模型 算子	MODEL-FE1	MODEL-FE2	MODEL-FE3
$\vee^*$	$a \vee b = \max(a,b)$	$a \oplus b = \min(a+b,1)$	$a \oplus b = \min(a+b,1)$
$\wedge^*$	$\wedge^*$	$a \wedge b = \min(a,b)$	$a \cdot b = a \times b$

注：$\vee^*$、$\wedge^*$ 表示广义加法和广义乘法运算，表示 $\vee$ 和 $\wedge$ 取大和取小运算。

设有 p 个方案（$i=1,2,\cdots,p$），m 个指标（$j=1,2,\cdots,m$），对于 p 个方案所测得的 m 个指标的原始数据为

$$\begin{bmatrix} X_{11} & \cdots & X_{mm} \\ \vdots & \vdots & \vdots \\ X_{p1} & \cdots & X_{pm} \end{bmatrix}$$

另 $X'_{ij} = \dfrac{X_{ij} - X_{j\min}}{X_{j\max} - X_{j\min}}$，其中 $X_{j\max}$ 和 $X_{j\min}$ 表示 p 个方案中，第 j 个指标实测数据的最大值和最小值，即

$$\begin{cases} X_{j\max} = \max(X_{ij}, \cdots, X_{pj}) \\ X_{j\min} = \min(X_{ij}, \cdots, X_{pj}) \end{cases} \quad (10\text{-}37)$$

经过上述处理所得的数据：需满足 $0 \leqslant X'_{ij} \leqslant 1$，且不改变原始数据的差异性。经标准化处理后，就可以根据 X'_{ij} 的大小，用第 i 个方案中的第 j 个指标，确定第 i 个方案在总的 p 个方案中的优劣地位。

如果对于每个指标 j，确定 n 个评判优劣等级，$I=1,2,\cdots,n$，如很差、较差、一般、较好、很好等。相应的，经标准化处理后的数据所在的区间 $[0,1]$ 也分成几个等分，如 $[0, 0.2][0.2, 0.4][0.4, 0.6][0.6, 0.8][0.8, 1.0]$。

在划分后的子区间上，隶属函数可定义为

$$r_{j1} = 1, \ r_{j2} = \cdots r_{j5} = 0, \text{对 } X'_{ij} \in [0, \ 0.2]$$

$$r_{j1} = \frac{0.4 - X'_{ij}}{0.2}, r_{j2} = 1 - r_{j1}, r_{j3} = \cdots r_{j5} = 0, \text{对 } X'_{ij} \in [0, \ 0.4]$$

$$r_{j1} = r_{j4} = r_{j5} = 0, r_{j2} = \frac{0.6 - X'_{ij}}{0.2}, r_{j3} = 1 - r_{j2}, \text{对 } X'_{ij} \in [0.4, \ 0.6]$$

$$r_{j1} = r_{j2} = r_{j5} = 0, r_{j3} = \frac{0.8 - X'_{ij}}{0.2}, r_{j4} = 1 - r_{j3}, \text{对 } X'_{ij} \in [0.6, \ 0.8]$$

$$r_{j1} = r_{j2} = r_{j3} = 0, r_{j4} = \frac{1.0 - X'_{ij}}{0.2}, r_{j5} = 1 - r_{j4}, \text{对 } X'_{ij} \in [0.8, \ 1.0]$$

$$(i=1,\cdots, P; \ j=1,\cdots, m; \ I=1,\cdots,n)$$

约束条件：$0 \leqslant r_{ij} \leqslant 1, \sum_{l=1}^{n} r_{j1} = 1$。

以上述函数形式表示的隶属度所确定的FUZZY综合评判模型称为FUZZY自评判模型。

2. FUZZY自评判模型的特点

本模型不需要通过特尔斐等客观调查方法来确定隶属关系矩阵，减少了人的主观因素的影响，提高了评价工作的效率，增加了评价的可信度，而且所用的隶属函数是线性的。

（二）模糊多层次综合评判法

FUZZY自评判法是一种单一层次的，将反映系统规划水平的各指标放在同一层面上考虑的评价方法。在复杂系统中，考虑不同方面、不同层次的许多指标，又存在一定的层次性，若仍采用单层次评判模型，会遇到两个问题：一是因素较多，权重难以合理分配；二是权向量的每一分量得到的权重较小，会出现"泯没"单因素评判矩阵的情况。为此，可采用分层逐级评判的方法进行，即模糊多层次综合评判法。

设因子集 $U = \{u_1, u_2, \cdots, u_n\}$，评语集 $V = \{v_1, v_2, \cdots, v_n\}$（一般取 5），先根据因子集中因子间的关系将 U 分成 P 份，设 $U_i, i = 1, 2, 3, \cdots, P$，且

$$\sum_{i=1}^{p} U_i = U$$

对于每个 U_i（$i = 1, 2, 3, \cdots, P$）按单层次综合评判方法作综合评判，得

$$\underset{\sim}{B}_i = \underset{\sim}{A}_i \cdot \underset{\sim}{R}_i \quad (i = 1, 2, 3, \cdots, P)$$

式中　$\underset{\sim}{A}_i$——U_i 上的权向量；

$\underset{\sim}{R}_i$——对 U_i 的单因素评判隶属度矩阵。

将 P 个方面的单层次评判结果 $\underset{\sim}{B}_i$ 综合起来，得

$$\underset{\sim}{B}_i = \begin{pmatrix} \underset{\sim}{B}_1 \\ \vdots \\ \underset{\sim}{B}_P \end{pmatrix}$$

并设 $U_1, U_2, U_3, \cdots, U_p$ 的权重分配为 $\underset{\sim}{A}_i = (a_1, a_2, a_3, \cdots, a_p)$，则得到关于 U 的综合评判结果为 $B = A \cdot R$。

上述模糊综合评判方法被称为二层次模糊综合评判法，如果有必要，可以按类似的原理做三层、四层等多层次模糊综合评判。

第六节　候选方案的综合评述

经过上述过程，可以从预选方案中推选出 2~3 个候选方案（不宜过多），对其进行综

合比较和评价,这部分评价以定性分析为主。本节以广州城市轨道交通线网方案评价为例,主要进行以下的综合评述。

一、线网结构

1. 基本特征

该项主要比较线网特征与城市结构特点的相适应程度。

2. 线网的覆盖性和密度

线网在城市特定区域面积覆盖率应大于某一值。

3. 对外延伸和接口条件

城市主要出入口应有城市轨道交通线路衔接。

二、运营效果

1. 承担的客运量

从城市轨道交通本身而言,其线路是否可行,实施后能否取得较高的运营效率和较好的经济效益,主要取决于线路未来客流量和线路负荷强度。

2. 客流的直达性和均衡性

城市轨道交通线网的客流直达性可由线网客流的平均换乘系数反映,换乘系数越低,说明客流的直达性越高。线网客流的不均衡系数反映出线网各条线客流的均衡情况,不均衡系数越小,说明线路承担的客流越均衡,运营也就容易组织,运营效率也就更容易发挥,从另一个角度说,线网线路的选线就越合理。反之,运营组织就不太有利。

3. 平均乘车里程和平均乘车时间

城市轨道交通线网的修建必然使城市交通的可达性提高,出行距离加长,从城市轨道交通本身而言,平均乘车里程和平均乘车时间的增长意味着城市轨道交通服务水平的提高和城市交通的改善。

三、工程实施

(1)近期线网的实施性。形成与城市近期发展规模相适应的基本线网的条件是衡量整个线网方案的重要指标。近期线网的优劣可以从以下几个角度分析。

① 与远期线网的实施是否存在矛盾。
② 各条线路是否具备独立运营的条件,并建成一段、运营一段的条件。
③ 各线之间是否具备良好的换乘关系。
④ 是否与城市建设发展的近期要求相适应。

(2)工程难易程度。

四、社会效益

主要体现在提高旅客出行质量、对城市道路交通压力的缓解、对交通安全、交通环境保护的贡献等方面。

五、战略发展

重点涉及与土地利用吻合程度、沿线土地开发价值以及发展适应性等方面。在城市的外围区，由于存在一些不可预见因素和随着城市建设过程的加快，土地利用的性质和规模都可能起变化，城市轨道交通线网在这些地区要保持一定的灵活性和适应性。

复习思考题

1. 简述线网规划综合评价在交通规划中的地位和作用。
2. 简述线网规划综合评价工作流程。
3. 结合我国新时期社会经济发展新趋势，分析线网规划评价目标体系的适应性。
4. 某线网规划确定了三个方案，经专家评估，各规划方案评比矩阵如表 10-16 所列，并以 4 项指标为依据得三个方案的价值系数如表 10-17 所示。试评价比较三个方案的综合优劣。

表 10-16　规划方案评价比较矩阵

D	D_1	D_2	D_3	D_4
D_1	1	3	3	5
D_2	1/3	1	1	2
D_3	1/3	1	1	2
D_4	1/5	1/2	1/2	1

表 10-17　规划方案的价值系数

方案	指标			
	D_1	D_2	D_3	D_4
一	0.5	0.4	0.2	0.3
二	0.3	0.3	0.4	0.2
三	0.2	0.3	0.4	0.5

第十一章 交通规划软件

第一节 交通规划软件简介

交通规划软件具有网络生成、矩阵运算、函数调用、模型标定、图形显示、文件输出等功能，协助规划人员完成从交通生成、交通分布、交通方式划分到交通分配的交通需求预测过程。

一、交通规划软件的应用背景

20 世纪 60 年代，随着计算机技术和交通规划定量化技术的发展，出现了专门用于交通需求预测以及规划方案评估的计算机软件。交通规划软件的应用涉及交通规划工作的各个阶段。交通规划软件的应用主要涉及以下几方面的内容。

（一）有效管理交通规划数据

交通规划工作中所涉及的基础调查资料、模型运算结果等各种数据，不仅体量庞大，而且类型繁多。专业的交通规划软件能够有效地编辑、管理和分析一些交通规划工作中特有的数据类型，如交通网络拓扑结构数据、交通需求矩阵数据等。

（二）快速运行需求预测模型

交通需求预测是交通规划工作的重点，需求预测模型的运算速度和精度对于规划工作至关重要。交通规划软件能完成对复杂交通网络的交通需求分析工作，这也是交通规划软件的核心功能。

（三）直观表达规划分析成果

交通规划工作中所产生的各种分析、计算、评价结果，可以借助交通规划软件进行直观的可视化表达。

总而言之，交通规划工作中对数据管理、需求建模和结果表达三方面的需求推动着交通规划软件的发展，而这三者也是交通规划软件需要具备的三种基本功能。

二、典型的交通规划软件

据统计，目前已有上百种专业软件应用于交通规划的各个领域。国内外使用较多的典型的交通规划软件有 TransCAD、CUBE、EMME/2、EMME/3、VISUM/VISEM 等。下面简要介绍这几种软件的功能和特点。

（一）TransCAD

TransCAD 是由美国 Caliper 公司开发的一个基于地理信息系统的交通规划软件。TransCAD 集 GIS 与交通模型功能于一体，提供任何其他的 GIS 或交通模型软件所不能及的综合功能。非交通专业的人士可以将 TransCAD 当作一个通用的 GIS 软件来使用。而在交通规划方面，TransCAD 不仅提供了传统的四阶段交通需求预测模型和非集计模型等，还提供了物流规划、数理统计、GISDK 扩展编程等特色功能，并在后续新版本还陆续加入了动态交通分配、模型管理器、直接导入通用公交数据格式文件（General Transit Feed Specification，GTFS）、新的离散选择模型和基于活动的模型（New Discrete Choice and ABM Modules）等先进的功能。

（二）Cube

Cube 是美国 Citilabs 公司推出的交通规划软件包。Cube 的核心是 Cube Base，它将 Cube 系统中的其他软件整合成一套易用的建模与分析工具，并能与地理信息系统软件 ArcGIS 直接衔接。Cube 包含的软件包括 Cube Voyager（客流预测）、Cube Cargo（货流预测）、Cube Dymasim（交通仿真）、Cube Avenue（中观模拟）、Cube Analyst（O-D 矩阵估算）、Cube Land（土地使用模拟）以及 Cube Polar（空气质量预测）。上述 Cube 系列软件模块和扩展应用都工作在统一、集成的 Cube 软件环境中，并使用同一个数据源。此外，Cube 现在有界面已基本汉化的国际化交通规划软件包，简明的中文运行界面和中文帮助系统给国内用户带来了极大的便利。

（三）EMME/2、EMME/3

EMME/2 软件为用户提供了一套内容丰富、可进行多种选择的需求分析及网络分析与评价模型。EMME/2 的特点是建模灵活，但由于它采用了类似 DOS 系统的命令行操作模式，软件操作较为繁琐。

EMME/3 是 EMME/2 的升级版本，它采用了全新的 Windows 操作界面，整合了 ArcGIS 的部分功能，能够提供较强的路网编辑、图形分析和报告能力。

（四）VISUM/VISEM

VISEM 软件用来建立交通需求模型，包含了出行生成、出行分布和方式划分三个需求分析阶段。VISEM 的特点是采用基于出行链的需求预测模型，把出行者分成一系列出行行为特征相似的群体，对每一个群体模型产生一系列相应特征的出行链。

VISUM 是一款用于交通网络分配及网络数据管理的综合性软件。在多模式分析的基础上设计的 VISUM 把各种交通方式（如小汽车、货车、公共汽车、轨道交通、行人、自行车等）都融入一个统一的网络模型中。VISUM 还提供了与 PTV 的微观仿真软件 VISSIM 的交互界面，可以方便地将 VISUM 路网模型导入 VISSIM 中。

除了上述四种软件外，较为常用的交通规划软件还有美国的 QRSI、荷兰的 OmniTrans 以及国内东南大学开发的 TranStar 等。

三、交通规划软件的发展趋势

交通规划软件发展至今，操作越来越简便，功能越来越丰富。纵观交通规划软件近年来的发展，明显体现出以下几种趋势。

（一）需求分析模型的多元化

早期的规划软件多脱胎于美国交通部 20 世纪 70 年代开发的城市交通规划系统。UTPS 所建立的交通需求预测的四阶段模型，奠定了交通规划软件的框架基础，其影响一直持续至今。20 世纪 70 年代后开始普及的非集计需求预测模型，80 年代后出现的基于活动的需求预测模型，90 年代开始成熟的多阶段组合模型以及后来的动态交通分配模型等，都先后被各类交通规划软件所吸收和运用。交通规划理论的发展推动着交通规划软件的发展，需求分析模型的多元化带给了软件用户更多的选择，并且不断地改善着需求预测的精度。

（二）GIS 技术的广泛应用

近年来，在交通规划的调查数据管理、分析和交通需求建模等工作中，GIS 技术被越来越广泛地应用，其主要原因体现在以下几方面：（1）交通规划中的土地利用、交通需求、交通网络等数据具有明显的空间地理特征，适合采用 GIS 管理和表达；（2）GIS 具有强大的空间分析功能，可提高交通系统分析、评价工作的效率；（3）借助 GIS 直观、丰富的可视化表达功能，既方便规划人员之间的技术交流，也使得交通规划结果易于被决策者理解和接受。

（三）模型管理的集成化

CUBE、TransCAD 等软件用流程图的形式来直观地组织建模过程，用户可以像搭建编程框图那样组织建模思路和输入、输出数据，可显著提高工作效率，减少出错的可能。此外，EMME/2、TransCAD 等也提供了成批处理模式，可一次运行多个连续的模型，提高了规划工作的自动化程度，特别是方便了多方案的同指标对比。

（四）支持用户的二次开发

现有的多数交通规划软件都提供了供用户二次开发使用的接口或平台，具体的提供形式有所不同。例如，TransCAD 提供了 GISDK，EMME 提供了宏语言及脚本，VISUM 提供了 COM（组件对象模型）接口等。通过这些二次开发方式，用户可以扩展规划软件的工作环境、调用规划软件提供的模型与算法或自动重复执行某些操作，以满足特殊的应用需要。

（五）与微观模型有机结合

传统交通规划模型一般被认为是宏观模型，宏观模型在分析交通网络流量时，难以预测交通拥挤等动态和随机现象，也不能有效分析如路径诱导、交通控制等管理措施的影响，而这些恰恰是微观交通仿真模型的强项。多数交通规划软件开发商已经意识到微观和宏观模型相结合的软件包才是交通工程师和规划师最理想的建模工具。在此方面，PTV 较早实现了宏观模型和微观模型工具的集成，其三款软件 VISUM、VISEM、VISSM 之间可以实现数据共享和快速建模。其他的软件厂商也已开始陆续研发相应的微观仿真模型，如 Caliper 的 TransModeler。

第二节第三节的具体内容请扫码观看

第四节　TransCAD 在交通规划中的应用

交通需求预测是交通规划的基础与核心，在本节中将会重点介绍利用 TransCAD 完成"四阶段法"的交通发生与吸引、交通分布、方式划分以及交通分配。

一、出行生成预测

出行生成预测是交通需求预测四阶段法的第一阶段，其目的是求出对象地区未来年各小区的出行产生量与吸引量。本小节将介绍在 TransCAD 中运用回归分析法进行出行生成预测的操作步骤。

在 TransCAD 中运行回归模型，需要准备如下数据。
（1）基于小区的现状年出行产生、吸引量数据；
（2）基于小区的现状年社会经济活动变量；
（3）基于小区的未来年社会经济活动变量。

出行生成预测的操作步骤如下。
（1）打开包含所需数据的数据窗，执行"Statistics→Model Estimation"，弹出"Model Estimation"对话框。选择"Regression"，在"Dependent"和"Independent"标签页中分别选择因变量和自变量，并单击"Add"将变量添加到"Estimation Fields"列表框中，如图 11-35 所示，单击"OK"保存模型文件。

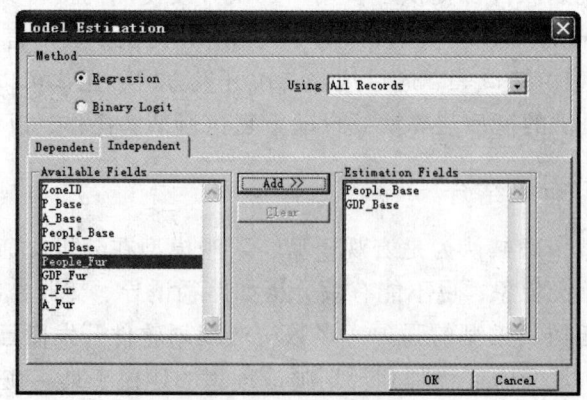

图 11-35　添加自变量

（2）执行"Planning→TripProduction→Applya Model"命令，打开估计的模型文件，弹出"Forecast"对话框，如图11-36所示。

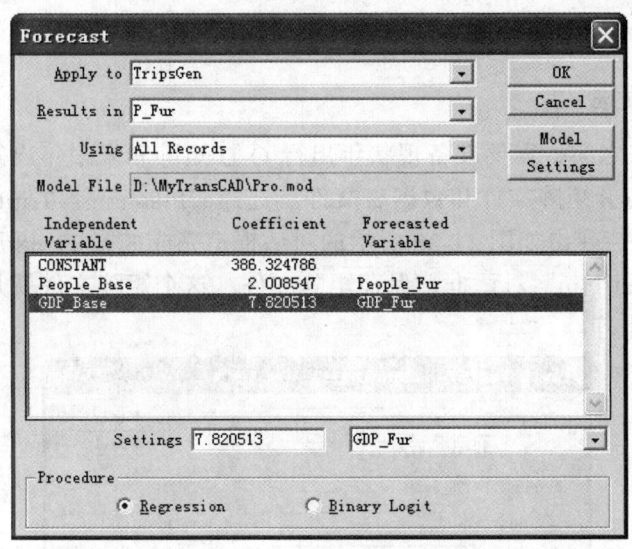

图11-36 应用回归模型

（3）在"Resultsin"下拉列表框中选择保存预测结果的字段，"Using"下拉列表框中选择包含的选择集，选择"Regression"单选按钮；单击"OK"，TransCAD将预测结果填入所选字段。其他操作步骤同前，将"Resultsin"改为"A_Fur"即可完成未来年出行吸引量的预测。

出行生成预测完成后，要平衡所有小区的产生量与吸引量，使两者的和相等，才能进行下一步的出行分布预测。

在保证数据文件打开的情况下，选择"Planning→Balance"，此时弹出"Vector Balancing"，如图11-37所示。在"Dataview"中选择所需平衡的图层，"Vector1 Field"与"Vector2 Field"下选择平衡的发生量与吸引量字段，"Method"下选择平衡方法，点击"OK"，保存文件。

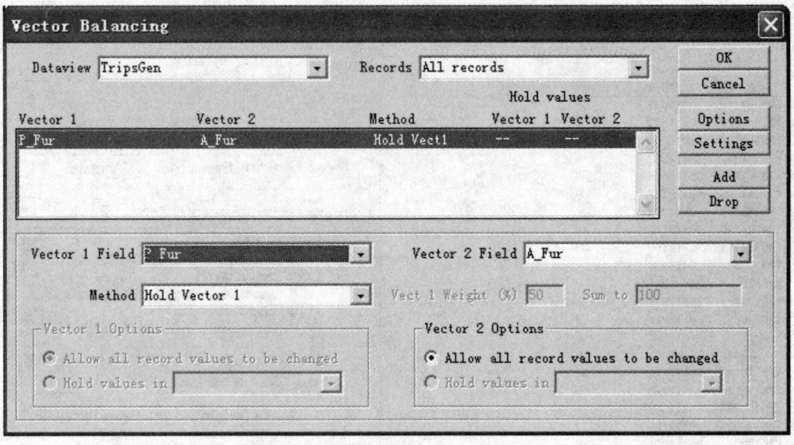

图11-37 发生与吸引平衡

二、出行分布预测

出行分布预测是交通需求预测四阶段法的第二阶段，其目的是求出对象地区未来年各小区之间的出行交换量。

（一）增长系数法

运行增长系数法之前，需要准备现状年出行 O-D 矩阵和未来年出行发生、吸引量表。在 TransCAD 中，打开矩阵文件和数据表文件。选择"Planning→TripDistribution→Growth Factor Method"后，会弹出如图 11-38 所示的对话框。完成如图 11-38 所示的操作后，会弹出"Store Output Matrixin"对话框，保存矩阵文件。这个矩阵文件就是用增长系数法预测得到的未来年 O-D 矩阵。

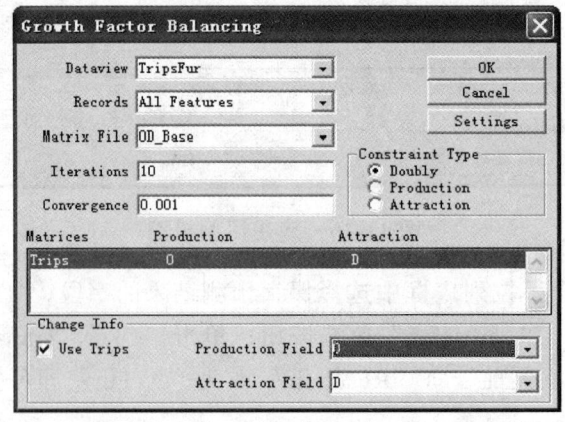

图 11-38 增长系数法运行对话框

（二）重力模型法

（1）将"Node"激活为当前图层，打开"Node"层数据窗，执行"Tools→Selection"，在数据窗中单击"ID"字段前的空白处，将"Index"字段不为空的记录选中作为一个选择集，如图 11-39 所示。执行"Networks/Paths→Multiple Paths"，弹出"Multiple Shortest Paths"对话框，如图 11-40 所示。

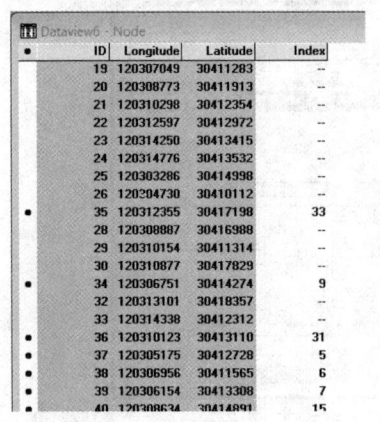

图 11-39 "Node"数据窗

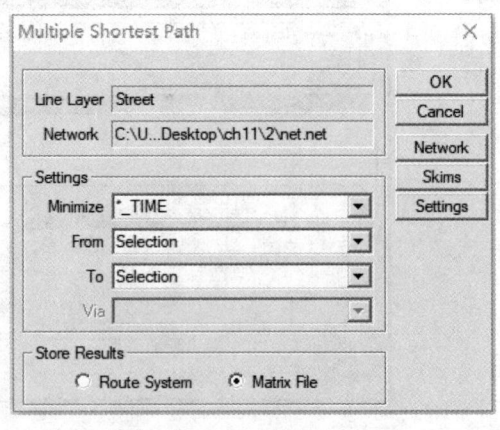

图 11-40 最短路径对话框

（2）完成如图 11-40 所示的操作后，单击“OK”，保存文件，自动打开运行结果，得到小区间阻抗矩阵，如图 11-41 所示。

	226	227	228	229	231	232	233	234
226	0.00	0.32	0.74	0.20	0.56	1.06	0.84	0.58
227	0.32	0.00	0.56	0.30	0.34	0.62	0.53	0.56
228	0.74	0.56	0.00	0.53	1.07	0.74	0.33	0.50
229	0.20	0.30	0.53	0.00	0.79	1.18	0.83	0.25
231	0.56	0.34	1.07	0.79	0.00	0.60	0.85	1.05
232	1.06	0.62	0.74	1.18	0.60	0.00	0.30	1.25
233	0.84	0.53	0.33	0.83	0.85	0.30	0.00	0.90
234	0.58	0.56	0.50	0.25	1.05	1.25	0.90	0.00
235	0.57	0.79	0.86	0.47	1.11	1.61	1.26	0.25
236	1.10	0.93	0.47	0.84	1.43	1.20	0.92	0.47
237	0.93	1.01	0.97	0.68	1.47	1.72	1.37	0.34
238	1.51	1.73	2.04	1.50	1.89	2.18	2.25	1.68
239	0.78	1.00	1.42	0.88	0.94	1.23	1.53	1.16

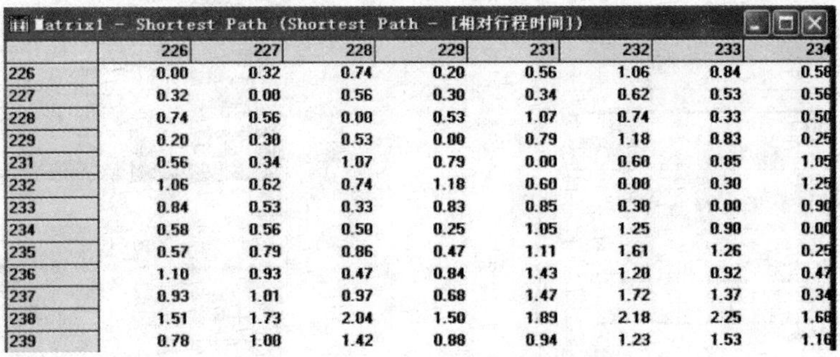

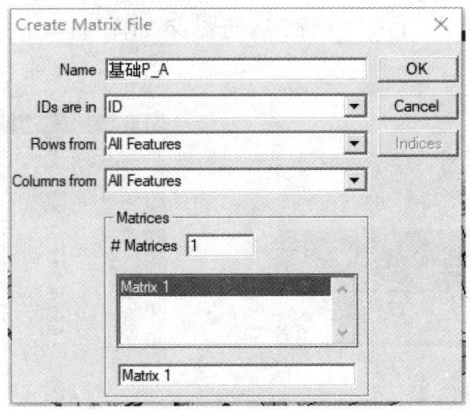

图 11-41　阻抗矩阵计算结果

（3）将小区层激活为当前层，执行“File→New”，在弹出的对话框中选择“Matrix”，新建“基础 P_A”矩阵文件，如图 11-42 所示。

图 11-42　创建矩阵文件

（4）在新弹出的空白矩阵中，有固定值填充单元格，并删除对角线上的值，如图 11-43 所示。在矩阵上右击鼠标，选择“Indices”，打开“MatrixIndices”对话框，单击“Add Index”，添加新的矩阵索引，如图 11-44 所示，并在“Rows”和“Columns”下选择新的索引名，单击“Close”，基础 P_A 矩阵索引转换完毕。

	1	2	3	4	5	6	7	8	9	10	11
1	--	10.00	10.00	10.00	10.00	10.00	10.00	10.00	10.00	10.00	10.00
2	10.00	--	10.00	10.00	10.00	10.00	10.00	10.00	10.00	10.00	10.00
3	10.00	10.00	--	10.00	10.00	10.00	10.00	10.00	10.00	10.00	10.00
4	10.00	10.00	10.00	--	10.00	10.00	10.00	10.00	10.00	10.00	10.00
5	10.00	10.00	10.00	10.00	--	10.00	10.00	10.00	10.00	10.00	10.00
6	10.00	10.00	10.00	10.00	10.00	--	10.00	10.00	10.00	10.00	10.00
7	10.00	10.00	10.00	10.00	10.00	10.00	--	10.00	10.00	10.00	10.00
8	10.00	10.00	10.00	10.00	10.00	10.00	10.00	--	10.00	10.00	10.00
9	10.00	10.00	10.00	10.00	10.00	10.00	10.00	10.00	--	10.00	10.00
10	10.00	10.00	10.00	10.00	10.00	10.00	10.00	10.00	10.00	--	10.00
11	10.00	10.00	10.00	10.00	10.00	10.00	10.00	10.00	10.00	10.00	--

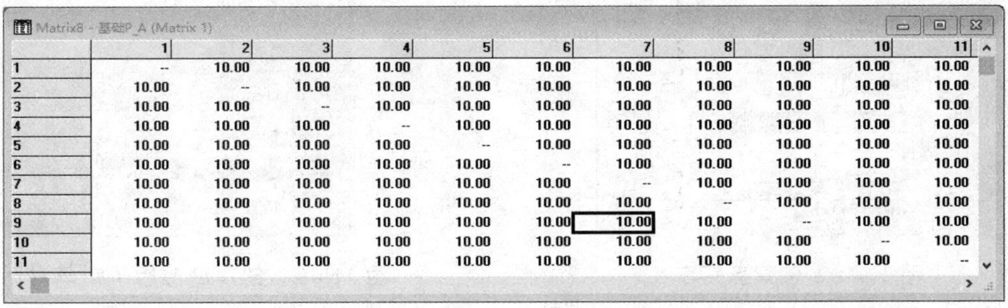

图 11-43　基础 P_A 矩阵

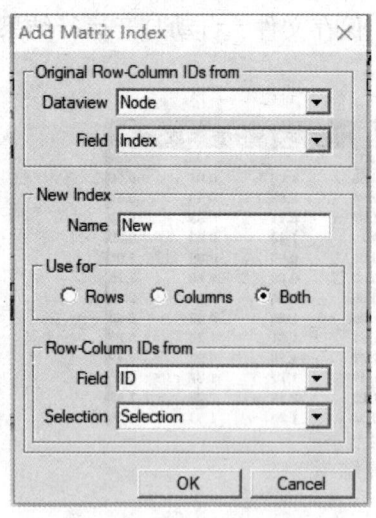

图 11-44 添加索引

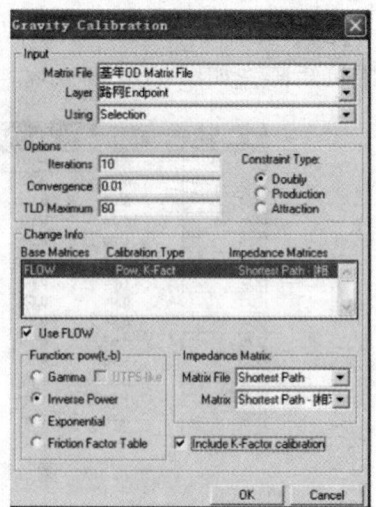

图 11-45 重力模型标定对话框

（5）执行"Planning→TripDistribution→Gravity Calibration"，弹出"Gravity Calibration"对话框，如图 11-45 所示，单击"OK"保存，运行结果如图 11-46 所示，并弹出新的"K-Factor"矩阵，如图 11-47 所示。

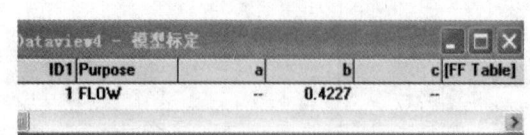

图 11-46 参数标定结果

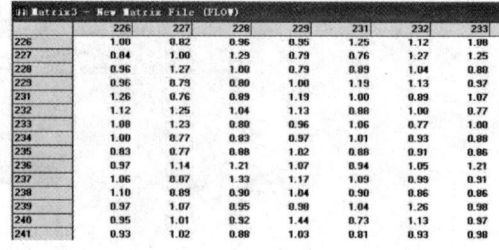

图 11-47 "K-Factor"矩阵

（6）将"Node"激活为当前层，新建"Friction Factor Shell"矩阵，矩阵行 ID 和列 ID 选择"Selection"，如图 11-48 所示，保存矩阵。

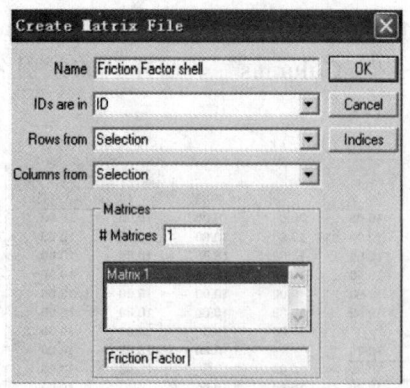

图 11-48 创建新矩阵

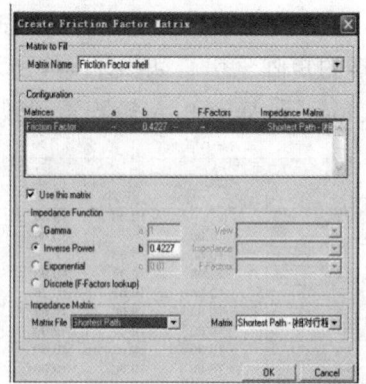

图 11-49 创建摩擦因子矩阵对话框

（7）执行"Planning→Trip Distribution→SyntheticFriction Factor"，打开"CreateFriction

Factor Matrix"对话框,如图 11-49 所示,完成图中所示的操作并输入第五步中得到的 b 值,单击"OK","Friction Factor Shell"矩阵计算结果如图 11-50 所示。

	226	227	228	229	231	232	233	234
226	--	1.63	1.14	1.98	1.28	0.98	1.08	1.26
227	1.63	--	1.27	1.66	1.57	1.23	1.31	1.28
228	1.14	1.27	--	1.31	0.97	1.14	1.60	1.34
229	1.98	1.66	1.31	--	1.10	0.93	1.08	1.79
231	1.28	1.57	0.97	1.10	--	1.24	1.07	0.98
232	0.98	1.23	1.14	0.93	1.24	--	1.67	0.91
233	1.08	1.31	1.60	1.08	1.07	1.67	--	1.05
234	1.26	1.28	1.34	1.79	0.98	0.91	1.05	--
235	1.27	1.11	1.07	1.38	0.96	0.82	0.91	1.79
236	0.96	1.03	1.37	1.07	0.86	0.93	1.03	1.37
237	1.03	1.00	1.01	1.18	0.85	0.79	0.87	1.58
238	0.84	0.79	0.74	0.84	0.76	0.72	0.71	0.80
239	1.11	1.00	0.86	1.05	1.03	0.92	0.84	0.94
240	0.93	1.06	0.87	0.86	1.13	1.16	0.96	0.84
241	0.87	1.10	1.05	0.88	0.99	1.28	1.39	0.86
242	0.85	0.90	1.24	0.93	0.81	0.97	1.04	0.98
243	0.76	0.79	0.97	0.80	0.71	0.80	0.86	0.89
244	0.86	0.81	0.80	0.88	0.75	0.68	0.73	0.95

图 11-50 "Friction Factor Shell"矩阵

(8)将小区层激活为当前层,执行"Planning→Trip Distribution→Gravity Application",弹出"Gravity Application"对话框,如图 11-51 所示。完成图 11-51 中所示的操作后,单击"Friction Factor"选项卡,如图 11-52 所示,完成图中所示操作后,单击"OK",保存,便可得到重力模型计算的结果。

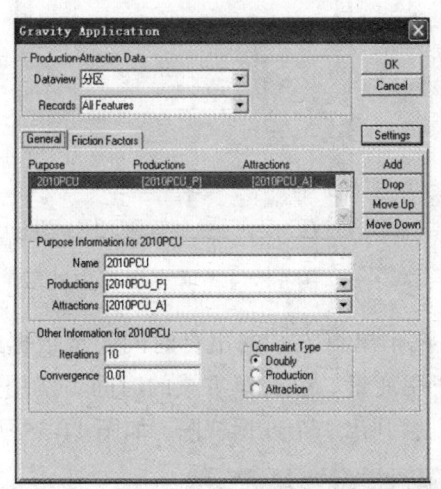

图 11-51 重力模型应用

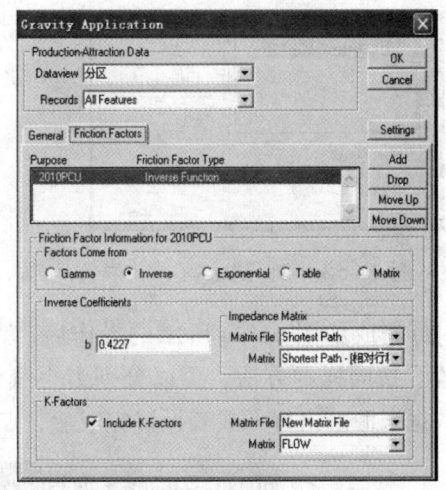

图 11-52 "Friction Factor"选项卡

三、方式划分预测

方式划分预测是交通需求预测四阶段法的第三阶段,其目的是将各小区间的出行分布量划分为各种交通方式的分布量。Logit 模型是目前常用的一种交通方式划分预测方法。

假设有两种交通方式——小汽车和公交车,可供选择,那么需要准备以下数据:① 两种交通方式的出行费用矩阵,包含两个子矩阵;② 两种交通方式的出行时间矩阵,也包含两个子矩阵;③ 交通方式离散选择表,如表 11-4 所示;④ 全方式的出行矩阵。准备好以上数据,就可以开始应用 Logit 模型了。

表 11-4　交通方式离散选择表

ID	ORIGIN	DEST	CHOICE
1	12	5	Car
2	2	3	Bus
3	3	4	Car
⋮	⋮	⋮	⋮

（1）激活"TAZ"层，打开出行费用和出行时间矩阵文件，执行"Planning→Mode Split→Specifya Multinomial Logit Model"，弹出"Create MNL Model Table"对话框，如图 11-53 所示。按图 11-53 所示添加变量后，点击"OK"，保存文件。文件命名为"ModelTab.bin"后，弹出"Fill MNL Model Table"对话框，如图 11-54 所示。

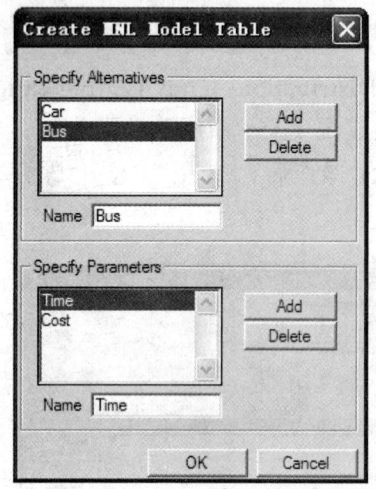

图 11-53　创建出行方式表

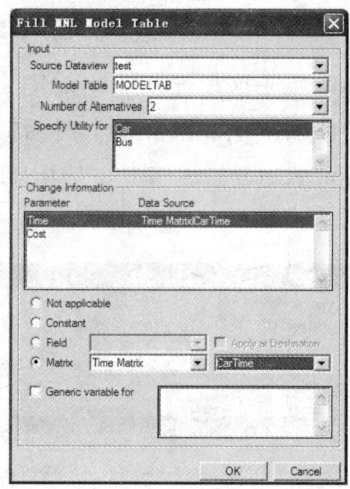

图 11-54　填充出行方式表

（2）完成如图 11-54 所示的操作后，就完成了小汽车出行方式的出行时间变量数据来源的设置。按同样的方法，可以分别为小汽车方式的费用变量、公交车方式的时间、费用变量设置数据来源。出行方式表设置完成后，点击"OK"，会弹出一个数据视图，如图 11-55 所示。

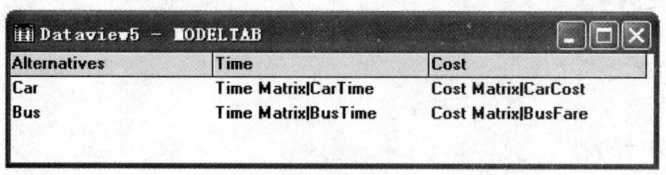

图 11-55　设置完成的出行方式表

（3）打开出行费用和出行时间矩阵文件，以及上一步中建立的"ModelTab.bin"数据表和交通方式离散选择表，然后执行"Planning→Mode Split→Multinomial Logit Estimation"，弹出"MNL Estimation"对话框，如图 11-56 所示，完成图中所示操作后，点击"OK"。这样就完成了 Logit 模型的参数估计，所估计的参数值显示在出行方式表"ModelTab.bin"的最后一行。

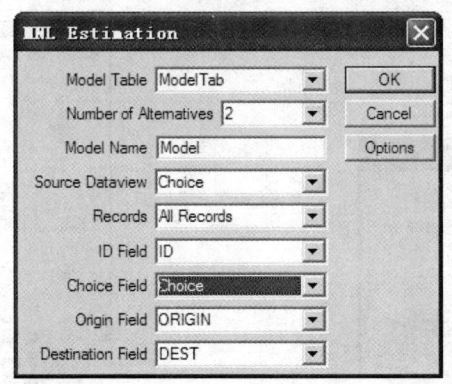

图 11-56 Logit 模型参数估计

（4）激活"TAZ"层，打开出行费用和出行时间矩阵文件以及"ModelTab.bin"数据表，执行"Planning→Mode Split→Multinomial Logit Application"，弹出"Multinomial Logit Application"对话框，如图 11-57 所示。在"ID Field"后选择"ID"，点击"OK"。此时，TransCAD 提示将预测得到的方式分担率矩阵保存为一个名为"MNL_EVAL.mtx"的矩阵文件。这个矩阵是两种交通方式在各小区之间的分担率矩阵，它包含"Car"和"Bus"两个子矩阵。

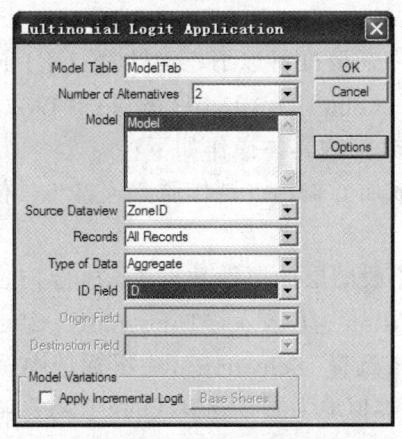

图 11-57 Logit 模型应用对话框

（5）使用 TransCAD 的矩阵相乘功能，将全方式出行分布矩阵分别与两个分担率矩阵相乘，可得到两种方式的出行分布矩阵。打开全方式出行分布矩阵文件"OD_Base.mtx"和"MNL_EVAL.mtx"文件，然后在"OD_Base.mtx"矩阵的单元格上点击鼠标右键，在弹出的菜单中选择"Contents"。此时弹出"Matrix FileContents"对话框，如图 11-58 所示。在该对话框中点击"Add Matrix"输入两个子矩阵，分布命名为"TripsCar"和"TripsBus"，点击"Close"关闭。点击顶部工具栏的下拉列表，选择"TripsCar"，然后在"OD_Base.mtx"矩阵的单元格上点击鼠标右键，在弹出的菜单中选择"Fill"，此时会弹出"Fill Matrix"对话框，如图 11-59 所示。完成图中所示的操作后，就将全方式出行分布矩阵与小汽车分担率矩阵进行了相乘，结果填充到了"TripsCar"子矩阵中。类似的操作方法可以将全方式出行分布矩阵与公交车分担率矩阵进行相乘，并将结果填充到"TripsBus"子矩阵中，这样就得到了两种方式的出行分布矩阵。

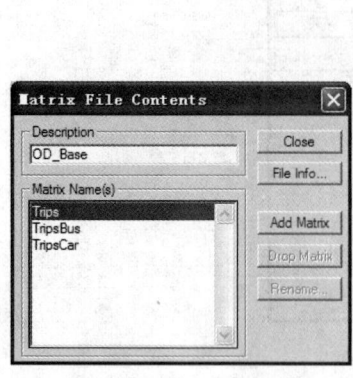 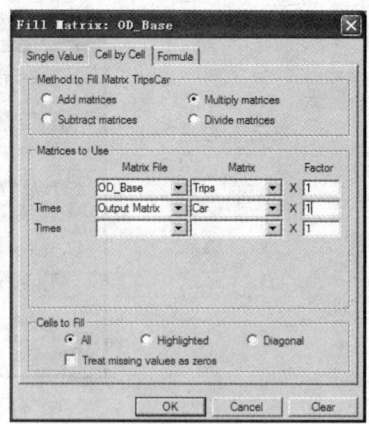

图 11-58 子矩阵设置　　　　　　　图 11-59 矩阵填充

四、交通分配

交通分配是交通需求预测四阶段法的最后一个阶段,其目的是将各种出行方式的 O-D 矩阵按照一定的路径选择原则分配到交通网络中的各条道路上,求出各路段上的流量及相关的交通指标。

在运行交通分配模型之前,需要准备以下三类数据:(1)出行分布矩阵:"OD_Car.mtx";(2)交通网络地理文件:"Street.dbd";(3)小区图层:"TAZ.dbd"。

利用 TransCAD 进行交通分配的具体操作如下:

(1)激活"TAZ"层,完成质心输出,制作质心连杆(具体操作参看本章第二节的三小节部分)。

(2)激活线层,打开当前路段图层的属性数据表。执行"Selection→Selectby Condition",在弹出的对话框"Entera Condition"下输入"Time=null",点击"OK",这样就筛选出了质心连接线。然后在顶部工具栏中选择"Selection",用鼠标选中"TIME"字段,右击选择"Fill",在"Single Value"后输入 0.1。类似地为质心连接线的"CAP"输入 100000,如图 11-60 所示。

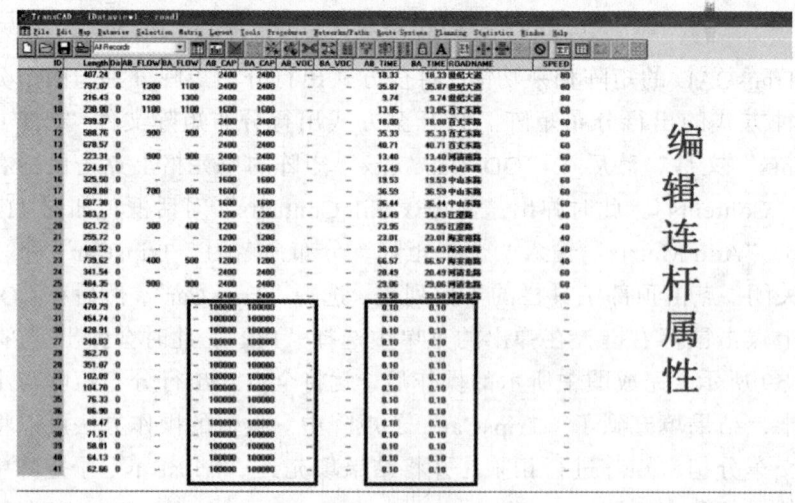

图 11-60 编辑连杆属性

（3）在线层的基础上创建网络（Networks）文件。激活线层，选择"Networks/Paths→Create"，弹出"Create Network"对话框，如图11-61所示，完成图中所示操作后，点击"OK"保存文件。

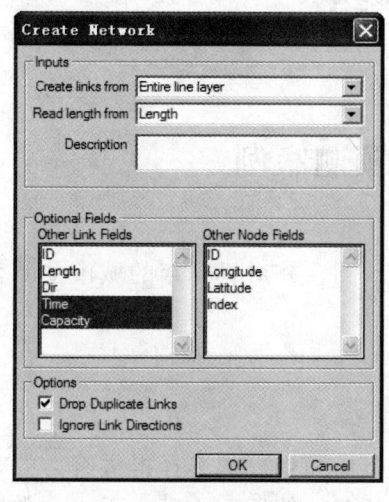
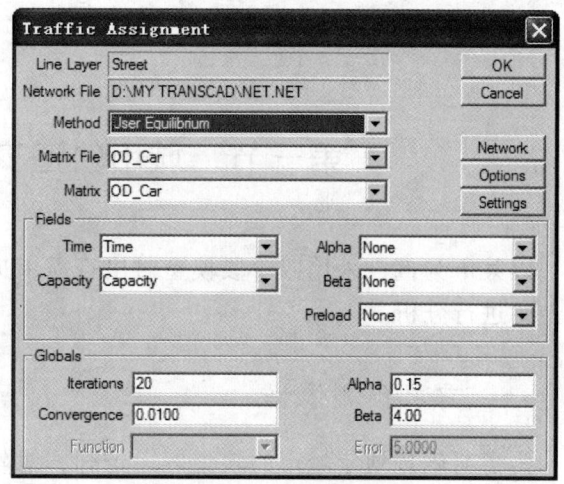

图11-61　创建网络　　　　　　　　　图11-62　交通分配对话框

（4）生成小区间阻抗矩阵。具体操作步骤见本章第四节第二小节。

（5）O-D矩阵索引转换。具体操作步骤见本章第四节第二小节。

（6）运行交通分配模型。将地图窗口设置为当前活动窗口，选择"Planning→Traffic Assignment"，弹出"Traffic Assignment"对话框，如图11-62所示。图中"Method"后是各种交通分配方法，"Matrix"后是待分配的矩阵文件，"Time"和"Capacity"后是路段行驶时间和通行能力字段，"Alpha"和"Beta"是默认的阻抗函数参数。点击"OK"后TransCAD会将O-D矩阵分配到交通网络中去，产生路段流量表。

复习思考题

1. 掌握线层和面层地理文件的创建与编辑方法。
2. 利用TransCAD创建交叉口流量图。
3. 利用回归模型完成出行生成预测。
4. 利用重力模型法进行出行分布预测。
5. 利用Logit模型完成方式划分预测。
6. 掌握进行交通分配的操作步骤。

第十二章 案例介绍

第一节 城市轨道交通需求预测案例

以某市为例,采用四阶段模型对出行需求进行分析和预测,并对目标年的城市主要客运走廊进行分析。

一、需求预测依据

为了明确规划年城市的轨道客运走廊,对轨道网络的布局和规模的选择提供有力的客流依据,预测工作从城市未来的经济、人口、就业岗位以及车辆使用等方面入手,在掌握了城市各片区客流转换基础上给出城市客运主走廊以及在一定道路目标体系下的轨道需客流潜在规模。

某市以《城市总体规划》(2010—2020)、《城市综合交通十二五规划》(2011)、《某市综合交通体系规划》《某市轨道交通规划(2012—2040)》《2010年居民出行调查及分析》等资料作为预测依据,进行了城市轨道交通需求预测。

二、交通分区

该城市交通模型中的交通区分为三级,其中:交通小区共532个,交通中区为12个,交通大区6个。交通小区及交通大区的划分如图12-1、12-2、12-3所示。

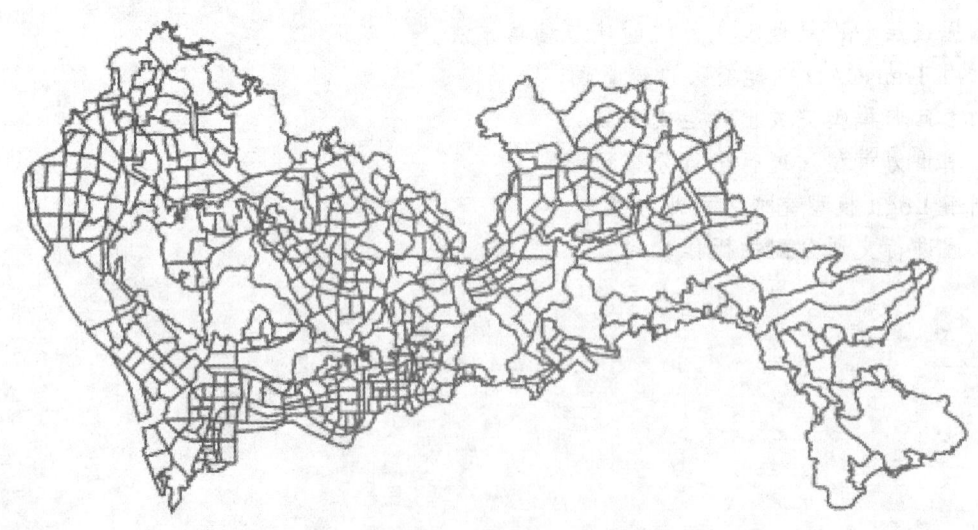

图 12-1 交通小区划分图

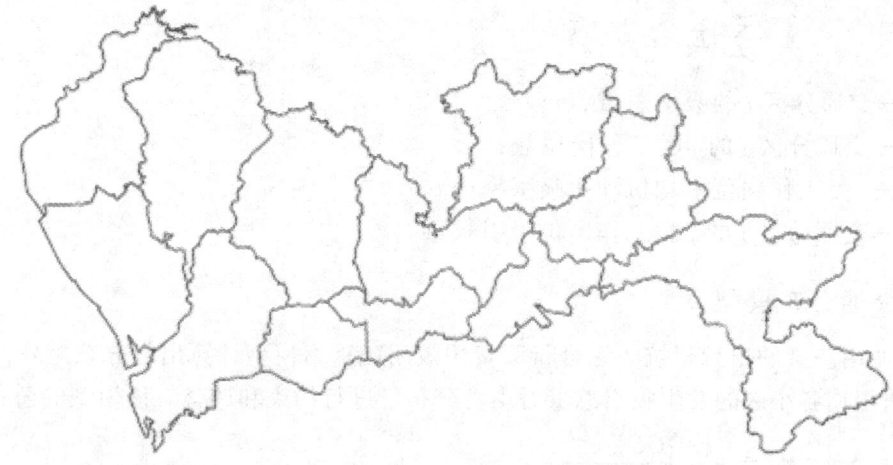

图 12-2 交通中区划分图

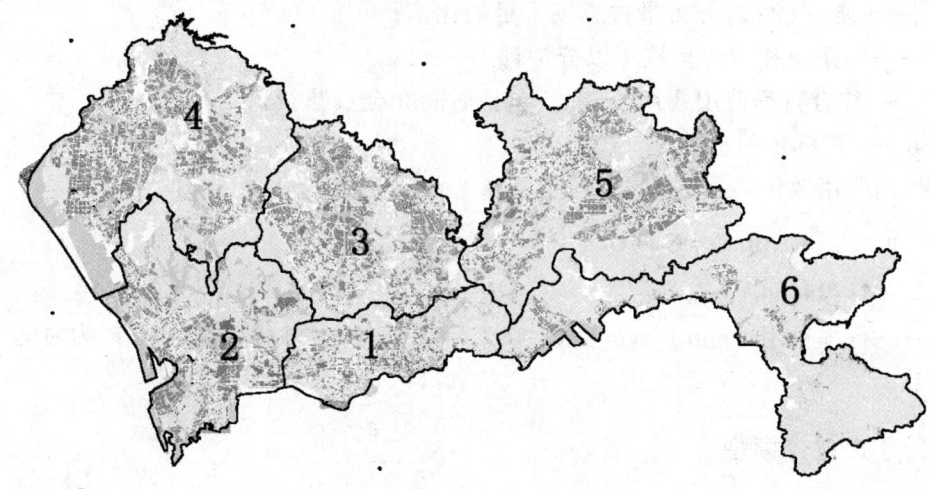

图 12-3 交通大区划分图

三、预测模型

（一）交通生成模型

该案例根据《某市城市发展规划》和相关区域规划，确定特征年规划范围的人口数量和用地类型，并在居民出行交通调查的基础上预测未来居民出行产生、吸引量。该案例的发生模型通过交叉分类，计算各类出行的机动化出行总量，模型公式如下：

$$P_i = \sum_{j=1}^{m}(p_{ij} \times \sum_{k=1}^{n} \alpha_{ijk}) \tag{12-1}$$

式中　P_i——交通分区 i 的总发生量；

P_{ij}——交通分区 i 的 j 类人口数；

a_{ijk}——交通分区 i 的 j 类人口 k 出行目的的机动化出行率。

在吸引量计算过程中，根据吸引强度采用不同的参数进行计算。出行吸引模型公式如下：

$$A_i = \sum_{j=1}^{m}(E_{ij} \times \alpha_j \times w_{ij}) \quad (12\text{-}2)$$

式中　A_i——交通分区 i 的吸引总量；

　　　E_{ij}——交通分区 i 的 j 类工作岗位数；

　　　α_j——j 类工作岗位平均机动化吸引率；

　　　w_{ij}——交通分区 i 的 j 类工作岗位吸引权重。

（二）交通分布模型

该案例使用广义的出行阻抗（综合行程费用效用）重力模型计算出行分布矩阵，并采用 FURNESS 法根据各小区的发生吸引总量对出行分布量进行约束和调整。该模型的公式如下：

$$P_{\text{OD}} = \frac{FF \cdot GC^a \cdot e^{bGC}}{\sum FF \cdot GC^a \cdot e^{bGC}} \quad (12\text{-}3)$$

式中　P_{OD}——某一 OD 对分布量占总发生量的比例；

　　　FF——与距离相关的阻抗（以分钟计）；

　　　GC——综合行程费用效用（min，包括时间和金钱花费）；

　　　a、b——需标定的参数。

其中综合行程费用效用的函数形式为

$$GC(\min) = G_{\text{T}} + G_{\text{C}} \quad (12\text{-}4)$$

式中　G_{T}——行程时间（min）；

　　　G_{C}——行程费用（min），$G_{\text{C}} = kC/VOT$，其中 C 为付费现金、VOT 为时间价值、k 为缩放系数。

（三）方式划分模型

该案例将方式划分模型与交通分布模型相结合，即把交通方式划分作为出行分布程序的一部分与分布模型同时进行，根据个体交通方式（小汽车、出租车）和公共交通方式（大巴、中小巴、BRT、地铁）两种方式间出行综合费用的差值，采用二元对数模型来确定两种方式的比例，从而得到个体交通 OD 和公共交通 OD。再通过公交子方式划分模型，得到常规公交 OD、轨道 OD。

（四）交通分配模型

模型总体上采用多矩阵的综合费用平衡分配算法，即将公交车流量预加载在道路网络上，对客运和货运采用各自的 OD 矩阵和不同的综合费用计算参数，并用综合费用平衡算法加以分配。

四、预测结果

（一）人口岗位预测

人口岗位预测包括人口岗位的总量预测及分类型人口岗位两部分预测。人口岗位总量的预测方法采用了趋势外推法、弹性系数法、增长率法等数学方法，同时参考了城市总规以及分区规划。预测结果为：管理人口1 500万，流动人口180万，总人口1 680万。

（二）小汽车预测

根据小汽车拥有量与经济发展水平（人均GDP）、小汽车拥有成本的关系建立了S形曲线回归分析模型。预测结果为，远期该城市小汽车保有量为300万。

（三）交通生成预测

发生吸引率预测：该市2010年居民人均机动化出行率为1.33人次/天，预测远期居民人均机动化出行率为1.79人次/日。

出行量预测：规划年全市机动化出行总量为4 489万人次/日，约为现状的3.1倍。

（四）交通分布预测

远期交通大区间的出行OD分布预测结果如下。

1区出行总量最高，占全市的29%，与远期规划的市域中心定位相符。1区内部出行率为51%，内部出行率较高。1区的跨区出行中，主要是到2区（39%）和4区（35%），从而形成了2区和4区方向的主要客流走廊与西部走廊。1区与5区的联系占19%，支撑了斜向与中部联系的主要客流走廊的形成。对于1区，应考虑服务联系相邻大区，覆盖区内主要客运走廊，同时充分考虑区内普速服务。

2区出行总量仅次于1区，出行量占全市22%，符合原有的市域中心定位。2区内部出行率较低（39%），跨区出行量最高，达到723万，主要的出行方向为1区、5区，其次为6区。

4、5、6区出行总量差不多，3区出行总量最少。5区内部出行率为全市最低（32%），主要联系方向为2区和1区，说明远期通勤圈已经扩展到郊区。4区内部出行比例48%，主要跨区出行为至1区（61%）。6区相对较为独立，内部出行率达57%，主要跨区出行方向至5区和2区。因此，外围大区应考虑构筑较为完善的内部与对外轨道线网，满足内部及对外的交通需求，但6区的出行总量较少，需慎重考虑线路规划。

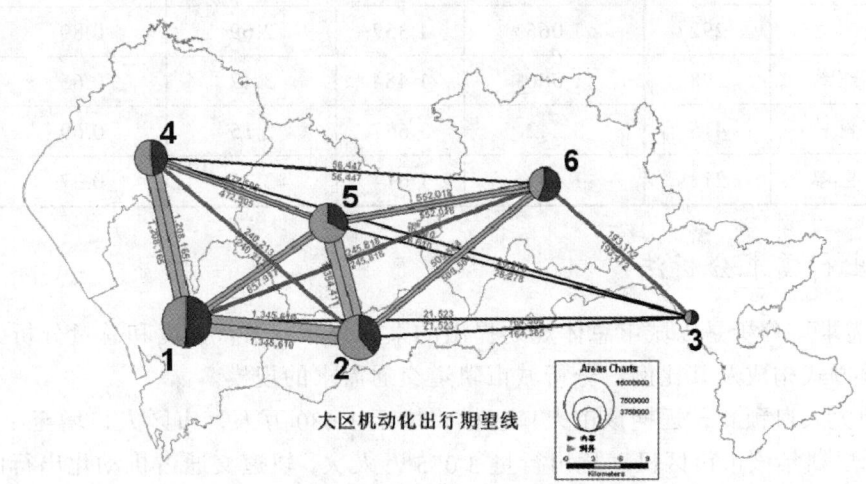

图12-4 规划年交通大区出行期望线

（五）客流走廊分析

由于该城市的市域范围内分布着山体、水库等大量生态保护区，"蜘蛛网"分配方法有一定的局限性，因此采用基于城市建成区形心网分配的方法进行客流分配。在该案例中，首先，根据形心网客流分配的结果，参考 2010 年境界线调查的高峰系数，得到远期各条通道早高峰客流断面；其次，分析通道上的道路交通通行能力，判断道路交通分担的客流量；最后，利用通道上的总客流量减去道路交通量，得到轨道交通承担的客流量，并结合轨道的通行能力，判断各条通道上需要的轨道数量。

第二节 城市轨道交通线网规划案例

网络规模就是轨道交通线路总长度的宏观考虑，为的是探讨合理规模，防止盲目建设及过度投资；同时使方案在比较时具有同等量级的可比性。城市轨道线网匡算的常用方法有出行需求分析法、服务水平分析法、投资能力分析法和建设能力分析法等。该案例研究线网合理规模主要从"出行需求""服务水平"与"城市承受能力"三方面出发。

一、服务水平分析法

参考国内外轨道交通的线网密度，结合某城市的地形特点，城市核心区线网间距按 1.2～1.5 km 考虑，城市中心区线网间距按 2～3 km 考虑，外围区线网间距按 8～10 km 考虑。核心区线网密度取用 1.2～1.6 km/km^2，中心区取 0.5～0.6 km/km^2，外围区取 0.1～0.12 km/km^2，匡算该市轨道交通合理规模约为 650～780 km。

表 12-1 国外部分城市轨道线网密度一览

序号	城市	城市轨道/km			线网密度/(km/km^2)		
		地铁	市郊铁路	合计	核心区	中心区	市域
1	东京	292	1 065	1 357	2.69	0.89	0.11
2	纽约	398	1 086	1 484	3.47	0.65	0.17
3	伦敦	415	3 242	3 657	2.15	0.69	0.22
4	巴黎	213	1 401	1 614	3.31	0.37	0.11

二、出行需求分析法

"出行需求"分析是以城市总体规划提出的人口分布、出行强度和总量分析为基础，根据城市交通方式构成及其比例，分析城市轨道交通需求的规模。

根据相关人口预测，远期该市人口规模将增至 1 680 万人，市区人口增至 1 360 万人。根据预测，规划年该市市区机动化出行量 3 055 万人次，轨道交通占机动化出行的 30%，轨道交通出行量将达到 920 万人次，轨道换乘系数取 1.4，则轨道客运量将达到 1 300 万人次。

从国际规律看（见表12-2），该市的轨道线网负荷强度取1.5万~2.0万人次/km较为合适，推算出市区线网规模为650~870 km。

表12-2 世界大城市轨道交通负荷强度参照

城市	人口/百万	线路数量/条	线路长度/km	年运量/十亿人次	负荷强度/（万人次/km·d）
纽约	8.2	26	398	1.45	1.07
伦敦	8.5	12	415	1.09	0.77
巴黎	9.6	16	213	1.34	1.85
莫斯科	8.6	11	275	3.28	3.51
首尔	10.3	8	287	1.65	1.69
柏林	3.4	9	146	0.46	0.93
东京	8.5	13	292	2.65	2.67
马德里	3.6	13	283	0.65	0.68
大阪	2.7	7	105.8	0.98	2.72

三、投资能力分析法

"城市承受能力"主要考虑城市建造和运营轨道交通的资金能力，从城市国民生产总值中提取一定比例的金额建立专项建设资金，分析城市经济承受能力和工程正常实施进度可能的潜在规模。

2002年、2004年、2005年、2006年、2007年某市GDP分别突破3 000亿元、4 000亿元、5 000亿元、6 000亿元和7 000亿元大关。推算2010年该市GDP有望达到9 000亿元。按2011—2020年经济年均增长10%计算，2020—2030年GDP年均增长按5%，2030—2040年GDP年均增长按3%，则2040年该市的GDP有望达到50 000亿元。

2011~2020年为该市轨道交通的集中建设期，假定轨道交通投资占GDP的0.8%~1%，2020年后该市将迈入轨道交通的稳步发展期。2020—2040年假定按轨道交通投资占GDP的0.2%~0.3%，则2011—2040年轨道交通总投资额为3 000亿~4 000亿，按每千米轨道交通造价4.5亿元匡算，2010—2040年可建设轨道交通660—880 km，再加上2010年前建成的237 km，总的线网规模可达到900~1 100 km。

表12-3 轨道交通投资能力分析

	2011—2020年	2020—2030年	2030—2040年
GDP增长率	10%	5%	3%
轨道投资占GDP百分比	0.8%~1%	0.2%~0.3%	0.2%~0.3%
轨道投资额	3 000亿~4 000亿		
轨道建设规模	660~880 km		

四、网络规模综合分析

综合考虑上述三种方法的分析结果可知,该市的轨道投资能力能够满足规模需求,远期轨道网络的合理规模为 650~780 km。

表 12-4 轨道线网规模计算汇总

计算方法	服务水平分析法	出行需求分析	投资能力分析
轨道规模	650~780 km	650~870 km	900~1100 km
推荐范围	650~780 km		

第三节 城市轨道交通线网方案评价案例

一、方案评价指标选取

表 12-5 评价指标及分值

评价项目	指标描述	具体指标	权重
支持城市发展(20)	服务人口	站点 600 m 覆盖人口数	4
	服务就业岗位	站点 600 m 覆盖就业岗位数	4
	支持土地开发	站点 600 m 范围覆盖面积	3
	重点地区可达性	区域可达性	5
		城市主要组团中心可达性	4
承担客运需求(10)	公交系统使用率	公共交通出行比重及公共交通出行量	5
	使用地铁乘客数量	轨道占公交比重及轨道日均客运量	5
线网运营效率(20)	线网客流强度	日客运强度(万人/km)	5
	线网换乘系数	轨道客运量/轨道出行量	5
	线网平均出行时间	公共交通平均乘车时间	10
道路交通运作(15)	主要交通走廊服务水平	主要走廊车速和饱和度	15
建设成本(20)	建设成本		20
工程可实施性(15)	工程实施的难度		15
合计			100

按各方案对应具体指标值排序进行取分,具体如下:

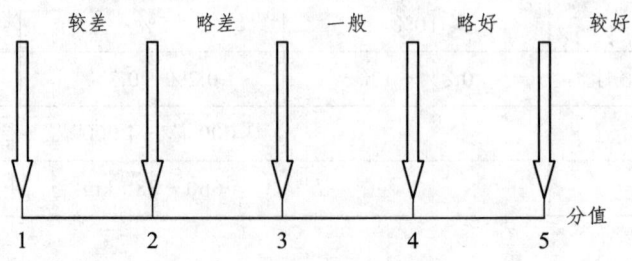

有关各指标的说明如下。

(一) 支持城市发展

轨道交通网络规划与城市土地使用发展有密切关系，除了满足运输需求外，尚须考虑社会经济增长变动影响，因此在评估网络方案阶段采用"服务人口数/就业岗位""支持土地开发"和"重点地区可达性"等三项指标来评估，分述如下。

1. 服务人口数/就业岗位数

服务人口数以目标年轨道沿线服务范围内所涵盖潜在人口数表示，以居住人口数为计算单位，指标值愈大表示愈佳。就业岗位数以目标年轨道沿线服务范围内所涵盖就业岗位数表示，指标值愈大表示愈佳。

2. 支持土地开发

以站点 600 m 范围覆盖面积来表示。

3. 重点地区可达性

包括对城市与其他相关城市可达性、与城市周边主要市镇的可达性、与城市主要组团中心可达性、与主要对外交通枢纽的可达性、城市主要地标物的可达性。

(二) 承担客运需求

交通需求为各项交通建设计划执行与否的重要前提，其中在网络方案评选阶段，交通需求获得满足的程度，通常为评估重点；本次规划拟采用以下交通需求指标，包括公共交通系统使用率、使用地铁乘客数量两项，分述如下。

1. 公共交通系统使用率

公共交通系统属于社会公共资源，当公共交通系统使用率高时才能创造最大的效益。由于轨道系统服务水平、系统容量等都优于地面常规公交系统，因此轨道交通系统运营通车不应只吸引既有公共交通工具使用者，还应吸引原本使用私人运输工具使用者。通过各网络方案运量预测差异来显示各网络方案所提升的公共交通系统使用率，指标值愈大表示愈佳。

2. 使用地铁乘客数量

除了公共交通系统使用率比较外，可进一步区分使用轨道交通系统运量，显示不同网络方案吸引旅客程度。以各网络方案使用轨道交通系统的人次来表示，指标值愈大表示愈佳。

(三) 线网运营效率

轨道交通的投资是巨大的财政投资，为了能够准确地反映轨道交通投资的收益和未来财务状况，考虑采用如下评价指标。

1. 线网客流强度

城市轨道交通日客运量与线网总长之比，反映城市轨道交通线网单位线路长度承担的客运量，以评价线网的运营效率和经济性。

2. 线网换乘系数

衡量乘客直达程度指标，其值为城市轨道交通线网出行人次与换乘人次之和除以城市轨道交通线网出行人次，是衡量乘客出行直达程度及线网布线、布站合理性的指标，属于成本型指标。换乘系数越小，表明直达程度越好。

3. 线网平均出行时间

该指标用于评价城市轨道交通线网的修建对居民公交出行时间的改善程度，同时也反映了整个城市轨道交通网的效率，属于效益型的指标。

（四）道路交通运作

由于轨道交通建设在于提高整个交通系统的服务水平，因此采用重要运输走廊服务水平作为其评估基础。

（五）建设成本

分析各方案的建设成本，作为方案选优的主要依据之一。

（六）工程可实施性

该指标主要是考虑方案的可实施性，对不同方案的实施难易程度进行判别打分。

二、方案评价

（一）支持城市发展

从某城市三套方案的站点覆盖范围以及对人口和就业岗位的覆盖范围看（见表12-6），方案一明显优于其余两个方案，该方案用最少的站点覆盖面积涵括了最多的人口和就业岗位，说明网络的效率高，较好地配合了城市的发展，为沿线的客运出行提供了公共交通载体和集运化出行的可能。在可达性方面，由于方案一直接接入市区环线，在外围与城区组团的交通可达性方面也要优于其余方案。

表12-6 支持城市发展的评价指标及分值（量化标准）

指标		方案一	方案二	方案三
站点600m覆盖范围	市区轨道覆盖面积	285.5	287.0	290.1
	占市区比例	7.66%	7.70%	7.79%
	城区轨道覆盖面积	105.7	107.4	109.4
	占城区比例	47.6%	48.4%	49.3%
	分值	3	4	5
站点600m覆盖人口	市区轨道覆盖人口	464.7	447.7	446.9
	占市区比例	34.2%	32.9%	32.9%

续表

指标		方案一	方案二	方案三
站点600 m覆盖人口	城区轨道覆盖人口	307.3	307.8	299.0
	占城区比例	75.6%	75.7%	73.6%
	分值	5	4	3
站点600 m覆盖岗位	市区轨道覆盖就业岗位	294.5	282.7	287.1
	占市区比例	39.8%	38.2%	38.8%
	城区轨道覆盖就业岗位	209.0	206.9	209.6
	占城区比例	71.2%	70.5%	71.4%
	分值	5	3	4
区域可达性	可达性	好	好	好
	分值	5	5	5
城市主要组团中心可达性	可达性	好	一般	一般
	分值	5	4	4

（二）承担客运需求

方案一的公共交通出行比例占机动化总方式比重最高，达到58%，另外两个方案略低6~8个千分点。从该指标看，方案一获得的轨道和公共交通出行总量最高，说明该方案对全市的客运交通需求有较好的响应。

表12-7　承担客运需求的评价指标及分值

类别	指标	方案一	方案二	方案三
公共交通	日出行量	1 765	1 746	1 741
	占机动化出行总量比重	57.9%	57.3%	57.1%
	分值	5	4	3
轨道交通	日均客运量	1 382	1 300	1 324
	占公共交通日均客运量比重	53%	50%	52%
	分值	5	3	4

（三）线网运营效率

线网运营效率取决于轨道线网分布是否与城市客运形态一致、轨道网自身的层次和衔接情况以及各大客运枢纽节点的处理。方案一的客运强度最高，体现其良好的轨道效率，换乘系数最低说明该方案下市民采用轨道的出行质量最高，而最长的轨道运营时间也与轨道客运功能以中长距离为主的出行特征相吻合。方案二则由于线网形态差异而最差。

表 12-8　线网运营效率评价指标及分值

指标		方案一	方案二	方案三
日客运强（万人/km）	客流密度	1.84	1.75	1.76
	分值	5	3	4
换乘效率	换乘系数	1.45	1.52	1.47
	分值	5	3	4
平均乘车时间	时间	20.7	21.3	21.4
	分值	5	3	4

（四）道路交通运作

从道路交通运作看，各方案下均实现了道路车速的预期目标，三套方案均对道路拥挤起到较好的疏导和缓解。各方案的差异体现在进出核心区一圈以及核心区内部新老城区之间，虽然轨道的供应超过了实际的客流需求，但为了确保未来交通系统网络运作的可靠性，在核心区内采取交通需求管理的措施是必要的。

表 12-9　各方案下主要走廊道路交通运作指标一览

走廊	方案一		方案二		方案三	
	道路平均车速/（km/h）	道路平均饱和度	道路平均车速/（km/h）	道路平均饱和度	道路平均车速/（km/h）	道路平均饱和度
新老城区	18.5	0.8	18	0.82	18.4	0.8
过江桥隧	18.7	0.8	18.5	0.81	18.6	0.81
进出核心区	22.5	0.74	21	0.79	22	0.78
主城区与北部	34.3	0.72	34.2	0.73	34.3	0.72
主城区与南部	35.3	0.73	35	0.75	35.2	0.73
主城区与东部	33.5	0.73	33.5	0.73	33.5	0.73
中心区与南部	55	0.61	55	0.61	55	0.61
中心区与北部	53	0.61	53	0.61	53	0.61
综合分值	5		3		4	

（五）建设成本

方案二相较于另外两个方案，工程的建设成本相对较低，分值最高；方案一和方案三基本接近。

表 12-10　各方案的建设成本分值

	方案一	方案二	方案三
建设成本评价	一般	略好	一般
分值	3	4	3

（六）工程可实施性

在工程实施难度上，方案三的实施难度相对较低，方案二最难。

表 12-11　各方案的工程实施难度分值

	方案一	方案二	方案三
工程实施难度	中	低	高
分值	4	5	3

三、评价结论

各方案综合分值如表 12-12 所示，分述如下。

表 12-12　各方案综合分值

评价项目	指标描述	具体指标	分值	方案一	方案二	方案三
配合城市发展（20）	服务人口与就业	站点 600 m 覆盖人口	4	5	4	3
	服务人口与就业	站点 600 m 覆盖就业	4	5	3	4
	支持土地开发	站点 600 m 面积覆盖率	3	3	4	5
	可达性	区域可达性	5	5	5	5
	可达性	城市主要组团中心可达性	4	5	4	4
承担客运需求（10）	公共交通系统使用效率	公共交通出行比重及公共交通出行量	5	5	4	3
	使用地铁乘客量	轨道占公共交通比重及轨道日均客运量	5	5	3	3
线网运营效率（20）	线网客流强度	日客运强度（万人/km）	5	5	3	4
	线网换乘系数	轨道客运量/轨道出行量	5	5	3	3
	线网平均出行时间	公共交通平均乘车时间	10	5	3	4
道路交通运作（15）	主要交通走廊服务水平	主要走廊车速和饱和度	15	5	3	3
建设成本（20）	建设成本		20	3	4	3
工程可实施性（15）	工程实施难度		15	4	5	3
合计			100	87.8	75.2	72.8

（1）在支持城市发展方面，方案一用最少的站点覆盖面积涵括了最多的人口和就业岗位，网络效率高，较好地配合了城市的发展，为沿线的客运出行提供了公共交通载体和集运化出行的可能。

（2）在承担客运需求方面，方案一的轨道出行比例最高，说明该方案对客运交通需求有较好的响应。

（3）在线网运营效率方面，方案一同样体现了较好的优势，客运强度最高、换乘系数最低、平均公交出行时间最短等，所反映出来的客流特征与轨道客运功能一致，而方案二则由于网络形态的差别而测试效果不好，其根源环线方案的效率比较低，继而影响到全网的运作效率。

（4）在道路交通运作方面，各方案下均实现了道路车速的预期目标，三套方案均对道路拥挤起到了较好的疏导和缓解作用。各方案的差异体现在进出核心区一圈以及核心区内部新老城区之间和过江桥隧上，虽然轨道的供应超过了实际的客流需求，但为了确保未来交通系统网络运作的可靠性，在核心区内采取交通需求管理的措施是必要的。

（5）在建设成本方面，方案二优于另外两个方案，方案一与方案三基本接近。

（6）在工程可实施性方面，方案二优于另外两个方案，方案三工程实施难度最大。

参考文献

[1] 王炜，陈学武．交通规划[M]．北京：人民交通出版社，2017．

[2] 邵春福．交通规划[M]．北京：北京交通大学出版社，2012．

[3] 陆化普．交通规划理论与方法[M]．北京：清华大学出版社，2006．

[4] 王炜，过秀成．交通工程学[M]．南京：东南大学出版社，2011．

[5] 张秀媛．城市轨道交通客流分析[M]．北京：北京交通大学出版社，2011．

[6] 刘灿齐．现代交通规划学[M]．北京：人民交通出版社，2001．

[7] 郭亚军．综合评价理论与方法[M]．北京：科学出版社，2002．

[8] 朱广宇．城市轨道交通需求分析[M]．北京：北京交通大学出版社，2012．

[9] 交通运输部道路司．世界主要城市公共交通[M]．北京：人民交通出版社，2010．

[10] 李雪梅，李学伟．北京城市轨道交通[M]．北京：知识产权出版社，2009．

[11] 谭复兴，高伟君．城市轨道交通概论[M]．北京：知识产权出版社，2007．

[12] 矢岛隆，家田仁，陆化普．轨道创造的世界都市——东京[M]．北京：中国建筑工业出版社，2016．

[13] 刘迁，吴爽．我国城市轨道交通线网规划实践与思考[M]．北京：人民交通出版社，2015．

[14] 易思蓉．城市轨道交通线路规划与设计[M]．北京：科学出版社，2013．

[15] 叶霞飞，顾保南．城市轨道交通规划与设计[M]．北京：中国铁路出版社，2001．

[16] 许药．城市轨道交通规划与设计[M]．北京：北京交通大学出版社，2012．

[17] 陆化普．城市轨道交通规划的研究与实践[M]．北京：中国水利水电出版社，2001．

[18] 汪玉林，韩笋生．公共交通引导城市发展[M]．北京：人民交通出版社，2009．

[19] 章玉，胡兴华，王佳．交通规划模型：TransCAD的操作与应用[M]．北京：中国建筑工业出版社，2011．

[20] 闫小勇，刘博航．交通规划软件实验教程[M]．北京：机械工业出版社，2010．

[21] 张国宝．城市轨道交通运输组织[M]．北京：中国铁道出版社，2000．

[22] 张秀媛．城市停车规划与管理[M]．北京：中国建筑工业出版社，2006．

[23] 中华人民共和国住房和城乡建设部，中华人民共和国国家质量监督检验检疫总局．城市轨道交通线网规划标准（GB/T 50546—2018）．北京：中国建筑工业出版社，2018．

[24] 陈菁菁．城市轨道交通客流检测技术的特征及其应用分析[J]．城市轨道交通研究，2018（1）：137-142．

[25] 芮海田，吴群琪，袁华智等．基于指数平滑法和马尔科夫模型的公路客运量预测方法[J]．交通运输工程学报，2013，13（4）：87-93．

[26] 常玉林，陈向宇．最大熵模型在公共交通分布预测中的应用[J]．公路，2015，15（4）：179-183．

[27] 王应明. 运用离差最大化方法进行多指标决策与排序[J]. 系统工程与电子技术, 1998, 20（7）: 24-26.

[28] 梁杰, 侯志伟. AHP法专家调查法与神经网络相结合的综合定权方法[J]. 系统工程理论与实践, 2001, 21（3）: 59-63.

[29] 樊治平, 张全, 马建. 多属性决策中权重确定的一种集成方法[J]. 管理科学学报, 1998, 1（3）: 50-53.

[30] 陶菊春, 吴建民. 综合加权评分法的综合权重确定新探[J]. 系统工程理论与实践, 2001, 21（8）: 43-48.

[31] 陈伟, 夏建华. 综合主、客观权重信息的最优组合赋权方法[J]. 数学的实践与认识, 2007, 37（1）: 17-21.

[32] 尹浩东, 李得伟, 葛喜俊. 伦敦地铁的运营管理模式[J]. 都市快轨交通, 2014（8）: 122-124.

[33] 周爱娣. 交通方式划分预测模型的研究[J]. 都市快轨交通, 2014（8）: 122-124.

[34] 徐泽水, 达庆利. 多属性决策的组合赋权方法研究[J]. 兰州铁道学院学报: 自然科学版, 2003, 22（3）: 129-132.

[35] 陈加良. 基于博弈论的组合赋权评价方法研究[J]. 福建电脑, 2003.

[36] 沈景炎. 城市轨道交通客流预测内容与应用[J]. 城市交通, 2008. 6（6）: 9-15.

[37] 李晓峰, 孙华灿. 城市轨道交通需求预测方法研究与探讨[J]. 科技信息, 2007（25）: 84-87.

[38] 吕慎, 过秀成. 轨道线网客流预测方法研究[J]. 系统工程理论与实践, 2001（8）: 106-110.

[39] 黎伟. 基于四阶段法的城市轨道交通客流预测模型研究[D]. 重庆: 重庆大学, 2008.

[40] 宋洁. 城市居民出行方式选择预测方法研究[D]. 长春: 吉林大学, 2005.

[41] 章琳. 城市轨道交通对城市发展的作用研究[D]. 上海: 上海师范大学, 2010.

[42] 苏娟. 城市轨道交通客流分配研究[D]. 北京: 北京交通大学, 2009.

[43] 张成. 城市轨道交通客流特征分析[D]. 成都: 西南交通大学, 2006.

[44] 魏杏. 基于指数平滑法和ARIMA的交通量组合预测模型应用研究[D]. 郑州: 郑州大学, 2014.

[45] 方礼君. 城市轨道交通客流相关问题研究[D]. 上海: 同济大学, 2008.

[46] 孙松伟. 城市轨道交通客流预测模型及方法研究[D]. 成都: 西南交通大学, 2008.

[47] 罗小强. 城市轨道交通线网布局规划理论与方法研究[D]. 西安: 长安大学, 2010.